RENAÎTRE

DU MÊME AUTEUR

Annapurna, premier 8000, éditions Arthaud, 1951
Regards vers l'Annapurna, éditions Arthaud, 1951
Himalaya, éditions du Chêne, 1985
Les Grandes Aventures de l'Himalaya, éditions Glénat, 1995

MAURICE HERZOG

Pour Hugues,
amitiés,
Maurice Herzog

RENAÎTRE

Une autre vie après l'Annapurna

Éditions Jacob-Duvernet

À mes enfants et aux autres
afin qu'ils cultivent la mémoire.
Que ma flamme brille pour eux
dans l'autre vie.

1. LA VICTOIRE ET SON REVERS

Soudain, l'angoisse me saisit. Sous mes pieds, l'abrupt toit de neige durcie s'ébranlait imperceptiblement. La plaque à vent, en un seul bloc, sans un bruit, glissait lentement sur sa sous-couche.

Vite, je compris que j'étais entraîné dans le vide. Le mouvement s'accéléra. Des fissures, déjà, craquelaient la croûte. Bientôt, elles s'ouvrirent en fractures. La vitesse devenait alarmante. Malgré moi, j'étais emporté dans le précipice sans que je puisse m'agripper au moindre point fixe. Déséquilibré, je pirouettais sur moi-même comme un pantin. Ma tête était renvoyée d'une paroi à l'autre. La neige pulvérulente m'aveuglait et envahissait mes poumons. Meurtri et étouffé, je guettais, j'espérais même le coup de grâce. La chute me parut durer un siècle.

Brutalement, la corde entourée autour de mon cou m'étrangla. Suspendu à elle, la tête en bas, je suffoquais et mon cœur éclatait. Dans l'émotion extrême, j'urinai violemment. Plus mort que vif, je m'immobilisai.

En un éclair, je fis le compte de mes malheurs. J'étais tombé de trois cents mètres. Au cœur de l'Himalaya, en pleine face nord de l'Annapurna, à sept mille mètres d'altitude, je me trouvais pendu à ma propre corde.

Quoi qu'il en fût, le premier 8 000 himalayen venait d'être vaincu par une expédition de neuf alpinistes choisis parmi les meilleurs de leur époque. Chacun d'entre eux s'était déjà rendu célèbre par ses actes de bravoure sur les plus hautes montagnes du monde. Guerriers de l'aventure, ils avaient voulu, leur vie durant, en découdre. Tantôt il était de bon ton entre eux, comme dans les commandos de choc, de se moquer, par bravade, du prétendu exploit consistant à triompher d'un plus de 8 000 mètres. Tantôt leurs doutes sur les chances de réussite les avaient envahis au point de les faire verser dans la neurasthénie.

Nous accompagnaient neuf sherpas et deux cent cinquante coolies qui avaient transporté sur leur dos les cinq tonnes de matériel et de vivres nécessaires à la subsistance pendant quatre mois d'une armée en campagne. Ainsi était garantie notre indépendance vis-à-vis des populations locales, au demeurant démunies de tout.

***

Depuis 1935, c'était à un groupe de sages, vétérans du grand alpinisme, réunis au sein du Comité de l'Himalaya, qu'il revenait d'organiser les expéditions vers les plus hautes montagnes du monde, de fixer les objectifs, de trouver les financements, de choisir les chefs d'expédition, de sélectionner les équipes et de gérer les conséquences des opérations, notamment médiatiques et financières.

Ainsi, ce Comité avait eu pour tâche d'arrêter la composition de l'équipe devant tenter l'Annapurna. Il désigna un chef – l'auteur de ces lignes – devant « tirer son autorité de l'exemple » et être un alpiniste de haut niveau possédant des qualités d'organisateur, sachant de plus communiquer et inspirer confiance.

Durant près de vingt ans, furent organisées ces expéditions. Le processus avait été mis au point par Lucien Devies, celui que l'on appela plus tard le de Gaulle de la montagne, en collaboration étroite avec les membres de ce fameux Comité de l'Himalaya. Le chef d'expédition devait être choisi dans un consensus unanime. Puis, en présence de ce dernier, le Comité proposait nom après nom les coéquipiers. Dès lors, il avait droit de veto. Ayant donc eu l'honneur d'être nommé, il m'appartenait à mon tour de présenter un candidat. Le Comité avait alors droit de veto.

Le cas le plus grave fut celui de l'un des plus fameux guides de Chamonix. Il fut récusé car il exigeait une rétribution pour faire prévaloir son statut de professionnel. Or, nous voulions rester fidèles à nos principes de base. Il ne devait jamais y avoir – nous nous l'étions juré – de différences faites entre amateurs et professionnels dans les expéditions organisées par le Comité de l'Himalaya. Tous devaient se sentir compagnons de cordée. Souvent, ils avaient combattu ensemble dans des aventures alpines parfois héroïques sans qu'il y ait eu entre eux la moindre distinction.

Un autre, également guide à Chamonix, ne fut pas retenu pour ses excès caractériels. Le sort de l'un des plus connus fut réglé en le cooptant sous condition. En cas de difficulté majeure durant l'expédition, j'avais tout pouvoir – et sans appel – pour le renvoyer en France, c'est-à-dire l'exclure. Jamais je ne fis jouer cette clause que d'aucuns jugeront léonine car, en dépit de ce qui a été, paraît-il, divulgué plus tard, chacun s'est conduit en vrai camarade de montagne. Si jamais il y avait eu des arrière-pensées, j'étais fermement décidé à les ignorer. À l'avance, nous savions qu'il est facile mais déshonorant de trahir la vérité en faisant, après coup, parler les morts ou en interprétant leurs écrits. Chacun d'entre nous avait décidé de rester de marbre dans cette tragique éventualité.

Il faut ajouter que Lucien Devies et le Comité de l'Himalaya avaient mis au point un engagement contractuel aux termes duquel chacun d'entre nous acceptait de ne pas écrire pendant cinq ans de livre ou de reportage pour préserver l'exclusivité accordée à l'éditeur choisi – et pour nous ce fut Arthaud – ou aux publications que nous avions réservées au *Figaro* et à *Paris-Match.* En somme, comme on le dit aujourd'hui, c'étaient des sponsors. Il va de soi que chacun demeurait libre de s'exprimer dans des interviews ou durant les conférences. À l'issue de cette période de cinq ans, tout le monde reprenait sa liberté. On ne saurait donc parler, sans forcer abusivement les mots, d'une interdiction de parler, d'écrire, au-delà de ces cinq années. En vingt ans, il n'y eut aucun litige à déplorer, dans aucune expédition. Les contrats d'engagement ont toujours été respectés.

En tant que chef, j'assumais la responsabilité de ces hommes. Je n'étais pas meilleur qu'eux. Mais à trente et un ans, alors qu'ils étaient de deux ans mes cadets, ce qui renforçait mon autorité, j'avais pu vivre une expérience exceptionnelle. En effet, pendant la Seconde Guerre mondiale, après trois années passées dans l'artillerie où j'étais devenu officier, j'avais combattu volontairement une quatrième année de plus à la tête d'une unité de haute montagne constituée, à mon initiative, de volontaires originaires du massif du Mont-Blanc. C'était en fait une Brigade rouge internationale (B.R.I.) appelée pudiquement une Compagnie de francs-tireurs partisans. Ses valeureux volontaires étaient tous communistes et provenaient d'États étrangers comme l'Espagne, la Pologne, les États-Unis ou la Suisse. Il y avait même des Juifs allemands venus combattre le régime nazi de leur propre pays !

Seul Lionel Terray avait connu pareille aventure dans la compagnie Stéphane en Maurienne et, brièvement, Gaston Rebuffat au col du Géant.

***

Deux jours auparavant, le 3 juin 1950, je foulais dans une sorte d'extase la neige sommitale de l'Annapurna, la déesse vénérée des hindouistes. Notre planète avait été explorée de fond en comble et, pourtant, aucun regard avant nous n'avait effleuré ce grand de la terre. Seuls les sommets sacrés demeuraient vierges. Louis Lachenal, mon compagnon, l'un des plus célèbres guides à cette époque, originaire d'Annecy, partageait avec moi cette victoire. Son tempérament impétueux était légendaire. Nous l'appelions « Biscante », ce qui signifie cidre en patois savoyard, boisson pour laquelle il avait un goût invétéré. Quant à moi qui avais passé les plus beaux moments de ma vie dans les montagnes du Mont-Blanc, je me sentais, non sans quelque fierté, plus que jamais chamoniard. Ma grand-mère était d'ailleurs originaire de la vallée.

Pour aboutir à ce sommet, la lutte avait été sans merci. J'étais exténué mais radieux. L'Annapurna était sous mes pieds. Depuis que la terre existait, j'étais le premier à être parvenu à son faîte. Comme projeté dans le ciel, je me trouvais en état de grâce. En bravant l'inconnu et non seulement l'adversité, je me sentais l'élu de Dieu.

Pétrifié et terrorisé, je découvrais la face sud de la montagne. Les lignes vertigineuses fuyaient vers le bas, à la verticale. Jamais des hommes, j'en étais convaincu, ne pourraient vaincre cette muraille gigantesque, l'une des plus hautes du monde. Je jetai un regard circulaire. Lorsque l'on domine, tout paraît plat. Comme les grands personnages de l'Histoire, qui banalisent l'homme du commun. D'égal à égal, je dialoguais avec les 8 000, ces géants qui m'entouraient. Quelques minutes auparavant, ils m'impressionnaient. Maintenant que j'étais sur le sommet, ils m'étaient soudain familiers. Je reconnaissais leurs formes. En un clin d'œil, je me remémorai leur histoire. Un 8 000, pour être conquis, exige des reconnaissances préalables. À l'Annapurna, la première tentative avait été victorieuse. Dans le premier cas, l'alpinste transporte le passé avec lui, un monde de pionniers de toutes nations et de toutes époques, leurs aventures et leurs sacrifices aussi. Quant à nous, dépourvus d'antécédents et de souvenirs, nous étions seuls. L'histoire de la montagne était vierge. À cet instant même, elle commençait.

Louis Lachenal était là, fasciné et stupéfié. Trop réaliste, il n'arrivait pas à mesurer la portée de l'événement. De temps à autre, au travers de nos hublots, nos regards se croisaient. Sur son visage, je lus, entremêlés, la joie et l'effroi. C'est cela, une conquête. En violant ce lieu sacré, en bousculant les limites du monde connu, nous avions enfreint des traditions établies. Ce qui n'est pas habituel semble interdit. L'air raréfié, réduit au tiers de la densité normale, ne transmet guère le son. Il nous fallait hurler pour nous faire entendre. D'autant plus que le vent ne cessait de siffler en rafales. Éreintés, nous avions renoncé, et nous communiquions par gestes.

L'univers de l'altitude est lunaire, minéral, sans végétation ni vie. Enfermé dans mes larges lunettes anti-UV à verres épais, j'étais comme dans un scaphandre. Je devinais davantage que je ne voyais. Je percevais mieux que je n'entendais.

Mon compagnon se trouvait-il sur la même planète que moi ? Il obéissait plus à des réflexes professionnels, ceux d'un guide souhaitant redescendre sitôt après être monté, qu'il ne réalisait un rêve. Pour lui, l'Annapurna ne devait être qu'un sommet parmi d'autres. Bientôt, notre ascension serait classée dans sa liste de courses. Cette impression me frappa et me le rendit étranger. Son imperturbable pragmatisme s'opposait à mon exaltation intérieure. À ses yeux, sans nul doute, je m'attardais. Au vu de son comportement, je sentais un reproche muet, celui de ne plus être sur la Terre. Dans son esprit, les secondes précieuses qui s'écoulaient mettaient en péril notre vie. Pour moi, elles étaient miraculeuses et elles nous donnaient vie. Certains alpinistes ont cru pouvoir exorciser la montagne en l'outrageant. Il me plaisait quant à moi que l'Annapurna fût une déesse, afin de pouvoir l'adorer.

Un sentiment indéfinissable m'envahissait. D'abord celui d'avoir atteint un idéal. Ensuite, celui du nouvel avenir que cette victoire m'ouvrait. La vraie conquête était d'un tout autre prix que celle de la montagne, fût-elle la plus haute. Cette prémonition s'imposait à moi. Anonyme jusque-là, j'émergeais du néant, je gagnais une identité. J'avais acquis le droit à l'existence. Les symboles s'appuient toujours sur des faits. Jusqu'à ce jour, j'étais né. Depuis un instant, j'existais. Avec l'Annapurna, une première vie s'achevait. Subitement, je me dépouillai de mon passé. Loin d'être encore accomplie, mais pour l'instant simplement promise, une profonde mutation s'annonçait. Un virage colossal était inéluctablement enclenché. Dans le même temps s'annonçait un nouveau destin, insondable dans son immensité et son mystère. Ces impressions, j'eusse été incapable de les formuler ainsi sur le moment. Une longue maturation me serait nécessaire avant que je ne parvinsse à les ordonner.

Déjà, et sans m'attendre, mon compagnon, impatient, s'était jeté dans le couloir sommital franchement à pic. Sitôt le toit de neige abordé, en contrebas, il se mit à courir, malgré les rafales de la mousson soudain devenues véhémentes. Le grésil projeté horizontalement n'était que flèches piquant douloureusement les parties de mon visage restées découvertes.

À mon tour, je m'élançai, non sans avoir fait mes adieux à cette parcelle minuscule du sommet devenue un instant mon royaume. Les grêlons et les bancs de brume déferlaient à une vitesse fulgurante. Ils constituaient un rideau me cachant Louis. En toute hâte, je rejoignis le camp supérieur à 7 500 mètres, par une traversée oblique, en conservant le même cap. Sans accroc, j'aboutis à la tente-cercueil – ainsi l'appelions-nous à cause de sa taille exiguë. Ses tendeurs étaient autant de chausse-trappes. Deux de nos compagnons, arrivés depuis peu en cordée de soutien, nous y guettaient. Non sans anxiété, au vu des conditions atmosphériques.

Lionel Terray, originaire de Grenoble, était probablement le guide le plus illustre de Chamonix. Chacun l'admirait pour ses exploits. Tous l'aimaient pour son cœur généreux. Gaston Rebuffat, de Marseille, également guide, de haute taille, était connu pour son esprit d'entreprise.

Novateur, il avait ouvert de nombreuses voies dans le massif du Mont-Blanc. Il y amenait des clients, ce qui était, chaque fois, une grande performance.

L'émotion me gagnait. Toute ma joie explosait.

– Nous venons de l'Annapurna. Nous avons réussi.

Et puis, aussitôt après, me tournant vers Lionel et Gaston :

– Je n'ai qu'un seul regret. C'est que vous ne nous ayez pas accompagnés au sommet.

Lionel me répondit alors :

– Mon vieux Maurice, puisque tu es allé au sommet, c'est toute l'équipe qui a gagné.

Louis manquait à l'appel alors même qu'il m'avait précédé. Son absence était inquiétante. Lionel s'équipa en un tournemain et il sauta dans la pente, malgré la tempête qui maintenant faisait rage. Un long moment s'écoula avant que nos deux amis ne reviennent. Par phrases entrecoupées, Lionel nous raconta que Louis, écroulé dans la neige en bordure d'une crevasse, avait refusé de se relever. Il préférait mourir noblement dans la montagne en furie plutôt que de crever au sein de cette armée en déroute. Malgré ses vociférations, et en dépit de son délire, Lionel l'avait pris de force avec détermination. Sans ménagement, il l'avait hissé jusqu'au camp où nous nous trouvions, n'hésitant pas à user d'invectives et même de violence.

Nos extrémités, celles de Louis et les miennes, gelaient rapidement. Elles avaient perdu toute mobilité. Le froid s'intensifiait, atteignant - 50°C à - 60°C. Nos deux amis valides utilisèrent nos cordes pour nous flageller à tout rompre, au risque de faire éclater la peau. Sans perdre une minute, la circulation sanguine devait être rétablie. Toute la nuit se passa à nous infliger ce supplice. On pouvait se demander qui de nous quatre était le plus courageux. Jamais aucun de nous ne faiblit en acceptant de s'assoupir.

***

Au petit matin, nous replongeâmes dans la pente. Les vents furieux nous déséquilibraient. À longueur de cordes tendues entre nous pour déjouer les guets-apens que sont les ponts de neige, nous descendîmes en titubant. Les heures passant, les rafales de vent cessèrent et un épais brouillard s'installa. Il nous rendait invisibles les uns aux autres. Les nuages étaient devenus si denses que nous errions dans le clair-obscur. Seuls les changements de pente constituaient des indices d'orientation. Souvent, hélas, ils étaient de faux amis. Sans fin, nous naviguions à l'aveuglette entre les crevasses toutes plus béantes les unes que les autres. Parfois nous retrouvions et recoupions, non sans dépit, nos propres traces. Bref, nous tournions en rond. Nous étions en perdition.

Louis se trouvait en tête et moi en queue. De loin, j'entendis soudain un hurlement, immédiatement relayé par de violentes vociférations. Notre ami venait de crever un pont de neige. La corde n'avait pu le retenir. Rassemblés au bord de la crevasse, nous nous apprêtions à le sortir de là.

– Biscante… Biscante ?

– … suis là !

Sa voix faisait écho sur les parois glacées de la crevasse.

– Y a de la casse ?

– Euh !

– On te tire. Tiens bon !

– Non, non ! Bande de *babotsh*[1]

– …

– Venez, descendez ! On est très bien ici. À l'abri du vent.

– OK.

À tour de rôle, nous nous laissâmes glisser le long d'une goulotte d'une dizaine de mètres. Dégringolant puis débouchant dans une sorte de grotte sous-glaciaire tapissée

1. Surnom donné aux gens du bas de la vallée de Chamonix. Ce mot signifie dans le contexte local « demeuré ».

de neige. Nous nous sentîmes à l'abri. D'autant plus que la nuit tombait. Heureux refuge, pensions-nous. Là ne soufflait plus le blizzard qui nous avait transpercés jusqu'aux os toute la journée.

Mais, déjà, sans même avoir eu le temps de nous installer, le froid implacable nous saisit. Tant bien que mal, nous nous blottîmes les uns contre les autres. Il nous fallait éviter le contact direct avec la glace sous-jacente. À cet effet, nous avions interposé ce que nous trouvions, en particulier nos sacs, pour empêcher la conduction du froid. Rien n'y fit. En quelques instants, nous nous sentîmes frigorifiés. Chacun d'entre nous rapetissait. Avec anxiété, nous nous interrogions pour savoir comment nous pourrions résister ainsi durant une nuit entière.

Mutuellement, nous nous frictionnions tour à tour. En silence, Gaston et Lionel s'efforçaient, non sans mérite, de ranimer les membres engourdis et déjà glacés des deux autres. Les heures, les minutes même, tant les instants comptaient, s'éternisaient.

À vrai dire, mais je n'en soufflai mot, mon désarroi était total. À supposer que je réussisse à survivre jusqu'à l'aube, comment pourrais-je ensuite m'échapper ? Mes extrémités gelaient rapidement. Plus je m'abandonnais, moins je les sentais. Le froid, comme un anesthésique, faisait son œuvre implacable. Il me grignotait de plus en plus. Insidieusement, il gagnait en ampleur, sans que j'en puisse exactement mesurer les effets. Dès cet instant, je sentis que je devrais consentir à sacrifier une partie de moi-même. À l'instar d'un cristal, ma carcasse se vitrifiait. Le moindre choc aurait pu la pulvériser.

Le seul but auquel je m'accrochais, telle une obsession, était de sauvegarder un reste de chaleur à l'intérieur de mon corps. Le froid rampait, progressait, congelait tel ou tel organe à mesure de son avancée. Je m'étonnais de pouvoir encore bouger, fût-ce d'une manière insignifiante. Dans ma prostration, je spéculais sur la vitesse de propagation du gel, en la proportionnant au temps restant à courir jusqu'à l'aurore. Pour tromper l'interminable attente, je me remémorais les problèmes scolaires relatifs aux trains qui se croisent et aux baignoires qui se vident. L'angoisse d'être engagé dans un combat aussi inégal me nouait la gorge. Une brève interruption de ma volonté pouvait – j'en étais certain – me condamner à l'anéantissement. Il est parfois plus héroïque de survivre que de mourir. L'idée de suspendre cet acharnement séduisait mon esprit. Il m'appartenait d'assumer ma propre fin. L'inconscience, peu à peu, m'étreignait. Le sens de la durée n'était plus.

Pourtant, plus tard, je crus deviner l'aube qui pointait. Une lumière glauque s'annonça en effet à l'entrée de la crevasse. Elle nous rappelait que nous n'étions pas encore enterrés vivants.

Brusquement, je fus envahi par un flot de neige poudreuse. Une coulée provenant de la surface s'était précipitée dans la goulotte, qui avait joué en l'occurrence le rôle d'une trémie, et nous ensevelissait. Mus par un réflexe de conservation, mes camarades se mirent instantanément sur leur séant. Incapable de faire face à cette soudaine catastrophe, je restai quant à moi sans réaction, sans défense, prêt à tout. En grelottant, je m'efforçais à grand-peine de respirer, bien que l'air fût glacé et me gelât les poumons. Par bonheur, l'avalanche s'interrompit.

Aussitôt, mes camarades me secouèrent avec rudesse. Avec l'énergie du désespoir, ils voulaient s'échapper de la grotte. Comme si, à l'instant même, ils allaient être broyés par la glace en mouvement ou submergés par une autre avalanche de neige fraîche. Dans mon for intérieur, je les considérai avec stupeur et les taxai de folie furieuse. Gaston et Lionel étaient déjà sortis en toute hâte en escaladant la paroi glacée du toboggan. Louis, à son tour, se mit à gravir avec précipitation, pieds et mains nus, le boyau de neige durcie. Avec ses doigts de pied, il frappait la paroi à coups redoublés afin d'y creuser quelques prises. Par reptation ou opposition, il réussit à se hisser jusqu'à la surface du glacier, non sans s'être asphyxié dans cet effort surhumain.

Aucun son ne me parvenait plus. Subitement, je compris que Louis et moi étions irrémédiablement perdus sans nos chaussures. Le froid qui fait gonfler les pieds et entrave la circulation nous les avait fait ôter. Cette tragique et inéluctable perspective me donna des ailes. Avec frénésie, je rassemblai mes forces restantes, curieusement sous-estimées au cours des heures précédentes.

Derechef, je me mis à fouiller la neige accumulée dans le fond de la crevasse. Peu m'importent les mains, si les chaussures sont récupérées, pensai-je, au comble de l'exaltation. La surface, quadrillée par mes soins, fut explorée méthodiquement avec mes doigts servant de râteau. Chaque chaussure que je pourrais retrouver me promettait la vie de mon camarade et la mienne. Le prix en fut, hélas, le gel de mes doigts. Mis hors d'haleine par de tels efforts, j'étais dans l'obligation de m'arrêter de temps à autre. Bien vite, la rage me reprenait, tel un animal luttant pour ne pas mourir.

Profondément enfouies dans la neige, les chaussures furent finalement extirpées une à une. Le combat m'avait exténué. Étouffé par le manque d'air, je reposais exsangue à même le sol. Je dus mobiliser un reliquat d'énergie pour escalader à mon tour le fameux puits de glace. Les forces me manquaient. Avec l'aide de Lionel et grâce à sa corde, je m'exécutai cependant, avant de m'affaler de tout mon long à la surface du glacier. À l'instant, je pensai mourir d'épuisement.

Peu à peu, j'entrouvris les paupières. À mon grand étonnement, je reprenais conscience. Mes trois camarades étaient là, près de moi. Le temps était miraculeusement beau. Mon corps ne voulait plus rien entendre. Il m'abandonnait. Il me fallait capituler. Or, si mes compagnons, épuisés et délabrés, n'étaient pas à la limite de leurs forces, il était visiblement exclu qu'ils puissent me transporter.

– Lionel, je vais mourir. Je le sens.

– Tu es fou ! Même avec la tempête, on s'en sortira. C'est pas la première fois. Lève-toi ! Je t'aide…

– Non, attends. Je ne peux pas. Mais il fait beau ! Très beau, tu sais. Il n'y a pas de tempête. Hé ! Tu n'y vois plus rien ?

– C'est l'ophtalmie. Merde ! Merde ! C'est vrai. Je n'y vois rien. (Et il se mit à hurler comme un possédé : je suis AVEUGLE !)

– Mais tu peux marcher, lui répondis-je. Tu peux t'enfuir, toi ! Les autres vont te guider. En suivant la trace. On la sent en marchant.

– Moi aussi, je suis aveugle, annonça Gaston. Biscante y voit, lui.

– Et il a ses chaussures, triompha Lionel.

– Lionel ! Approche ! Tout près. Plus près.

Et je lui chuchotai dans l'oreille :

– Laisse-moi ici, Lionel. Je t'en prie. Je suis foutu. Impossible de me lever. Mes pieds et mes mains sont gelés. Les articulations sont bloquées. Impossible de saisir mon piolet. La corde m'arrache la peau des doigts. Lionel, sois réaliste. Laisse-moi ici, sur le rebord de la crevasse. Partez, partez… Vite, enfuyez-vous. Retrouvez les autres. Sauvez-vous…

– Non, Maurice, je refuse.

– C'est toi qui es fou !

– JE RE-FUSE, martela-t-il. Ou nous en réchappons tous, ou nous restons ensemble. Ici. Avec toi.

– C'est… du chantage ?

– Non, c'est ça, la cordée. Jamais on n'abandonne un blessé en montagne. Tu le sais. Comme à la guerre. Et en plus, Maurice, tu es mon frère de combat, me glissa-t-il avec pudeur comme s'il s'était agi d'un aveu.

Il reprit sa respiration et continua, fermement cette fois.

– On rapporte la victoire et tu voudrais qu'on la perde ?

– Lionel, comprends. Sans moi vous en réchappez. Avec moi, vous êtes perdus !

– Maurice, n'insiste pas. C'est décidé.

Après s'être tourné vers nos deux autres compagnons, dans une quête toute symbolique puisqu'il ne les distinguait pas, il devint péremptoire.

– Oui, répéta-t-il, c'est décidé. Nous resterons ensemble. S'il le faut… jusqu'à la mort !

De toute façon, je le savais, les heures m'étaient comptées, quoi que nous fassions. Ni la logique ni ma prière n'affectèrent sa résolution. Sa position demeurait inébranlable. Désormais, je devais donc tout mettre en œuvre pour ne pas trop gêner mes camarades.

Tout d'abord, et à la suite des essais de Louis, j'exigeai que nous appelions « Au secours ! », en criant à l'unisson. Peut-être aurait-on pu recevoir d'en bas, de très bas, un message de retour ? Peine perdue dans cette neige ambiante absorbant le son. À grand-peine, je me relevai donc. En titubant, j'esquissai quelques pas. De mes sursauts d'énergie dépendait le sort de mes amis. Les forces me lâchèrent à nouveau quelques mètres plus loin. Dans ces conditions, je désespérais de pouvoir continuer.

Soudain, un cri. Une apparition. Un miracle se produisait. D'émotion, mon cœur s'arrêta. Ma respiration en fut coupée. À quelques pas, une silhouette surgissait. C'était Marcel Schatz. Sur le moment, je crus ne pas pouvoir surmonter le saisissement que j'éprouvais. L'épreuve me tuait. Je m'écroulai.

Marcel, ce fidèle ami de Paris, avec lequel j'avais partagé maintes aventures d'escalade, progressait lentement dans notre direction. Il devait creuser une tranchée dans la neige fraîche. Jamais je n'oublierai son visage rayonnant de bonheur lorsqu'il s'approcha de moi. Sa personne me paraissait transcendée.

Il me pressait dans ses bras, me donnait un baiser de paix, m'insufflait la vie. Oui, cet homme me transmettait à cet instant une valeur sacrée. J'aurais aimé prier : « Mon Dieu, je voulais tant être un homme, mais je suis resté ton enfant. » À l'évidence, j'étais hors d'état de le faire. Concentré sur moi-même, baignant dans la béatitude, mon être entier devait, je le pense, irradier spirituellement. De ses lèvres, de son cœur plutôt, sortirent des mots simples, vrais. C'était bien cela, il me sauvait.

Paralysé par le choc, je cessai de lutter. Subitement, je redevins un enfant qui se confiait à son frère. Les larmes coulèrent de mes yeux meurtris. De ses bras puissants et rassurants, Marcel me souleva puis essaya de me remettre sur pieds. Non sans peine, car je chancelais en m'efforçant de reprendre un fragile équilibre. Avec une douceur infinie, mon ami me soutint et m'aida à accomplir les premiers pas. Il me tenait par le bras et m'encourageait dès qu'il sentait revenir des réflexes de motricité. Aux aguets, il craignait que je ne m'écroule brusquement. Il ne me parlait plus, tant il sentait l'inanité du verbe. Son regard débordant de bonté suffisait, ainsi que sa volonté farouche de prendre la direction des opérations.

C'est là que je fus entraîné dans le vide. La chute n'en finissait pas. Elle s'éternisait. Mon corps rebondissait d'une bosse à l'autre. Mais pourquoi ma corde s'était-elle brutalement bloquée, me laissant ainsi en suspension ? Tout simplement du fait que deux sherpas, emportés avec moi par la plaque à vent, étaient suspendus eux aussi à la même corde, mais dans la crevasse voisine. De la sorte, nous nous faisions contrepoids et l'arête de glace, nous séparant comme le fléau d'une balance, nous maintenait en équilibre.

Venus immédiatement à mon secours, mes amis me délivrèrent de mon embrouillamini de cordes. Très vite, je fus rétabli sur les pieds. M'attendait encore le redouté mur de glace vertical, haut d'une dizaine de mètres, que j'avais eu tant de mal à équiper de pitons lors de la montée. La peau de mes mains allait y être sacrifiée. En dépit de mes doigts gelés et raides comme du bois, il fallait impérativement m'agripper à la corde pour freiner la descente. Au bas de la falaise, la chair de mes mains était à vif. Pour éviter d'impressionner avec tout ce sang mes camarades et les sherpas, je les avais enveloppées d'un mouchoir protecteur.

Après avoir franchi les derniers obstacles et dévalé les dernières pentes, je regagnai enfin, dans cet état, les premières tentes.

***

Par cordées successives, nous étions accueillis par Jacques Oudot, le médecin, Francis de Noyelle, le diplomate de liaison, et Marcel Ichac, le cinéaste.

– Je vous apporte la victoire, leur annonçai-je.

– Bravo ! s'exclamèrent-ils, enthousiastes.

– Mais j'ai les pieds et les mains gelés !

Ayant réalisé le drame, ils m'observèrent soudain avec un respect insolite comme s'ils assistaient à une apparition. À cet instant, je leur étais révélé comme un extraterrestre. Tel Lohengrin dans la légende. Dans leur regard, je lisais leur compassion infinie. De même, je devinais leur question intime : la victoire valait-elle de tels sacrifices ?

Après ces émouvantes retrouvailles, Louis, gelé aux pieds lui aussi, et moi-même fûmes étendus avec précaution dans nos tentes pour y être traités par notre ami médecin. Suivirent, entre autres, des perfusions intra-artérielles de novocaïne et d'acétylcholine, ainsi que des stellaires[2] dans la plèvre.

Ce fut un abominable martyre. Au-delà d'un certain degré d'intensité, la souffrance est inoubliable parce qu'elle altère l'organisme. Lionel me serrait dans ses bras comme un enfant. Il me transfusait son humanité. Durant ce long supplice, j'éprouvai pour ce compagnon d'armes un sentiment de communion. De son visage émacié s'échappaient

2. Piqûre effectuée avec une aiguille d'une dizaine de centimètres de longueur. Il s'agissait d'atteindre la plèvre et de trouver le ganglion stellaire, d'où le nom, afin d'y injecter une vingtaine de centimètres cubes de novocaïne.

furtivement quelques larmes. Entre deux hurlements de douleur, je pris la ferme résolution d'être, plus tard, enterré côte à côte avec lui dans le cimetière des alpinistes de Chamonix. Lionel restera plus proche de moi que quiconque. Lorsque je me recueillis quelques années plus tard sur son corps inanimé, ce fut un bouleversement. Avec lui, une page de mon existence était tournée. Il était devenu mon frère.

Le lendemain, les transports et l'évacuation furent promptement mis en œuvre. Sous un déluge de grêle et de vent, l'expédition battait en retraite.

Plus tard, un long cortège s'étira dans les basses vallées. Aux froids excessifs succéda une chaleur torride. Quittant un univers minéral et abandonnant l'accoutrement d'Himalayens engoncés dans leur tenue polaire, nous retrouvâmes la végétation luxuriante et les hommes en plus simple appareil. Aussi, des pistes sûres où nous pouvions cheminer sans crainte. Ballotté sur une civière portée à bout de bras par les sherpas, le regard perdu dans les immensités du ciel, je méditais sur mon sort.

Le bonheur intense du sommet demeurait en moi. L'Annapurna, montagne mythique, peu à peu s'éloignait. Bientôt, elle se dissipa dans la brume.

Sur les chemins du retour, les réalités s'imposèrent. Aucun malheur ne m'avait été épargné. Les quatre membres gelés, la gangrène, les lymphangites, les poumons gelés, les articulations bloquées, et j'en passe, m'abattaient.

Ma vie ne tenait plus qu'à un fil. Pied à pied, je luttai, refusant de disparaître.

***

Dans ces conditions, il n'était plus possible de poursuivre la longue marche. L'expédition décida de faire halte. Un bois de mélèzes près d'un petit village du nom de Lété m'avait frappé à la montée par son caractère bucolique. Il me rappelait celui de mon enfance à Chamonix que j'affectionnais particulièrement : la Pendant. Inconsciemment, c'est là que je voulais mourir.

La caravane y trouva bientôt refuge. En quelques instants, grâce aux sherpas et aux porteurs, une multitude de tentes parsema les terrasses bordant la rivière grossie par la mousson. Installé en surplomb sur une sorte de balcon, je pus contempler les contreforts déchiquetés de l'Annapurna.

Il me fallait un bel endroit comme celui-ci. Au surplus symbolique. Ainsi font les hindouistes, par tradition religieuse, en choisissant avec soin le lieu de leur crémation.

Avant le voyage ultime que je m'apprêtais à accomplir, je me trouvais dans une sorte d'état extralucide. Un état qui ne relevait en tout cas ni de l'imagination diurne ni du rêve nocturne. Je m'identifiais aux arêtes de l'Annapurna, visibles de l'endroit où je me trouvais. Sans le moindre bruit, le vent propulsait des nuées diaphanes vers ces rochers censés être moi-même. La crête dentelée coiffait ma chevelure à la manière d'un peigne. Sur l'autre versant, il en sortait des mèches parallèles indéfiniment longues puisqu'elles se généraient sans cesse. Dans nos pays de montagnes, on les appelle des *ravoures*.

Un peu plus tard, je m'imaginais être déjà enterré. Sur le monticule où se trouvait ma tombe, avait été érigée une croix de bois assez insolite dans ces lieux bouddhistes où nos croix chrétiennes ne signifient rien. Après la cérémonie funéraire, la longue cohorte de l'expédition ne pouvait que poursuivre sa route vers l'Inde. Les sahibs, les sherpas et les porteurs, l'air désolé, me rendaient un dernier hommage en passant devant la tombe. Je les voyais parfaitement. Ils disparaissaient un à un, à regret, au détour du sentier.

Les flots de la Kali Gandaki, ce fleuve sacré traversant de part en part l'immense chaîne himalayenne, coulaient à mes pieds. De la terrasse où j'étais allongé sur une civière, j'en percevais le grondement. Mes forces déclinaient rapidement. La vie s'échappait de moi. Dans un silence impressionnant, j'entrais dans un monde ouaté et blanc. Le temps avait perdu toute mesure. Une sérénité extatique m'enveloppait. L'état bienheureux auquel je parvenais facilitait le grand passage. Il ne s'agissait pas d'une fin ou du néant, mais d'une autre existence. La mort n'était pas un achèvement mais un accomplissement. La délivrance n'était que matérielle. Ce corps qui m'avait été confié, il me fallait aujourd'hui le rendre. L'essence même de mon être demeurait vivace. Rien ne m'attristait de ce que je laissais sur la Terre. Seules des pensées d'affection et de compassion allaient vers ceux que j'aimais, vers mes compagnons de lutte et ces divinités de la montagne que j'avais osé profaner. L'Annapurna, déesse de la fécondité, apporte la vie. Violée, elle m'avait puni et voulait me la retirer.

Dans un calme saisissant et avec une confiance absolue, je m'en remettais à la Providence.

***

La force, bientôt, me manqua pour entendre, voir et toucher. Plongé dans le brouillard, je ne réagissais ni aux sons ni aux gestes. Pour mes compagnons, cela avait un sens précis. Selon le médecin, la fin ne devait guère se faire attendre. La température bloquée à 41°C, la gangrène devenue générale, l'absence de toute réaction aux sollicitations extérieures ne laissaient guère de doute sur mes chances de survie…

Et puis ce fut le miracle. Je retraversai la frontière séparant les mondes du visible et de l'invisible. À nouveau, je distinguai des visages dépourvus de couleur, s'approchant de moi comme au travers d'une bulle.

Les sons ne m'atteignaient pas, mais déjà je sentais des mains se poser sur moi ou seulement effleurer mon visage.

En dépit des années écoulées, cette haute aventure intérieure est restée dans mon existence l'événement majeur. Une seconde naissance, plus vraie à mes yeux que la première, n'est-elle pas un mystère sacré ?

Certes, je revenais à la vie, mais non sur un coup de baguette magique. Dans les temps qui succédèrent à ce qui m'avait semblé être mon retour sur la Terre, je retrouvai à petits pas quelques facultés. Malgré l'abattement qui s'ensuivit, je me remémorai les épisodes les plus saisissants du défi insensé que j'avais eu l'insolence de lancer aux plus hautes montagnes du monde.

Était-ce là une suite logique de mes aventures chaque année plus audacieuses dans le massif du Mont-Blanc ? Était-ce un idéal dont je recherchais avec passion l'accomplissement, même au prix de mon propre sacrifice ? Était-ce pour réussir là où tout le monde avait échoué, et être ainsi le premier dans l'Histoire à conquérir un géant de la terre ?

M'extirpant peu à peu de ma torpeur, je découvris que mon piolet, mon cher compagnon de combat, avait disparu. Pourtant, je voulais le placer près de mon chevet. Il me manquait. Par onomatopées et par gestes, je fis comprendre mon émotion à Marcel Ichac, penché sur mon corps. Outre que mon piolet était celui du sommet, il avait surtout une précieuse histoire. Ce fut ma première propriété personnelle et je l'avais acquis avec mes modestes deniers d'étudiant. Il avait été forgé, mis en forme et monté devant moi sur mes instructions par Claudius Simond, l'artisan génial des Bossons, petit village de la vallée de Chamonix. Il était une œuvre d'art. Il avait marqué le début d'une longue série d'aventures. Depuis lors, avec lui, j'avais parcouru tous les sommets des Alpes, par toutes les faces, toutes les arêtes, dans toutes les conditions, par beau ou mauvais temps. Ce piolet m'avait apporté toutes les victoires. En maintes circonstances, il m'avait aidé à sauver ma vie. Sa dernière présence symbolique avait été de servir de hampe aux drapeaux français et népalais, au sommet de l'Annapurna. Ce n'était pas de ma part un acte nationaliste. D'ailleurs, depuis, la plupart des grandes expéditions ont agi de même pour immortaliser leur victoire, honorer leur pays d'origine et le pays hôte. Juste hommage, me semble-t-il.

Par bonheur, il fut enfin retrouvé… dans la charge du dernier porteur de la caravane. Ce piolet m'a par la suite suivi fidèlement dans les moments les plus tragiques et les plus grands bonheurs de mon existence. Confiné dans ma maison de Chamonix, son témoignage demeurait personnel. Aussi en ai-je fait don au musée du Comité international olympique de Lausanne. Certes, il ne s'agissait que d'une modeste partie de moi-même, mais toujours vivante.

Pour l'alpiniste, son piolet est l'épée du légionnaire. Il est le prolongement de sa personne. Sans lui, la montagne ne m'aurait jamais été accessible. Certains de mes camarades de l'époque jugeaient bon de donner un nom au leur. Il n'en a jamais été question pour moi. Donne-t-on un nom à ses bras ou à ses jambes ?

Dois-je ajouter qu'un piolet est aussi une croix ? Pour cette raison, j'avais caressé le désir de le conserver auprès de moi… Ainsi procédaient jadis les chevaliers. Ils gardaient par-devers eux leur glaive dans l'au-delà.

***

Une expérience aussi étrange que celle du bois de Lété ne pouvait que m'ébranler profondément. Aussi la gardais-je très longtemps sous silence, et comme malgré moi. L'impression indélébile aussi qu'une telle visite en dehors du temps constituait un sacrilège. Sans même m'en rendre compte, j'en occultai dans mes récits ultérieurs, durant de nombreuses années, les répercussions les plus intimes. Par respect, je devais me garder de divulguer le plus grand mystère de ma vie.

En violant délibérément ces réserves, je m'exhorte au contraire, grâce au recul du temps, à expliciter pour les autres ce qui m'apparut à l'époque être une sorte de révélation. Sans doute ne suis-je pas le seul à avoir été marqué par de telles épreuves. Ce qui m'impressionnait le plus est, sans conteste, le calme extrême que je ressentais durant cette transition. Pour le guerrier des aventures à grands risques, la mort est un partenaire permanent, un membre de la cordée. Omniprésente, elle dicte les gestes de protection à l'homme des altitudes. Elle inspire ses méditations et donne du poids à ses motivations. La conquête du premier 8 000 supposait un combat aux confins de deux mondes, l'un éphémère, l'autre éternel. Ainsi s'opposent et se complètent l'action et la pensée, le concret et l'abstrait, le réel et le spirituel. Il était normal de s'interroger sur mes finalités métaphysiques et le poids de mes valeurs idéales. Cette incursion dans un monde au-delà de la vie, mais en deçà de la mort, n'avait donc rien de déconcertant.

En un mot, j'y étais préparé.

Dans ces moments ineffables, mon esprit étrangement libéré s'affranchissait allègrement de l'espace et du temps. Le passé s'y contractait en un clin d'œil. L'avenir y était anticipé avec aisance et sans l'inertie dont notre psychisme est habituellement accablé.

Depuis lors, enrichi par une telle expérience, je me trouve toujours aux aguets dans les moments cruciaux que doivent parfois affronter les êtres humains. En ces instants sacrés, ils se subliment et découvrent un état de sérénité pur et divin.

***

Le miracle fut de revenir à la vie. Lentement, bien sûr. Après un temps d'absence absolue. Mort, je recommençais à vivre. La contemplation du néant permet d'expérimenter la vie, d'en découvrir la profondeur, la réelle signification. Succédait à cette incursion dans l'univers de l'invisible, une renaissance. Moment indicible s'il en fut, de revenir sur la Terre et de revoir les hommes. Le sourire de compassion du Bouddha m'apparaissait dans ces premières heures. Au travers des siècles, il me transmettait un message de réconfort.

Ces indices de vie furent vite décelés par mes compagnons. Peu rassurés, ils donnèrent cependant l'ordre, car le temps pressait, de lever le camp. Derrière les civières, une interminable procession s'ébranla en direction de l'Inde.

Durant près de trois semaines, les amputations journalières, à même la chair, sans anesthésie, au bord des sentiers, m'anéantirent. Le docteur Jacques Oudot, un vieux camarade de montagne, spécialiste renommé de chirurgie vasculaire, m'a sauvé la vie en sectionnant « à la demande » les parties nécrosées. Il ne me laissait que des moignons ensanglantés et recouverts d'encombrants pansements. Non seulement je ne disposais plus de mes mains ni de mes pieds, mais la chaleur gangrenait les chairs. Étrangement, ma paix intérieure demeurait totale.

La mort à laquelle j'avais si souvent échappé surgissait chaque fois différemment. À Lété, elle m'avait terrassé alors que, blessé et à bout de forces, je gisais au pied de ces cathédrales de la terre. Plus tard, elle voulut me frapper sous d'autres formes.

Un aigle d'envergure colossale tenta ainsi de m'enlever en m'agrippant dans ses serres. Sous un soleil écrasant, les quatre porteurs de ma civière marchaient dans une semi-torpeur, comme des automates. Mon corps allongé exhalait généreusement les effluves de mes plaies putréfiées et s'offrait au rapace. Son vol aux cercles de plus en plus resserrés devait lui permettre de fondre brusquement, tels les stukas de la guerre, sur sa proie. Je voulus crier et appeler au secours. Las, ma gorge était si sèche qu'aucun son ne put en sortir. Je ne dus ma vie qu'à notre entrée inopinée dans le village de Palpa Tanzing.

Encore choqué par ces émotions, je débouchai en grand appareil, avec ma civière et mes quatre porteurs, éveillés cette fois, sur la vaste esplanade du centre de la bourgade. Une partie de l'expédition était déjà arrivée. Les charges déposées par les coolies s'accumulèrent dans une même enceinte, enserrées par les tentes des sherpas.

En quelques mots rapides, je racontai comment j'avais échappé à l'aigle qui voulait m'enlever. Mes camarades présents m'écoutèrent avec attention. Visiblement, ils étaient incrédules. Encore des fantasmes, se disaient-ils, tout en hochant la tête et en échangeant des coups d'œil entendus.

Avant de poursuivre sa retraite dans les collines boisées des Siwalik, chères à Rudyard Kipling, l'expédition regroupait ses forces. Une journée de repos était la bienvenue. Oudot, mettant à profit ce temps libre, souhaitait en finir avec les grandes amputations.

– Maurice, je commence par toi, si tu le veux bien. On va « faire » le pouce droit.

– Toujours sans anesthésie ?

– Oui, on continue, comme tous les jours.

La population s'était attroupée. Il avait fallu tendre des cordes pour la maintenir à distance. La vue de tous ces moignons noircis et ensanglantés, avec un sillon séparant les parties vivantes et mortes, aiguisait leur curiosité. Le spectacle était répugnant. Les grimaces étaient révélatrices. Évidemment, je n'en avais cure. Un sherpa plaça sous ma main ensanglantée un couvercle de container pour recueillir les moignons. Le chirurgien continuait à « éplucher ». Puis il prit une pince à dissection et l'ajusta sur l'os de mon pouce. Un craquement se fit entendre. Le choc du pouce tombant dans le couvercle avec un bruit sec souleva des « oh » et des « ah » parmi les spectateurs.

– Maurice, veux-tu le garder ? Avec du formol, dans un joli vase, ce serait un beau souvenir ?

– Non, Jacques, cela me dégoûterait. Ce serait horrible !

– Maurice, tu n'es pas un sentimental !

Les doigts disparus, les pansements étaient plus faciles et plus rapides à effectuer.

Le lendemain, la procession se remit en marche. À la zone des Siwalik succéda plus tard celle du Terai, une jungle insalubre, inhabitable pour les hommes, infestée d'animaux sauvages, notamment de tigres et parfois de rhinocéros extrêmement dangereux. Les moustiques porteurs de malaria et les serpents venimeux étaient légion. À peu de distance, méditais-je sur ma civière, se trouvait Lumbini, non loin de Kapilavastu, à la frontière actuelle de l'Inde et du Népal. Le Bouddha, c'est-à-dire l'Éveillé (Siddhartha de son nom de naissance), y était né, et avait été élevé dans une famille princière, les Gautama, au VIe siècle avant notre ère. Il n'était évidemment pas question d'envisager le moindre détour. Ce ne fut pas sans regrets.

Quelque temps plus tard, nous nous retrouvâmes un peu au-delà de la frontière, à Nautanwa. L'extrémité des rails du chemin de fer indien y pendouillait à même le sol. Après une halte dont je redoutais la longueur, une locomotive antédiluvienne entraînant quelques wagons s'arrêta devant nous.

Très vite, toutes les charges furent embarquées et nous fîmes nos adieux aux porteurs. Les sherpas continuaient avec nous car nous avions prévu de nous diviser en deux groupes. L'un irait directement à Delhi préparer le retour vers la France, l'autre à Katmandou où nous devions solennellement rendre visite au maharadjah Mohun Shamsher Jung Bahadur Rana. Oudot s'était mis aussitôt au travail avec son bistouri, ses scalpels et ses pinces. Mes moignons étaient devenus nets. Les pieds de Louis Lachenal, en revanche, devaient être soigneusement préparés en vue d'une séparation de plusieurs jours, puisqu'il était du contingent de Delhi. Il fallait faire vite, la gare de bifurcation approchant rapidement.

– Louis, je t'en prie, collabore, nom d'une pipe, laisse-toi faire !

– Jacques, je ne fais que cela. Mais je souffre, tu entends, je souffre. Une fois sectionnés, adieu Berthe ! Comment revenir en arrière ?

Des injures et des hurlements s'ensuivirent. La pince du chirurgien venait de lui échapper. Malencontreusement, elle tomba dans l'encadrement de la portière. Il n'en avait qu'une avec lui !

– Tant pis, je vais faire avec ce que j'ai !

– C'est affreux. Il faut arrêter le train.

– Louis, je peux y arriver avec ce que j'ai ! Sois donc complaisant !

– Ah, non ! Quoi ? Complaisant ? Je m'en souviendrai toute ma vie. Ces chirurgiens ! Ils vous coupent vos chairs, vos os, et il faut être complaisant !

C'est sur ces imprécations que nous nous séparâmes.

***

De longues heures durant, nous roulâmes à une allure infernale, à en juger d'après les secousses et les cahots. En réalité, la vitesse ne dépassait pas soixante kilomètres à l'heure.

Il nous fallait traverser la bande du Teraï, le trottoir de l'Himalaya comme on l'appelait, puisqu'elle longe la grande chaîne sur des centaines et des centaines de kilomètres. À cet endroit, la jungle tant redoutée était beaucoup plus large. Le train haletait, crachait, gémissait, hoquetait. Parfois, dans un râle sinistre, il s'arrêtait en bloquant ses roues pour une raison inconnue, comme s'il s'était agi d'éviter un accident imminent. Lorsque le train s'avisait d'interrompre ainsi sa course, la chaleur torride nous montait en bouffées brûlantes au visage en s'engouffrant par les baies vitrées largement ouvertes. À leur pied s'étalaient des banquettes. Chacun d'entre nous y était affalé. Accablés par une température élevée et l'humidité pénétrante d'une jungle si épaisse que le soleil ne pouvait la traverser, mes camarades s'étaient effondrés dans un profond sommeil.

Seul éveillé, j'avais engagé une lutte sans merci contre les moustiques. Il m'avait été dit que ces insectes posés à l'horizontale sur la peau étaient inoffensifs. S'ils étaient inclinés à quarante-cinq degrés, cela signifiait qu'ils étaient porteurs de malaria. Avec mes pansements faisant office de gants de boxe, j'intervenais aussitôt que l'un d'entre eux m'attaquait.

Le train, stoppé depuis un certain temps, me laissait entendre les mille bruits de la jungle. Ils n'étaient surpassés en intensité que par les ronflements particulièrement sonores de mes camarades. Un bruissement ressemblant à des branchages cassés attira subitement mon attention. Allongé sur la banquette en contrebas et immobilisé par mes pansements, il m'était impossible de me soulever pour regarder à l'extérieur. Tout à coup, je vis un tigre, attiré par l'odeur forte de mes plaies gangrenées, bondir au travers de la baie au-dessus de moi et ressortir par celle d'en face. Il m'avait frôlé de si près que j'aurais pu le toucher en allongeant le bras. Lorsque je me remémore cet incident, je sens encore avec persistance l'odeur âcre de l'animal.

De Raxaul, ville terminus, je devais être emmené par porteurs jusqu'à Katmandou. Pour ce faire, les sherpas avaient déniché une sorte de barquette appelée *dandy* dans laquelle je fus installé. Ses dimensions réduites s'expliquent par la petite taille des Népalais, comparée à la nôtre, à nous Occidentaux. Un dandy est réservé aux princesses. Recroquevillé sur moi-même comme un fœtus, j'étais éreinté par les chocs incessants dus à l'inégalité de la piste. À travers mes pansements, pourtant épais, le sang et le pus mélangés suintaient de mes pieds, exhalant des odeurs insupportables.

Deux jours plus tard, notre groupe arrivait à Katmandou. Il n'y avait, à cette époque, ni automobiles, ni hôtels, ni bien sûr d'aéroport. Le maharadjah nous accueillit dans un *resthouse.*

Dès le lendemain, il y eut une réception solennelle au palais, aujourd'hui siège du Parlement. Le protocole des présentations fut modifié car je ne pouvais marcher. Dans l'ordre de succession, le maharadjah, puis les quinze princes en uniformes d'apparat défilèrent devant moi pour me saluer. Leurs coiffures constituaient des trésors inestimables avec des rangs de diamants et d'émeraudes mesurant plusieurs centimètres. Le tout était surmonté de panaches en plumes d'oiseau de paradis.

Les présentations terminées, nous sortîmes pour assister à un défilé des troupes gurkhas. En mon honneur fut organisée, en effet, une cérémonie rarissime équivalant à notre défilé militaire du 14 juillet à Paris : le grand Durbar. Tout ceci se passait quelques mois avant que n'ait lieu une révolution de palais, disons même un coup d'État. Le maharadjah dut s'enfuir *in extremis* et s'exiler à Bombay. Le roi, placé jusqu'alors en résidence surveillée, remonta sur le trône. Représentant Shiva sur terre, il n'avait pu qu'être déposé. Homme-dieu, sa vie ne pouvait être menacée. S'il n'en avait pas été ainsi, il y aurait eu, à coup sûr, un soulèvement en masse de la population hindouiste. Ce fut donc le dernier grand Durbar de l'histoire du Népal.

Tout à coup, une musique aux accents occidentaux, une sorte de valse de Strauss, se fit entendre. Au moment où je me rapprochais du maharadjah pour le remercier de cette touchante attention, il s'enquit auprès de moi :

– Comment trouvez-vous notre hymne national ?

– Euh… très beau, très beau, Votre Altesse !

Pendant près d'une heure, nous vîmes défiler devant nous les troupes du royaume, qui à pied, qui à cheval, notamment les fameux Gurkhas qui se sont illustrés dans tous les conflits de la Grande-Bretagne. Maintenu à grand-peine assis, je sentais mes pieds perdre du sang. Mais le spectacle de ces soldats redoutés dans le monde entier ne laissait pas d'être impressionnant.

Les surprises n'étaient pas terminées. À notre retour de Katmandou, après avoir retraversé la zone du Teraï pour aboutir à son orée dans la plaine indienne, nous avions espéré gagner un temps précieux en prenant un avion pour Delhi. Las, l'avion indien, dans une clairière à la frontière du Népal, refusa de me prendre à bord ! Les passagers seraient incommodés, me dit délicatement l'hôtesse, par mes effluves pestilentiels. Sans tarder, l'avion repartit et s'aligna sur la piste de terre battue. J'étais abandonné en pleine jungle !

Révolté, je ressentis un profond sentiment d'injustice. En même temps, une volonté farouche de ne pas me résigner à attendre que l'on vienne me tirer d'affaire s'emparait de moi. Mais que faire ? Hélas, il me fallait constater ma cruelle solitude. Un terrible désespoir s'abattait sur moi. Un scénario catastrophe me torturait l'esprit. Bientôt le jour déclinerait, la nuit m'envelopperait de son linceul noir. Telle une âme errante, je serais là, espérant presque la mort.

Soudain, et sans motif apparent, l'avion fit demi-tour. Se dirigeant à toute allure vers notre groupe de laissés-pour-compte, il s'arrêta à quelques mètres de nous, les moteurs continuant à tourner. La porte du cockpit s'ouvrit et une échelle de coupée en descendit. En dégringola aussitôt le pilote, britannique me sembla-t-il, qui fonça vers moi avec une détermination extrême. Sans dire mot, il me prit dans ses bras et m'embarqua, par la porte arrière cette fois. Prestement, mes compagnons nous emboîtèrent le pas. La même hôtesse m'installa du mieux qu'elle put, sur le siège de la dernière rangée, et m'inonda d'eau de Cologne. C'est ainsi que je devais rejoindre Delhi.

Lorsque je pense à ce pilote, je ne peux m'empêcher d'avoir un élan de gratitude. Mes recherches pour retrouver son nom et le remercier sont demeurées vaines. La compagnie elle-même, la Bharat Airways, a aujourd'hui disparu.

***

Sitôt arrivé à Delhi, je fus placé, vu mon état, dans la seule pièce climatisée de notre ambassade. N'oublions pas qu'en 1950, les pièces étaient simplement ventilées avec de larges pales. Quoi qu'il en fût, le confort était incomparable. C'est bien simple, je revivais.

Dès le lendemain, Jacques Oudot ayant refait nos pansements en vue du long voyage qui nous attendait, nous embarquâmes sur un avion d'Air France pour Karachi. Ce fut une étape atroce. Une fois de plus porté par Lionel, qui ne put que me déposer sur un banc rustique dans la salle d'attente où aussitôt je m'allongeai. Ayant perdu plus de trente kilos, aucun matelas de chair ne venait adoucir le contact douloureux des os sur le bois. Dans cet endroit peu avenant, j'attendis avec impatience mes camarades alléchés par des boutiques richement achalandées. L'impression d'être abandonné me désespérait. En même temps, elle renforçait ma détermination à gagner, par tous les moyens et à tout prix, mon autonomie.

De Karachi, un autre appareil nous conduisit à Paris. Installés à l'avant comme des pachas, bichonnés par les hôtesses, nous étions comme sur un tapis volant. Pour nous être agréable, le commandant, à basse altitude, vira de bord du bon côté, survola Naples et fit le tour du Vésuve. Puis l'avion piqua vers Paris.

2. RETOUR À LA VIE

Peut-on imaginer que le choc de retrouver brutalement la vie, les hommes et l'espoir, lors du retour en France, faillit m'être fatal ? À l'instar des déportés échappant au pire et aveuglés par la lumière, je ne pouvais surmonter l'émotion d'une liberté recouvrée. Au fil des jours d'une retraite tragique, je n'avais cessé, cependant, d'en rêver. Je débarquais d'un autre univers. Ces êtres chers, mon père, ma mère, mes frères et sœurs, mes amis de toujours, autour de moi, brusquement redécouverts, m'observaient, hébétés. Des mots on ne peut plus banals s'échappaient de mes lèvres.

Il me semblait être un étranger. Ma perception de ces humains pourtant proches s'inscrivait dans un autre registre. Je les écoutais mais ne les entendais point. À leurs larmes sillonnant leurs visages répondait mon sang filtrant sur mes mains. Ils découvraient ce que j'avais en moins. Ils ne sentaient pas encore ce que j'avais en plus. Le contraste était pathétique, le décalage trop fort.

Une course éperdue me mena à l'hôpital. Issu d'un monde sauvage, j'esquissais, à mon corps défendant, un mouvement de recul dès qu'une infirmière me secourait de son bras ou m'apportait quelque consolation. Je n'étais pas encore adapté à ma nouvelle condition. Accueilli avec cœur, je ressentais avec violence le contraste entre une vie fruste, celle des baroudeurs, et la douceur d'un paradis dont j'étais désormais l'hôte. J'étais placé à l'abri du monde, dans l'univers clos et aseptisé de l'hôpital.

***

Dans la salle d'opération, le Pr Ménégaux, une vieille connaissance de ma famille, et le Dr Jacques Oudot étaient flanqués d'autres médecins, d'anesthésistes-réanimateurs, d'instrumentistes, d'assistants et d'infirmières. C'était la mobilisation générale. Les pansements datant de Delhi, c'est-à-dire de trois jours, devaient être renouvelés. L'inventaire des dégâts devait être dressé. Les premières « régularisations » devaient être opérées. Entendons par là l'amputation des moignons morts. La cérémonie était solennelle. Comme les rois fainéants – tout de même rois –, je trônais allongé. L'excès d'honneur ainsi rendu à ma personne par la docte assemblée m'impressionnait.

Sans tarder, les infirmières, comme les abeilles autour d'une ruche, décollèrent et déroulèrent les bandes Velpeau qui enveloppaient mes membres. Quelques jets d'eau distillée par-ci, par-là, facilitaient la tâche.

– Mesdemoiselles, merci. Laissez-moi maintenant, demanda le professeur. Maurice, soyez courageux, je me charge des dernières gazes…

Chacun avait les yeux vissés, qui sur mes pieds, qui sur mes mains. Soudain, ce ne fut qu'un cri. Un cri d'horreur !

– Attention ! hurlait-on à la ronde.

Il y eut un brouhaha. Médecins, soignants et autres opéraient une retraite précipitée. Une explosion n'eût pas provoqué plus de chaos. Plaqués contre les murs pour se protéger, les visages grimaçaient de dégoût.

– Ils sautent ! Ils sautent !

Des asticots énormes, doués d'une vigueur peu commune, brutalement libérés, bondissaient en tous sens. Ils prenaient pour cible ces hommes et ces femmes, et les condamnaient à se défendre.

Sous l'émotion, mes larmes se mirent à gicler. Une impression de désolation morale m'étreignit. Ces parasites hideux logés depuis l'Inde dans mes chairs putréfiées me vouaient à l'abandon de tous. En décomposition, mon corps était un repoussoir. Pour cacher mon désespoir, je me réfugiai en moi-même. Seul un regard de compassion pouvait rétablir le contact. Hélène, l'infirmière, fut bien vite contre mon visage. Je la sentais et ne la voyais pas. Doucement, mais avec conviction, elle me chuchota :

– Vous avez tant souffert ! Vous méritez tout notre amour !

Le patient sur le « billard » perdait son sang en abondance. Les chirurgiens commençaient à s'inquiéter. À cette époque, il n'y avait qu'une banque du sang à Paris, celle de l'hôpital Saint-Antoine. Personne n'était interchangeable dans l'équipe pour aller quérir dans les meilleurs délais les précieux flacons. Hormis le personnel quotidien, nul n'était disponible dans la petite clinique.

Jacques Oudot sortit en trombe de la salle et rencontra mon amie Gisèle Boyer, présentatrice vedette de la radio (il n'y avait pas encore de télévision à cette époque), aussi fidèle qu'adorable. Déjà, à l'arrivée, elle m'avait accueilli, le cœur étreint par l'émotion. Rapetissée par l'anxiété, elle m'attendait. Secouée par une sorte de décharge électrique, elle sauta sur ses pieds, éjectée de son fauteuil comme par un ressort.

– Qu'arrive-t-il ? s'alarma-t-elle.

– Rien, répondit Jacques Oudot, laconique. Du sang ! Il nous faut du sang ! Tout de suite !

– J'y vais, répondit-elle du tac au tac au chirurgien interloqué.

Sans attendre la réponse, déjà elle s'envolait. La vie d'un homme était entre ses mains. « Pas n'importe lequel », marmonnait-elle en courant. N'était-il pas son héros ?

Aucun mot n'était trop fort pour le qualifier. « Curieux, pensait-elle, personne ne redoute autant que moi le danger. Les éclats physiques me répugnent. Ils me condamnent à la lâcheté. Pourquoi cet homme m'impressionne-t-il ? » En un éclair, les couloirs furent parcourus, les portes franchies, les escaliers dévalés… Au loin, un taxi attendait. Au terme d'un dernier sprint, Gisèle s'y engouffra et s'affala hors d'haleine sur la banquette arrière.

– Pas libre ! protesta le chauffeur avec véhémence. J'attends un client.

– Aucune importance ! hurla Gisèle. Un homme va mourir. Là, ajouta-t-elle en pointant son doigt sur la clinique. Il lui faut du sang. Tout de suite, vous entendez ? Tout de suite !

– Mais…

– Il n'y a pas de « mais » ! ordonna-t-elle au chauffeur ahuri par l'audace de cette jeune femme. Vous aurez une fortune. Dix fois la course.

– D'ac, acquiesça-t-il en hochant la tête.

Il démarra aussitôt sur les chapeaux de roue. Saint-Antoine était bien connu pour sa banque. Par infortune, l'heure était celle des plus grands encombrements. Sans cesse, Gisèle lui tapait sur l'épaule et lui enjoignait d'aller plus vite.

– J'suis un chauffeur, l'interrompit-il, pas un pilote.

– Si, répliqua Gisèle. Vous êtes Fangio. Entre vos mains, vous avez un bolide. Plus vite, s'il vous plaît.

– Mademoiselle, protesta-t-il, vexé et hors de lui, je ne peux tout de même pas passer sur les capots des autres voitures et franchir les feux rouges.

– Si, si. Allumez vos phares et clignotants d'alarme. Klaxonnez sans arrêt. Grimpez sur les trottoirs et brûlez les feux rouges ! J'arrangerai tout après. Ne soyez pas inquiet. J'ai le bras long. Plus vite, je vous en prie !

La scène de rodéo fut digne en tout point d'un western. Les conducteurs parisiens, volontiers râleurs, soupçonnèrent toutefois une urgence extrême.

À l'hôpital Saint-Antoine, le sang était prêt. Les laborantines avaient été prévenues. La livraison ne dura que quelques instants. Le retour fut effectué dans le même style. Un virage en dérapage contrôlé, un violent coup de frein, les pneus sur le point de déjanter, une portière arrachée, et une femme éperdue s'engouffrait, un flacon à la main, dans les escaliers et couloirs. Gisèle fit irruption dans la salle d'opération peuplée d'officiants figés, tels des membres du Ku Klux Klan.

Le silence insupportable fut soudainement rompu en dépit de la réaction irritée et menaçante du professeur. Prestement, les connexions des flacons de sang aux tubes de plastique alimentant les appareils de transfusion furent réalisées. Sous le regard vigilant du réanimateur, le sang me fut perfusé. Il était temps. Un nouveau cap était franchi.

Plus tard, je dus subir plusieurs transfusions presque totales. Toujours, je me suis demandé si ce renouvellement sanguin ne transmettait pas, dans le même temps – il n'y avait pas de sida à l'époque –, des héritages génétiques, des influences caractérielles et des données biologiques nouvelles.

***

Transféré peu après à l'Hôpital américain, j'y retrouvai, retiré du monde et de ses agitations dérisoires, l'atmosphère monastique à laquelle j'aspirais de toute mon âme. Près d'une année de ma vie devait se passer en cet endroit. Une dizaine d'opérations d'une durée moyenne de quatre à cinq heures pour reconstituer un corps brisé. Il s'agissait, à l'aide de greffes pédiculées, de recoudre patiemment mes peaux mises bout à bout, pour reconstituer l'enveloppe de mon organisme. Ainsi devaient être enserrées les chairs indisciplinées redevenues vivantes. Les chirurgiens s'efforçaient ensuite d'y plonger mes moignons afin d'éviter tout risque de rejet, et de les y maintenir près d'un mois pour créer entre elles une continuité. Les peaux des mains et des pieds cousues à celles des mollets et des épaules devaient, peu à peu, leur apprendre à vivre entre elles en osmose. Durant cette période, les membres soudés entre eux, suivant des formes non prévues par la nature, me transformaient en monstre. À son issue, les praticiens découpaient la peau de la partie saine de telle sorte qu'elle soit transférée vivante sur les moignons dorénavant enveloppés de nouveaux tissus. Le temps faisait ensuite son œuvre.

Non seulement aucune douleur plus tard n'était à craindre lors des contacts avec des objets rigides, mais une certaine sensibilité dans les phalanges devait progressivement se développer. Il est fréquent de greffer un ou deux doigts. Dans mon cas, il y en avait vingt. D'où la difficulté posée par ces greffes multiples. Pour ne pas compliquer les opérations, l'homme de l'art, le Pr Merle d'Aubigné, alors respecté dans le monde entier, avait pris le parti risqué de les grouper. Il était assisté de chirurgiens tels les Dr Robert Méary, Raoul Tubiana et Jean Chabrol entre autres, tous devenus célèbres par la suite.

Chaque opération exigeait trois semaines d'immobilisation totale. Au cours de ces interminables journées, j'étais emprisonné comme une momie dans un sarcophage. Ce fut là une autre aventure, toute différente de celle du bois de Lété. Le temps n'avait plus de durée. Je ne distinguais ni les jours ni les nuits. Les infirmières, à ma demande, avaient fermé les rideaux. Elles avaient été priées de me laisser seul. Pourtant le printemps, au-dehors, fleurissait les arbres. Sans doute ce comportement pouvait sembler inquiétant. Peu m'importait !

À vrai dire, je m'interrogeais sur mes raisons de vivre. Tout me serait, plus tard, interdit. De plus, je craignais d'être à la charge de la société. Fonder une famille, connaître un amour, mériter une existence, apporter sa contribution à la société, tout ce qui justifie notre venue sur la Terre me paraissait banni. Alors, pourquoi s'acharner ? Tout ce qui est inutile ne doit-il pas disparaître ? Se laisser mourir était la tentation. Un goût de lâcheté et d'abandon moral me répugnait pourtant. Au surplus, m'apparaissait une autre vie, immatérielle et donc résolument méditative et spirituelle, celle-là même entrevue dans ma jeunesse à l'abbaye cistercienne de Lérins, au large de Cannes. Dans ce lieu sacré, j'espérais trouver le repos de mon âme. Pour autant, avais-je le droit moral de confier aux autres un corps délabré ?

Les jours succédaient aux jours dans mon existence de reclus. Autocondamné au secret, j'y trouvais un certain réconfort. Mieux, j'en éprouvais un sentiment de plénitude. Comme un animal blessé, je me concentrais pour pouvoir ressortir encore plus fort de la nuit qui m'enveloppait et de l'angoisse qui m'étreignait.

3. GRANDIR DANS LA MONTAGNE

Les souvenirs les plus marquants de mon passé assaillirent alors mon esprit. Pourquoi ceux de l'enfance, des débuts en montagne et de la guerre, et non ceux de l'Annapurna, s'imposaient-ils à ce moment ?

Quelques scènes burlesques de la vie familiale me revenaient. D'abord, la maison de Saint-Cloud où grouillaient les huit frères et sœurs. La musique était à l'honneur. Ma mère aimait chanter. Sa voix de soprano s'unissait à la mienne, celle d'un baryton, pour notre plus grand plaisir. Mais outre les trois pianos non accordés ensemble, martelés sans discernement du matin au soir, les chants *a cappella* emplissaient les volumes de la maison familiale. Et les tourne-disques hurlaient tous les classiques. Tous, nous perdions la tête ! Égaré dans ce torrent sonore, j'avais quelque mérite à plancher sur mes mathématiques. Personne n'aurait eu l'idée de répondre aux sonnettes, tant il était probable de voir surgir des créanciers quémandeurs ou des huissiers insolents. Plus ils insistaient, et plus les *fortissimo* triomphaient. Que faire contre une armée de galopins ? En bon ordre, les intrus battaient en retraite, non sans se venger en collant des affiches de saisie. Elles étaient arrachées avec fureur dès leurs talons tournés.

Le destin m'a imposé le rôle d'aîné. Un peu le chef. Pourtant, le temps n'était pas si lointain où, encore tout petit, je cherchais la tendresse et la chaleur de ma mère. Chaque matin, dès le départ de mon père, je me glissais dans son lit et me serrais contre elle avec volupté.

Subitement, j'eus conscience un jour d'une gêne. Non pas que ma pudeur fût mise en cause, mais parce qu'il y allait de ma dignité de garçon. Il me fallait prouver que je n'étais plus un bébé. En tout cas pas une fille. Bien que la décision me coûtât, je voulais démontrer mon extrême détermination en abandonnant la couche maternelle. Ce fut mon premier acte d'homme. C'est ainsi qu'on devient majeur. Par fractures successives. À mes yeux, celle-ci était d'importance. D'enfant, je devenais adulte.

Mon père était ingénieur. Combattant volontaire durant la Première Guerre mondiale dans la Légion étrangère, puisqu'il était suisse, il avait été blessé et rapatrié à Toulouse où il connut ma mère. Je fus le premier fruit de cet amour. Il m'appela Maurice. Ce prénom va revenir souvent. Il ne me fut pas attribué en souvenir du Maure, racine du mot Maurice, chef de la légion romaine dépêchée d'Égypte pour combattre les chrétiens d'Agaune (Saint-Maurice, près de Martigny, dans le Valais), mais d'un oncle, fervent alpiniste. Un jour, en redescendant comme une bombe des Dents du Midi, transpirant de tous ses pores, il se jeta sur l'eau glacée coulant d'un bachal[1] et il en but hors de raison. Peu après, il en mourut d'hydrocution. Son nom était Maurice. La triste scène se passait à... Saint-Maurice.

Assez peu loquace et alpiniste lui-même, mon père s'animait toutefois quand il me livrait par bribes successives les origines de la famille. Elles n'étaient pas banales, elles non plus, ces histoires. C'est ainsi qu'il me révéla qu'un certain Meinrad Herzog, contemporain de la Révolution française, eut une existence agitée. Insurgé violent contre l'occupation autrichienne de l'Argovie, au nord de la Suisse, sa tête fut mise à prix. Il dut s'enfuir en traversant le Rhin

1. Mot savoyard désignant une cuve dont on se sert pour laver le linge.

pour tenter de gagner le duché de Bade. Las, l'esquif fit naufrage et presque toute la famille, sa femme et sept de ses enfants, périt dans l'aventure. Seul un garçon était resté au pays à cause de son jeune âge – il avait sept ans –, et le pasteur du village le recueillit. Ce petit Ferdinand deviendra patron des chemins de fer fédéraux suisses. L'un de ses fils, ingénieur lui aussi, construisit le jet d'eau de Genève et l'un des premiers barrages européens sis sur le Rhône à Chancy-Pougny. Il apportait l'énergie électrique au Creusot, cœur de l'empire Schneider. Plus tard, je devins président de ce barrage, nommé par le président de… Schneider, Didier Pineau-Valencienne.

Le cousin de Ferdinand, Hans Herzog, sera de son côté général de l'armée suisse, ce qui équivaut chez nous à général en chef puisque ce grade n'est attribué qu'en temps de guerre. Or, en France, faisait rage la malheureuse guerre de 1870. C'est lui qui recueillit les restes de la trop célèbre armée Bourbaki. La femme dudit Ferdinand, fervente catholique, d'autant plus militante qu'elle avait contraint toute la famille, jusque-là protestante, à se convertir au catholicisme, fut chargée d'une tâche humanitaire, présider et animer le comité d'accueil pour cette armée en déroute plongée dans la misère la plus noire. L'aventure se poursuivit donc de génération en génération. La mémoire demeure et imprègne les descendants. Chaque lignée se nourrit tour à tour d'un précieux héritage pour mieux vivre le présent et anticiper l'avenir.

***

À Saint-Cloud, la musique, les rires et le tourbillon incessant de tous ces jeunes devaient tenir lieu de pain dès lors qu'il en manquait.

Avant la Seconde Guerre mondiale, la crise économique était si grave que manger chaque jour à sa faim tenait, pour ma famille, de l'acrobatie. Mon père au travail, ma mère perdait son latin face à ce petit monde agité. Il m'incombait souvent d'accomplir les besognes les plus diverses. Ainsi, je savais langer les bébés, prendre leur température, administrer les biberons, faire les lits, laver et essuyer la vaisselle, tricoter les layettes ou les chandails, mais surtout donner des ordres et, au besoin, sévir. Mes frères et sœurs me redoutaient car j'étais inflexible. En tant qu'aîné, je me sentais investi de la mission de gardien de l'ordre. Les coups pleuvaient de toutes parts et je pourfendais les turbulents au point d'en éprouver aujourd'hui quelques remords. Loin de me haïr, ils semblaient me respecter et même me porter affection.

Comment ne pas sourire en me remémorant la vie de cette tribu ? Fatalement, il y avait des groupes et des sous-groupes en son sein. Non pas seulement suscités par des affinités, mais par souci d'organisation. Ainsi, les aînés s'appropriaient individuellement les plus jeunes. Scientifique, mon père avait calculé la venue au monde de sa progéniture de telle sorte qu'il y eut quatre garçons et quatre filles. La fin de la série menaçant ce juste équilibre, il doubla la mise, *in fine,* en procréant deux jumelles. À elles deux, elles constituèrent une cellule propre. Personne ne les distinguait tant elles se ressemblaient. Même nous les frères et sœurs, nous devions les regarder de face ou, plus prosaïquement, interroger : « Yéyé ou Lulu ? » C'étaient les noms que nous leur avions donnés en lieu et place de Thérèse et Lucette. À l'école, c'était très simple. Elles apprenaient deux fois moins que les autres. L'une se spécialisait en mathématiques, l'autre en français, et chacune répondait pour l'autre… En réalité, elles ne pouvaient se passer l'une de l'autre, se donnant un nom – le même ! – réservé à elles seules.

Ce qui m'amusait le plus était de les entendre au téléphone répondre aux garçons. S'ils étaient à leur goût, l'une ou l'autre répondait : « Oui, c'est moi. » S'ils ne l'étaient pas : « Non, c'est ma sœur. » L'intrusion des garçons dans leur vie m'effrayait. Elles ne pouvaient pas aimer le même ! Le droit de veto existait-il pour l'autre ?

En fait elles connurent enfin et aimèrent deux garçons tout à fait distincts !

Comme il fallait s'y attendre, elles décidèrent de se marier le même jour et dans un même lieu. Un mariage à quatre en somme ! La cérémonie eut lieu sur la *Calypso* de Jacques-Yves Cousteau. Il était un ami proche de Jacques Ertaud, le futur mari de Thérèse, cameraman du *Monde du silence*. Les préparatifs de mariage faillirent avorter. Cousteau avait en effet imaginé de célébrer la messe dans une grotte marine des Calanques. Elle recelait un lac fermé qui ménageait un ample volume d'air assorti d'un espace sablonneux de surface restreinte. Il fallait y accéder en homme-grenouille, ce qui m'était physiquement impossible. Les performances sous-marines des gens de la montagne sont trop piètres pour autoriser de tels exploits. Je n'aime l'eau que sous forme de glace, et Cousteau n'aimait la glace que sous forme d'eau.

***

Les exigences familiales m'accaparaient si fort que je ne pouvais consacrer tout le temps nécessaire à mes études. Elles étaient pour moi limitées à l'école même. Les cours tenaient lieu de devoirs, de leçons ou de répétitions, et j'étais mis dans l'obligation de m'imprégner instantanément de ce que j'entendais.

De plus, je n'avais jamais un sou vaillant en poche. Un concours de bourse m'avait heureusement donné la gratuité de mes études. Chacun sait néanmoins qu'il est indispensable d'avoir des livres, des cahiers. C'est pourquoi je donnais des leçons de mathématiques à une kyrielle de lycéens du même âge que moi. Ainsi n'ai-je jamais reçu le moindre argent de mon père. Argent qu'il n'aurait d'ailleurs pu soustraire aux besoins, à tout point de vue prioritaires, de la famille.

Étudiant, chaque jour, j'empruntais le train de Saint-Cloud à Paris pour me rendre au collège Chaptal. À la même heure, nous nous retrouvions ponctuellement avec des camarades de Condorcet préparant les mêmes concours.

– Inintéressant, abstrait, étranger à la vie, enrageait Boris Vian.

Son front déjà dégarni, sa peau blanche et ses immenses yeux bleu clair exprimaient un profond découragement.

– Ces concours d'entrée aux grandes écoles, ces « prépas » n'ont aucun sens, répondis-je. C'est la méthode de sélection qui est en cause. Te rappelles-tu comment Bonaparte choisissait ses soldats ?

– Non, dis toujours.

– Il passait dans les rangs et pinçait leurs fesses. Si elles étaient dures, il prenait, si elles étaient molles, il rejetait.

Boris enchaîna à sa manière.

– À propos de pince-fesses justement, tous les samedis, à la maison de Ville-d'Avray, il y en a un. Viens ! Il y aura les copains du train : François, mon frère, un autre François, le fils de Jean Rostand ici présent. Rostand ! le plus grand biologiste contemporain. Il n'a pas eu, ce qui est une honte, le prix Nobel. C'est le fils d'Edmond, souviens-toi, *Cyrano de Bergerac*. Il y a aussi Yehudi Menuhin qui essaie de gratter les cordes de son violon. Confidence… c'est un prodige !

Il avait trois ans de plus que nous et allait nous quitter. Peut-être pour d'autres raisons aussi. L'antisémitisme d'Hitler inquiétait.

– Tu verras, c'est très amusant. Tout le monde apporte son instrument. Moi c'est la trompette. Et toi, de quoi joues-tu ?

– De rien, je chante.

– Des negro spirituals ?

– Non, du classique. Je suis baryton.

– Tu es rétro avec ton « classique ».

– Et Yehudi, le serait-il ?

Les souvenirs, comme dans un carrousel, revenaient à ma mémoire. Je revis plus tard Boris Vian dans le théâtre d'avant-garde La Rose rouge, à Saint-Germain-des-Prés, pour la première de deux pièces qu'il venait d'écrire, *J'irai cracher sur vos tombes* et *Terreur en Oklahoma.* Deux copines de notre groupe, Juliette Gréco et Judith Magre, y triomphaient, en dépit du caractère provocateur du texte. Il y avait aussi Claude Luter, Moustache, Louis Armstrong, Sidney Bechet…

***

Les menaces de guerre, puisque nous étions à la fin des années trente, la gêne dans laquelle vivait ma famille, ma mission de garde-chiourme à la maison, l'ardente obligation de réussir mes études pour sauver ultérieurement tous les miens du désastre avaient endurci mon cœur. À tous, j'apparaissais intraitable et solitaire. Robespierre était devenu mon modèle puisqu'il incarnait la pureté et la terreur.

Donc, j'étais misogyne. La féminité signifiait à mon sens l'amollissement fatal. Si mes pulsions me menaçaient, je m'interdisais d'y céder. Ce sera pour plus tard, me disais-je, lorsque mes frères et sœurs seront installés dans la vie. Aimer, étais-je persuadé, c'est faiblir. C'est aussi s'affaiblir.

Toute aventure amoureuse m'était donc défendue. Dans Wagner, j'aimais les héros, tels Lohengrin ou Siegfried, qui dénonçaient avec éclat les méfaits de l'éternel féminin. Ces modèles mythiques et cette musique transcendante me donnaient, je l'avoue, quelque courage.

Bref, on aura compris que ma philosophie était celle de la force et de la volonté. Non pas une force brutale et aveugle faisant fi de toute morale ou dépourvue de mobile, mais au contraire une force me conduisant à développer en moi de puissantes motivations. De cette énergie, je pensais avoir le plus grand besoin dans l'existence de demain. De telles convictions devaient aider à me forger une personnalité volontariste. C'était l'époque où mes maîtres à penser étaient Nietzsche, Schopenhauer, Gobineau, Stendhal et Keyserling.

On me dira qu'ils étaient tous des philosophes du courage et de l'énergie. On ajoutera qu'il était troublant de les voir encensés par les nouveaux maîtres de la grande Allemagne. Peu importe, j'en avais besoin durant cette époque de ma vie.

Comme Nietzsche l'avait compris pour lui, je sentais profondément en moi le poids de deux hérédités, l'une latine par ma mère, l'autre germanique par mon père. Héritier comblé, me disais-je, l'une m'apporte la sensibilité, l'autre la détermination. Souvent, par exemple, je répétais que dans la vie, là où est la volonté, là est le chemin. Mais dans le même temps, je me persuadais *in petto* que, pour comprendre les autres, il me fallait regarder avec le cœur.

Afin de me moquer de moi-même, je me rappelais une anecdote prêtée à Tristan Bernard. Il eut affaire un jour à une admiratrice enthousiaste. Elle était aussi belle que lui était laid. Mais aussi avare en esprit que lui en était comblé.

– Ah, maître, quel bonheur immense de vous rencontrer !

– Madame, je vous en prie, c'est vous qui m'accordez un privilège, celui de votre splendeur.

– Laissez-moi savourer votre intelligence, ajouta-t-elle en minaudant. Vous êtes sublime. Vous me survoltez ! Maître, cher maître, j'ai une idée folle, mais merveilleuse ! Faites-moi un enfant…

– Oh ! Et pourquoi ?

– Il aura ma beauté et votre génie. Ne serait-ce pas miraculeux ?

– Madame, madame, ce serait miraculeux, mais, mais… imaginez, un instant que ce soit le contraire !

Évidemment, si je riais à mon propos en évoquant cette double ascendance, c'est en souvenir de cette inversion diabolique. Et si, à mon tour, je n'avais hérité que de la fantaisie méditerranéenne et de la roideur germaine ?

***

Aimant vivre au cœur des montagnes, mes séjours à Paris signifiaient l'esclavage. Y avait-il une justification réelle à une telle injustice ? Suivant les croyances primitives, la vie de chaque homme comporte autant de bonheur que de malheur. Une comptabilité diabolique additionne ou retranche les événements heureux et cruels pour qu'ils s équilibrent au long de l'existence. Parfois, je méditais sur ces thèmes. Que de joies à espérer de mes montagnes si je devais débiter mon compte de toutes les peines et tristesses que j'éprouvais à la ville !

La vie, en effet, je la retrouvais au sein de mes montagnes natales. Approcher toujours plus près les nuages et le ciel me donnait l'impression de me purifier corps et âme.

Chamonix est « ma petite patrie ». Mes parents avaient une maison au pied du glacier des Bossons. C'est là que, durant mes vacances, je me passionnais pour le royaume de la montagne. Il était mon espace de liberté personnel. Les sapins altiers et puissants sentaient bon la résine. Les tintements des ruisseaux au cours inattendu retentissent encore à mes oreilles. La fragilité gracieuse et frissonnante des rhododendrons cachait une résistance émérite à l'âpreté du froid et à la pénurie d'oxygène. Ce monde de merveilles, pour l'enfant malheureux et solitaire que j'étais, remplissait mon cœur.

Encore bien jeune, j'explorais les hauteurs alentour. Cet univers était mien, puisqu'il cédait à mes entreprises et qu'aucun de ses mystères ne m'était opposé. Ses limites s'écartaient sous l'effet de mes assauts réitérés. Ses défenses inattendues et parfois perfides m'obligeaient à sortir toute la panoplie de mes ressources techniques et morales. Pour survivre à ces combats meurtriers, j'étais, chaque fois, condamné à donner le meilleur de moi-même. Ainsi s'enflammait l'ardeur qui m'emportait.

Ce que je n'avais pas encore parcouru était déclaré *terra incognita,* à l'évidence un univers hostile et inquiétant. En souriant, j'évoquais les bornes érigées par Alexandre le Grand aux frontières de son empire : « Ici le monde finit. »

De même, mon territoire connu et reconnu, mon univers à moi, était entouré de vide. Il s'agrandissait toutefois chaque année. Lorsque j'étais petit, il se limitait à la maison familiale de Chamonix. Les bois de mélèzes le peuplaient. Les langues finales des glaciers le délimitaient. Plus tard, il s'étendit jusqu'à l'Arve. Ses eaux tumultueuses m'effrayaient. Un jeu me passionnait. Celui de remonter avec des copains les gouttières de bois dans lesquelles glissaient, dans un bruit d'enfer, les blocs de glace débités au glacier des Bossons. Il était exploité comme une carrière. À l'époque, il n'y avait pas de frigorifiques. Cette glace, chargée sur des poids lourds, était transportée à Paris afin de réfrigérer les stocks alimentaires des restaurants. En somme, c'était l'inverse d'une mine de charbon.

Dès que nous entendions le bruit de ces billes de glace dévalant dans un bruit infernal, nous sautions précipitamment hors de la goulotte. Au dernier moment, tel était le jeu. Le gagnant, le dernier, était proclamé le plus courageux. Encore maintenant, résonne à mes oreilles le fracas aux mille échos de ces blocs descendant à une vitesse vertigineuse et étourdissante, s'entrechoquant, brinquebalant entre les parois de bois. Les trépidations effrayantes des garde-fous les accompagnaient. Mes hardiesses, lorsque mes pas m'emportaient au-delà de ce que je considérais être à moi, étaient-elles des actes de courage ? Quoi qu'il en fût, de retour à la maison, je ruminais mes découvertes. Leur importance me condamnait à un secret, hermétique. Peut-être les enfants sont-ils tous comme Alexandre ?

Plus tard, adolescent, j'escaladais les ressauts verticaux des cascades de glace où, tel un funambule, je parcourais les arêtes aériennes de rocher, m'obligeant à défier les lois de l'équilibre. Gaillardement, j'allais sauver les vieilles demoiselles anglaises en perdition sur le glacier. Elles me donnaient quarante sous pour me remercier. Peut-on concevoir d'aimer à ce point toucher et sentir les cristaux de glace étincelants et immaculés ou le grain brûlant de la protogine ?

Jeune homme, mes dix-huit ans accomplis, j'éprouvai un besoin ardent de mettre ma maturité à l'épreuve en m'élançant dans la véritable aventure. Taciturne et introverti, emporté par une force étrange contre laquelle je ne pouvais lutter, inlassablement je partais découvrir l'univers fantastique de la haute montagne. Enthousiaste, je volais de victoire en victoire et n'avais de cesse que les sommets les plus redoutés, les itinéraires les plus craints, me permissent d'engranger une riche moisson de conquêtes.

Dans le même temps se développaient mes facultés d'analyse et d'appréciation du danger, frontière fragile et changeante entre une nature sans pitié et un homme conscient de ses limites.

Contraint à la guerre, l'être se sublime et considère la mort, son compagnon permanent, avec humilité. Un tel défi n'est-il pas le meilleur éducateur de la personnalité ?

Ainsi me rappelais-je, sur mon lit d'hôpital, mes premières explorations en montagne. Pour moi, il s'agissait alors de hautes aventures. De faits d'armes.

***

Départ trois heures du matin pour le Belvédère, sommet recommandé pour les jeunes gens que nous étions. C'était la dix-septième fois que nous allions le vaincre. Car nous ne doutions pas de la victoire finale. Mon frère Gérard et moi formions une solide cordée. Le lac Blanc ne nous faisait pas peur, non plus que le névé qui le surplombe, ni l'escalade finale qui se déroule pourtant au-dessus d'un vide vertigineux. Restait le départ nocturne. C'est certainement le moment le plus difficile. Seize fois déjà, nous étions partis à trois heures du matin. Mon frère n'avait jamais compris la nécessité d'un départ si matinal puisque généralement nous étions de retour à l'heure où les estivants de Chamonix prennent leur petit déjeuner. Les alpinistes partent toujours de nuit. Ce n'était pas nous, à nos âges, qui allions innover. De même, pourquoi soupirait-il à propos du poids de nos sacs ? On ne doit pas partir en course sans prévoir la tempête, les conditions de glace ou de rocher qui peuvent aller jusqu'à être dramatiques, faute parfois d'un tout petit objet comme un piolet, une cagoule, des crampons. Nos charges étaient énormes, mais la prudence est la première règle de l'alpiniste sérieux. Gérard était tout de même si jeune !

Chacun mangea une sardine à l'huile avant de quitter la maison. Dehors, l'obscurité était totale. C'était impressionnant. Nous parlions à voix basse, instinctivement, et nous finîmes par nous taire. Chaque fois, il en était ainsi. À travers les sapins, nous apercevions, extrêmement brillantes, des milliers d'étoiles : la Voie lactée, la Grande Ourse, des planètes dont je ne connaissais pas le nom. Aux régions du ciel sans étoiles, je devinais le contour des montagnes. Le silence surtout était oppressant. Nos pieds roulaient sur les pierres dans le sentier, nous percevions l'un l'autre notre respiration. De petits bruissements insolites nous parvenaient, ainsi que le grondement lointain de l'Arve. Toujours, j'étais frappé par l'odeur de résine des sapins et par le parfum des fleurs de montagne, comme si une connivence s'établissait entre la nature et moi. Au cours de ces marches de nuit, mon esprit investissait cette énorme présence de la vie. En s'abattant sur le sol, mon pied gigantesque écrasait des vies par milliers. La nature écrasait la nature. Et je m'appliquais à n'alléger en rien mon pas, par crainte de déclencher un cataclysme universel en transgressant des lois immémoriales. Mon pied tombait comme il tombait et rien ne venait infléchir sa course meurtrière, si ce n'est une pierre qui me faisait trébucher, placée là, sans doute, pour protéger un royaume privilégié. C'était parfois un gros rocher sur lequel je m'affalais en poussant un « han » de surprise, ou un sapin, placé en travers, des bêtes plus grosses que moi qui me stoppaient brutalement. Un juron s'échappait de mes lèvres, mais à voix si basse qu'à peine mon frère l'entendait-il. Chacun de notre côté, nous étions occupés à ne rien déranger à l'ordre implacable et au silence qui sont la loi de la nuit des montagnes, la règle première qui s'observe et ne se discute pas.

Au-dessus de la zone où s'arrête la végétation, le jour se levait tandis que nous suivions le cours régulier d'un ruisseau dont le bruissement guidait nos pas. Alors, comme si une chair se déchirait, nous émergions hors de cette emprise, nous assumions notre individualité, nous choisissions notre chemin dans cette nature qui n'était plus qu'un décor, jusqu'à une prochaine nuit, jusqu'à de nouvelles noces.

Puis-je dire que j'aimais la montagne dans ces moments d'égarement ? Aime-t-on son reflet dans un miroir ? J'étais la montagne, j'en étais une partie et le tout, ce qui écrase et ce qui est écrasé, enfonçant les portes ouvertes dans la nuit.

Aujourd'hui encore, cette question me paraît dénuée de sens. Comme l'eau vient à la bouche à l'énoncé de certains mots appétissants, l'odeur de résine montait en moi lorsque j'entendais « montagne », l'odeur réelle, sensible, mesurable, en bon sapin que je suis resté.

Les années précédant ces assauts successifs, victorieux toujours, dirigés contre le Belvédère, nous passions nos vacances dans un hameau des Bossons. Entouré par des prés, des bois qui masquaient les hautes aiguilles, le paysage y était débonnaire. Le temps des vacances se serait déroulé banalement sans l'existence toute proche, dont nous avions une forte conscience, d'un phénomène naturel éblouissant, d'un monstre gigantesque qui gisait, nous le savions, derrière un rideau d'arbres, à quelques minutes de marche de notre maison : un glacier. Un glacier, une masse colossale qui s'étalait jusqu'aux portes du village. Un vrai glacier, avec des crevasses vertes et bleues, une glace propre, blanche, lisse, jetant des feux étincelants jusqu'au ciel. De la glace en plein été, aussi glissante que celle des mares gelées de l'hiver, aussi amusante mais combien plus exaltante puisque le jeu consistait précisément à éviter la glissade qui se propose à chaque pas. De la façon la plus primaire de mettre un pied devant l'autre aux défis jetés à la pente en l'affrontant dans ses ressauts les moins propres à la progression, il y a des degrés dans la tentation qui s'explorent un à un, avec l'esprit paradoxal du collectionneur. Ayant découvert ce glacier plein de prodiges, je devais en faire le pôle de mes vacances d'enfant durant deux ou trois ans, chaque jour des trois mois d'été, quel que fût le temps, avec une obstination qui me confond encore aujourd'hui. Cent fois peut-être je m'engageai dans le petit sentier qui, à travers le bois de vernes, conduisait en vingt minutes au bord du mastodonte. Toujours plein d'appétit, je m'approchais, le cœur battant, de cette sucette colossale que me tendait la montagne. Gravement, je commençais par considérer cette étrange matière déversée du haut du ciel par la montagne.

Supputant avec un sage optimisme que la menace d'un écroulement général ne serait pas mise à exécution dans la journée, je posais avec détermination mon pied dessus, sans la moindre réaction de la part du monstre. Cela ne bougeait pas. Le temps n'était manifestement pas venu. Considérant alors la matière, je souriais des notions que les jeunes garçons de mon âge, non initiés, avaient de la glace. En vérité, la glace n'est pas de la glace. Il y a glace comme il y a mouton et mouton, homme et homme. Elle est lisse ou granuleuse, elle est friable ou compacte, opaque ou transparente, blanche ou grise ou noire, verte, bleue, moirée, plane ou ondulée comme les sables du désert. Elle peut avoir des formes rondes, comme féminines, ou tranchantes et pointues. En ses entrailles, elle recèle ses propres précipices, crevasses vertigineuses, pics, ses tours aux flancs verticaux et scintillants, ses plaines aux calmes reliefs et ses mers aux vagues hautes ; ses torrents de surface aux méandres en forme d'arabesques, ses vasques colorées par les mille nuances du jade nacré et du saphir, ses rivières souterraines dont le grondement grave ne contrarie pas les bruissements cristallins des eaux de surface. En se pétrifiant, elles gémissent faiblement ou pétillent de crissements aigus lorsqu'elles se libèrent de l'emprise et recouvrent une fluidité dont elles semblent si incertaines qu'elles s'enfuient gauchement par saccades, en tous sens, comme affolées.

C'est un univers complet, autarcique, dont, malgré son gigantisme, je m'étonnais qu'il fût fini, qu'il ne débordât pas plus largement de ses rives jusqu'à pousser ses tentacules sur les vallées et les plaines, les fleuves et les mers, jusqu'à recouvrir le globe, annexer l'univers, moi compris, moi inclus, moi pétrifié sous la forme d'une statue que je me prenais parfois à reconnaître dans un sérac à l'allure particulièrement noble.

Je ne me désintéressais pas pour autant des problèmes du déplacement sur cette matière si diverse. Elle me devint familière. J'appris à en connaître les réactions mécaniques. Mais je cherchais surtout, passionnément, à la comprendre, à pénétrer jusqu'au centre de sa souffrance. C'était certainement pour moi une matière gémissante, écrasée, compressée, martelée, terrorisée par un monstre ineffable, mais vivante encore et dans l'attente d'un prince libérateur qui romprait le charme de son amour sincère. Ce prince, j'aurais voulu l'être, et j'avais mauvaise conscience à me sentir si impuissant. Il me fallait atténuer ce sentiment de culpabilité en faisant tout ce qui était en mon pouvoir, en offrant ma présence.

En tout cas, je voulais être fidèle. Et je le fus vraiment. Oui, chaque jour, j'étais là. Et si je me livrais à des acrobaties en remontant le glacier sur des centaines de mètres, c'était pour observer les transformations d'une crevasse aux parois particulièrement compactes, noires, comme agonisantes, aux lèvres chaque jour plus resserrées ou au contraire plus béantes, plaies effrayantes que j'examinais en silence faute de pouvoir les panser. Chemin faisant, je notais l'effondrement d'un sérac, les caprices d'un petit ru qui chaque jour allongeait sa course d'une crevasse, me penchais sur un moulin en hélice, désaffecté, mais toujours enivrant comme un vertige. C'était mon monde, une vie dans ma vie.

Les années passant, après avoir ainsi flirté avec le glacier des Bossons, m'être pris pour un sapin et avoir vaincu le Belvédère par dix-sept à zéro, il advint que mes pas me conduisirent au pied des rochers de granit. J'avais trop grandi pour me reconnaître dans la première pointe venue, mais des rapports tout aussi intimes devaient me lier au rocher. Le mot rocher évoque, je pense, une idée d'effort, de danger. Ce fut pour moi essentiellement un contact, une forme qu'épouse la paume de la main. Peau douce ou peau rugueuse, arêtes vives, lames tranchantes ou nervures arrondies, reliefs délicats, ventrus, bossus, allures provocantes, j'éprouvais un troublant plaisir à toucher, à empoigner, à me couler, à étreindre de la main, des doigts, du corps entier. Matière chaude, colorée, si peu traîtresse, toujours consentante, disponible pour le plaisir. Certes, l'escalade semble un effort, mais cette débauche d'explosions musculaires est surtout une ivresse sans limite, un univers de sensations tactiles où l'esprit se fond. Plus tard, lorsque je devins un vrai alpiniste, avec de vraies cordes, de vrais crampons, un matériel moderne dans des sacs ultralégers, la volupté du contact du granit ne fut jamais supplantée par la satisfaction d'atteindre banalement un but artificiellement fixé, fût-ce un sommet.

***

Les racines de ce qui m'attache à toutes les formes de la montagne sont trop profondes pour que j'en puisse retrouver la source précise. Sur mon propre passage, je ne puis me retourner, et, le pourrais-je, je ne distinguerais, mêlés dans une singulière vision, que des sapins des Alpes, des dentelles de granit, des tours de glace bleue, un monde de nuées vertigineuses.

Durant toute ma jeunesse, j'étais amoureux. Est-il possible d'être amoureux d'une montagne ? C'était la Verte, l'une des plus célèbres aiguilles du massif. Ma passion lui attribuait une puissance souveraine. « Quand la Verte veut, le Mont-

Blanc ne peut », disait-on dans la vallée depuis toujours. En cachette, j'allais en vélo l'admirer depuis le col des Montets. Là, en effet, elle dévoilait... son sein. Des formes parfaites surmontées d'un téton qui m'émoustillait au plus haut point. Ses couleurs étaient changeantes suivant l'heure, l'état du ciel, pur ou chargé, bref, comme un sein parfait variant suivant l'amour qu'on lui porte. Téton inerte, donc plat. Excité, donc pointu. La glace le rendait inaccessible, mais le froid n'était qu'apparent. Ce sein sublime était-il vraiment de glace ? Il vibrait... Sans doute m'attendait-il ?

Comme Henriette d'Angeville, j'aurais pu dire : « Quel bonheur de n'être éprise que de la tête et pour un amant glacé ! » Lorsqu'en 1838 elle voulut gravir le Mont-Blanc comme l'avait fait la première conquérante Marie Paradis, elle s'interrogea sur sa motivation. Serait-ce vraiment pour le goût de l'aventure ? Non, c'est « par amour car je suis la fiancée du Maudit » !

Plus tard, seul, je m'élançai à la conquête de la Verte, de mon sein adoré ! Parti en pleine nuit, cramponnant la glace pure du couloir Whymper y conduisant, j'eus soudain accès à la coupole sommitale. Avec respect, pour ne pas violer son intimité, j'avançai lentement. Il me désirait aussi, ce sein. Pour moi, il était immaculé. Je le sentais. Durant les derniers pas, je progressais par reptation. Brusquement, je le pris. Il me fallait être homme et accomplir le geste final. Conquérir ce téton et le combler, tel était mon besoin. Un besoin charnel, je l'avoue. Il me fallut quelques instants pour m'assagir.

Avoir réussi à mettre le pied sur ce si joli sein m'avait assouvi comme s'il s'était agi d'un acte d'amour. Le contact physique m'a toujours conféré le privilège d'une communication mystérieuse avec l'autre. Même avec le monde matériel. Certes, Bouddha prenait la terre à témoin pour affirmer qu'il n'était pas un dieu mais un homme. Et surtout, en l'effleurant de sa main droite, il célébrait une communion mystique et s'assurait le secours des puissances telluriques.

Après un moment d'extase, il me fallut bien redescendre sur terre. Auparavant, je marquai un temps de pose. Pour réfléchir. Ce sein bien-aimé, je pouvais effectivement l'admirer d'un autre œil. Suivant le cas. Même s'il s'agissait d'une montagne. Tout dépend des impulsions du moment. À cet instant, étais-je vierge de passion ? La conquérir était-elle mon ambition ? Au fond, souhaitais-je seulement la contempler, la peindre, la décrire ou la dévisager ? La craindre était peut-être ma seule ambition ou, au contraire, brûlais-je de la soumettre ?

Vite, je redescendis au refuge du Couvercle. De nombreuses cordées s'apprêtaient à attaquer… la Verte par l'arête du Moine. Jamais ces alpinistes ne connaîtraient mes émotions. La passion est unique. Tout au moins pouvais-je le croire.

Le film *Premier de cordée* de mon ami Roger Frison-Roche était en cours de tournage sur la fameuse arête. La grande caméra pesait soixante kilos. Personne ne voulait la descendre. Bien payé, je relevai le défi. Avec mes propres affaires, il me fallait porter soixante-dix kilos. Les plaques verticales des Égrallets étaient l'obstacle. À plusieurs reprises, je crus être emporté et renversé dans le vide. Il me fallut sept heures pour rejoindre le Montenvers, au lieu des trois heures habituelles. Que ne fallait-il pas accomplir pour bénéficier de quinze jours de haute montagne supplémentaires ? L'aventure est une guerre. Elle détermine le profil du combattant qui engage à chaque instant son existence.

4. LES HORREURS DE L'OCCUPATION

Arrivèrent les années affreuses de l'Occupation nazie. Étudiant encore, j'entrai avec Maurice Bühler, un Alsacien et l'un de mes plus chers compagnons, dans un réseau de Résistance, l'Office civil et militaire. Notre mission était modeste mais non sans risques. Il nous fallait procurer des papiers d'identité et des cartes d'alimentation aux aviateurs alliés « descendus » au-dessus des territoires allemands ou occupés et cherchant à regagner l'Angleterre. Torturé ignoblement par la Gestapo de la rue des Saussaies et peut-être, hélas, par ses séides de la Milice, Maurice fut traîné, ensanglanté, dans l'un des derniers trains de la mort en route pour Auschwitz. Un brin de vie, un sursaut lui aurait suffit pour se jeter, lors d'un ralentissement, par une portière. D'autres ont rapporté qu'agonisant, il reçut le coup de grâce, un poignard lui ayant été sauvagement planté dans le dos.

Ainsi s'acheva la vie de mon meilleur ami. Pour lui, j'aurais aimé graver sur sa tombe : « Je m'en souviendrai toujours, il ne mourra jamais. » Avec ce frère des sombres combats, je découvris à jamais la vertu essentielle de l'amitié. La fidélité qui aide à surmonter les hauts et les bas de l'existence.

La France, à l'époque, croyait dans sa majorité à un *modus vivendi* avec Hitler et, de ce fait, à la sagesse de Pétain. Bien que jeune encore, je ne pouvais accepter l'idée d'une « collaboration » forcée d'où toute liberté serait bannie. Avec conviction, je chassai l'hypothèse d'une union dominée par le nazisme, sa tyrannie et ses crimes.

Il n'était que de voir, écouter, lire, pour se rendre compte qu'effectivement, le peuple français était à ce moment favorable, sympathisant, même parfois admiratif envers le régime de Vichy et, à ma grande tristesse, parfois, envers celui d'Hitler.

Si je m'étais révolté contre cette lâche passivité, ce n'était aucunement contre le peuple allemand, ni même contre ses soldats de l'armée régulière, la Wehrmacht. Tous, nous reconnaissions que ces hommes ne faisaient qu'accomplir leur devoir. Même s'il était dirigé contre nous. Ils respectaient grosso modo la déontologie de la guerre et honoraient en toutes circonstances, hormis quelques dérives, leur tradition héritée de la Prusse. Notre combat était mené contre le régime hitlérien lui-même qui se manifestait en tous lieux avec ses unités spéciales : les SA, les SS, la Gestapo où étaient enrôlés des fanatiques.

De fait, j'observais parfois chez certains de nos adversaires en uniforme de l'armée régulière une sorte de rictus moqueur, un sourire dubitatif. Intuitivement, je sentais qu'il y avait parmi eux des réactions de protestation. Visiblement, ils ne tenaient pas, et je parle surtout des officiers, à être confondus avec cette armée parallèle au service d'un parti politique, alors qu'eux étaient au service du Reich, c'est-à-dire de l'État de droit. Bien sûr, je n'en savais pas davantage, tant ces oppositions latentes étaient entourées du secret le plus absolu. Leurs révélations eussent été réprimées et les eussent conduits inéluctablement à la « solution finale ».

Ce n'est qu'après la guerre que j'appris le rôle éminent, et pourquoi ne pas dire héroïque, de militaires comme de civils : Schindler, von Hassel, von Stauffenberg…

Il n'était jusqu'aux *Alpenjäger* (chasseurs alpins) qui insistaient à dessein sur leur appartenance à l'armée régulière et sur leur tradition d'honneur. Ainsi, ils me notifiaient, à leur manière, leur non-engagement vis-à-vis du parti national-socialiste. En toute occasion, ils me manifestaient leur mission exclusive de soldats. Ils ne voulaient aucunement imposer un régime, mais gagner militairement la guerre.

***

Faut-il avouer, non sans quelque honte, que durant cette triste période, je souffris davantage des fractures de tous ordres dans les familles, les milieux professionnels, l'intelligentsia et même, pour ne pas dire surtout, l'Église ? Il s'agissait plus d'une guerre civile larvée permanente que d'une occupation militaire dont le dispositif s'allégeait peu à peu. Résistants armés résolus, il faut rappeler que nous tremblions davantage devant la Milice que devant la Gestapo.

Il est vrai, j'ai mal ressenti ces temps peu glorieux de l'adhésion quasi générale à la politique de Vichy. Sans pouvoir me confier à quiconque, condamné à me méfier de tous, je vivais dans la solitude. Ce qui me révoltait le plus était l'hypocrisie des dirigeants politiques de ces années noires. Ralliés officiellement à Pétain, ils tentaient de se dédouaner avec quelques clins d'œil, des mines entendues et des dénégations contrôlées. L'Église jouait un rôle considérable – car elle facilitait le double jeu. Tout le monde pouvait ainsi se blanchir à bon compte et, au surplus, dans la considération générale. Ce qui m'écœurait aussi, c'est que personne, surtout dans les familles patriciennes, n'était dupe. La clé du système n'était pas à Vichy, chacun le savait, mais à Berlin. Pour Hitler qui tirait les ficelles, Pétain n'était qu'un fantoche. Afin de séduire, il l'honorait publiquement. Ce n'était que de la comédie.

Les dérives de ce rapport de sujétion furent pitoyables. Entré dans les bottes de l'occupant en prenant garde de ne pas l'avouer et, même, en donnant l'impression de sauver l'essentiel, ce régime en a rajouté en créant la Milice et en jetant l'anathème à l'encontre des juifs. Il a cru ainsi nécessaire de développer lui aussi sa doctrine raciste, à l'instar des nazis. Par là, il flattait les réactions antisémites toujours sous-jacentes dans la population. Il avait son Goebbels en la personne de Philippe Henriot dont j'ai encore dans les oreilles les appels à la haine. Curieusement, Philippe Pétain avait requis les services d'Emmanuel Berl (le mari de Mireille, la chanteuse notamment de *Couchés dans le foin…*) pour écrire ses discours, d'ailleurs excellents… dans leur genre ! Or, cet écrivain était juif. Comprenne qui pourra !

Comment expliquer aussi l'impunité dont ont joui les Bousquet – ancien secrétaire général de la police, reçu régulièrement, jusqu'à la fin de ses jours, par François Mitterrand – les Leguay, les Touvier, chef de la Milice à Lyon, en cavale pendant près d'un demi-siècle dans les monastères où il a bénéficié d'une protection absolue, et tant d'autres ?

Dans ce climat ambigu, toutes les autorités de l'État français poussaient à la roue et parfois davantage. Combien parmi eux ont « purgé », à la Libération, par des peines de pure forme ou des simulacres de jugement, leur extrême « compréhension » ? Certains, on en a connu quelques-uns, furent condamnés à mort… par contumace. Rapidement et comme par enchantement, ils étaient couverts par l'amnistie.

C'était donc le temps, hélas bien malheureux, où il n'était pas inconvenant d'entretenir une certaine promiscuité avec l'occupant. Dans les milieux de l'establishment, bien entendu. Si les dîners privés paraissaient peut-être trop voyants, il n'était pas choquant pour de grands noms d'organiser des chasses en son honneur, au besoin en utilisant des territoires réquisitionnés à cet effet, ou de le retrouver dans les restaurants les plus huppés.

Beaucoup parmi eux ont été symboliquement placés (je ne dis pas enfermés ou même jetés !) en prison peu après la Libération. Ainsi, le propriétaire de chez Maxim's,

M. Vaudable, se rendit à la Santé pour y attendre son directeur, M. Albert. De nombreuses personnalités portant des noms connus de tous devaient être élargies ce jour-là. Elles sortaient en file indienne, le regard absent, de ce haut lieu mondain.

– Avez-vous vu M. Albert ?

– Beaucoup attendent de sortir, cher monsieur Vaudable, lui répondit-on.

– Ah ! Enfin, Albert ! Mais vous êtes le dernier ?

– Oui, monsieur, les clients d'abord !

Dans les années cinquante, après l'Annapurna, l'ineffable M. Albert régentait toujours Maxim's. La clientèle avait évidemment changé. Aux maîtres de l'Occupation, souvent en uniforme, avaient succédé les généraux américains sans uniforme ou les civils hautement reconnaissables. De toute façon, l'accueil était toujours le même dans cette illustre maison. Les verres étaient pris au premier en toute convivialité. Les clients moins célèbres étaient installés dans l'omnibus. Au saint des saints, dans la somptueuse salle principale, se trouvait, en retrait sur une estrade, l'orphéon chargé de distraire les dîneurs puis de les faire danser. À leur côté, un danseur mondain entre deux âges était chargé, à leur demande, d'inviter galamment les dames pour un tour de valse ou un tango argentin.

À l'approche de la sortie de l'édition américaine chez Dutton de mon livre *Annapurna, premier 8 000*, j'avais invité le patron, Elliot McRae, à y venir souper. Par mes soins, il fut présenté à M. Albert. Bien sûr, je lui racontai l'histoire de ce majordome, cet homme qui avait accueilli les célébrités du monde entier, reçu les confidences d'alcôve, repéré les complicités amoureuses, deviné les inavouables tête-à-tête sulfureux et les discrètes rencontres des soi-disant ennemis de la planète. Bref, Elliot était survolté. Il dansait sur des braises.

– Maurice, vous en avez trop dit. C'est de la vie du grand monde dont vous me parlez. Pour ces gens de la haute, il n'y a pas de frontières.

– M. Albert est le témoin numéro un. Peut-être unique ! Il est la mémoire de ce premier demi-siècle.

– Accepterait-il de raconter ces souvenirs ?

– Demandez-le-lui !

Aussitôt, Elliot McRae se leva et tint un aparté avec M. Albert. De loin, j'observais les gestes de ce dernier et l'expression de son visage. Il ne semblait pas convaincu. Ses mains en avant exprimaient des regrets et, placées en bas, la déférence toujours de mise, quoi qu'il en soit. Déçu, Elliot reprit place auprès de moi.

– Il décline mon offre. Je lui ai pourtant offert une fortune.

– Plus que pour moi ?

– Oui, beaucoup plus. C'était un coup ! Vous, on joue sur la durée.

– Pourquoi a-t-il refusé ? Parce qu'il ne sait pas écrire ?

– Non, car je lui ai proposé un nègre.

– Alors ?

– Il n'y a pas que le droit moral, m'a-t-il dit. Dévoiler l'intimité des clients, violer des secrets d'État… Il ne veut pas être à l'origine de polémiques, de déballages et de démentis. Alors, a-t-il insisté, en parlant à la troisième personne : « M. Albert n'est qu'un simple spectateur, celui de l'histoire qui défile. »

5. À L'ASSAUT DU MONT-BLANC

11 août 1944. Encordé avec mon frère Gérard, j'avais emprunté l'arête de la Brenva pour gravir le Mont-Blanc. Cette arête est la plus courte de toutes celles qui aboutissent au sommet. Elle est entièrement glaciaire. Sans incidents notables, nous étions parvenus au faîte de la montagne, assez fatigués, mais les yeux pleins des merveilleux spectacles que nous avaient offerts les pentes de neige, les crevasses béantes, les chaos de glace qui s'étaient succédé pendant des heures.

Dans la soirée, nous nous retrouvâmes à Chamonix, le visage brûlé par le soleil et harassés par notre périple.

Le lendemain, deux camarades vinrent nous rendre visite : Gaston Rebuffat et Lionel Terray. Ils voulaient aller en montagne et nous proposaient de nous joindre à eux.

– Quand voulez-vous partir ? demandai-je.

– Demain, dit Gaston.

– Hier et avant-hier, nous avons fait notre première course de l'année. C'était l'arête de la Brenva. Demain, nous serons encore courbatus.

– Venez ! insista Lionel. À nous quatre, ce serait merveilleux.

– Mais… quels sont vos projets ?

– Eh bien, euh… versant italien du Mont-Blanc.

– Nous en venons, dit Gérard.

Et en riant, Gaston articula :

– Arête de Peuterey !

Tandis qu'éclatait un joyeux brouhaha, la tentante arête se profilait déjà dans notre imagination. Quelques secondes de silence, le temps que l'enthousiasme glissât de l'esprit au cœur, et nous échangeâmes un regard.

– Peuterey, évidemment, Peuterey…

L'arête de Peuterey étant la plus longue du Mont-Blanc, et la plus grande ascension des Alpes, on comprendra notre prudence. Les courbatures nous faisaient gémir à chaque mouvement. Elles nous rappelaient que nous n'étions pas au mieux de notre forme. Mais ce nom prestigieux et la belle aventure qu'il faisait miroiter devant nos yeux étaient d'un attrait trop puissant.

– Quand partons-nous ?

– Demain, par la benne de huit heures, dit Terray, sans dissimuler sa satisfaction.

Nous préparâmes donc notre matériel. À cette fin, nous avions employé la journée à réunir quelques vivres. Ce ne fut pas sans incidents. Non seulement l'alimentation était rationnée, mais notre attitude par rapport à l'occupant étant parfaitement hostile, ni mon frère ni moi-même n'avions de carte d'alimentation, vraie ou fausse, ni de tickets, ni même d'argent. Il nous fallut faire le tour des commerçants amis en nous cachant.

Le soir, nous étalâmes notre butin : une livre de nouilles grisâtres et un kilo et demi de pommes de terre.

Le lendemain, à sept heures, nous nous dirigeâmes vers le téléphérique des Pèlerins. Un bruit familier nous arrêta soudain : le bruit de bottes d'une patrouille allemande. Tous deux, nous nous jetâmes dans l'encoignure d'une porte. Le cœur battant, nous écoutâmes le martèlement qui, peu à peu, s'éloignait. Puis nous nous mîmes à courir et arrivâmes tout essoufflés à la station du téléphérique. Nous étions les premiers. Bientôt la silhouette élancée de Gaston se profila à l'horizon, puis celle, carrée, de Lionel.

Les employés du téléphérique n'étaient pas encore là. Les dix minutes qui nous séparaient du départ de la première benne furent utilisées à équilibrer les poids de nos sacs. À huit heures, personne encore dans la station. Nous frappâmes aux portes, tambourinâmes sur les vitres, appelâmes. En vain. Interloqués et vaguement inquiets, nous nous regardâmes. Le téléphérique devait nous faire gagner mille mètres de dénivellation, c'est-à-dire nous éviter trois heures de marche. En plus, nous avions l'espoir d'utiliser une benne d'ouvriers du téléphérique en construction. Elle pourrait nous mener à 3 600 mètres d'altitude, au col du Midi, ce qui économisait six heures de marche harrassante.

Quelques minutes encore, puis Gaston, intrigué, s'approcha d'un papier épinglé sur un poteau et lut : « Fermé samedi et dimanche ». La bande des quatre s'engagea incontinent dans le sentier longeant les câbles du téléphérique qui menait à sa station supérieure.

Le soleil et l'effort nous faisaient largement transpirer. Bientôt, nous avançâmes torse nu. Lionel ouvrait la marche, et nous avions tout loisir d'admirer, de dos, ce corps de pur-sang, prodigieusement musclé, qui progressait régulièrement. Gaston, au contraire, semblait perdu dans la contemplation de son polygone de sustentation avec un air dégoûté de le voir si étroit et si éloigné de son centre de gravité. Il se situait d'ailleurs aux alentours de ses genoux tant notre ami était tout en jambes. Son équilibre, tel celui du roseau, n'en était pas pour autant affecté. Lionel ne cessait de bavarder de sa voix si particulière.

En file indienne, nous gagnâmes rapidement les prémices de l'aiguille du Midi. Et tandis que Lionel, intarissable sur son enfance, en arrivait à sa première communion, nous débouchâmes avec satisfaction sur le col du Midi.

Au cours d'une petite halte, nous dégustâmes une pomme de terre bouillie, froide et sans beurre, et une poignée de nouilles, cuites mais raides, bien sûr elles aussi sans beurre. À la suite d'un mauvais calcul, pâtes et patates s'étaient mélangées dans le fond du sac. D'une poignée de cet amalgame, nous fabriquâmes une boule du plus bel effet, pétrîmes la « chose » entre nos paumes en un geste relevant plus de la sculpture que de la gastronomie. De vive force, nous l'ingurgitâmes. Quoi qu'il en fût, la course contre la montre commençait.

Quelques pas sur la neige du col et nous découvrîmes, étendue devant nous, la prestigieuse vallée Blanche.

À la fin du champ de neige démesuré, parcouru avec grande fatigue, notre petit col de la Fourche se présenta à nous. Un couloir de glace quasi vertical nous en séparait. Il était à cent mètres au-dessus de nos têtes. Ce couloir était si impressionnant qu'il aurait été fort téméraire de le remonter sans crampons. Nous ajustâmes les « dix pointes » à nos chaussures et attaquâmes le mur.

La neige était très molle et, à chaque pas, nos pieds traversaient toute la couche et effleuraient la glace sous-jacente. Vers le milieu du couloir, Lionel, en dérapant sur cette glace, déclencha un début d'avalanche. En tête de la deuxième cordée, dix mètres plus bas, je plantai vivement mon piolet jusqu'à la garde et reçus le puissant choc sans pouvoir m'appuyer à la pente trop raide.

Heureusement, la masse de neige se sépara en deux sur cet obstacle. Elle coula de chaque côté de moi. La glissade n'eût peut-être pas été mortelle, mais sûrement rapide. Après un rude et ultime effort, nous débouchâmes enfin sur notre arête miniature.

De l'autre côté s'étalait l'immense glacier de la Brenva. Ce fleuve figé nous séparait de Peuterey, descendait puis chutait avec force crevasses dans le val d'Aoste.

Le parcours de l'arête débutait après la Noire, à partir d'une brèche extrêmement marquée, garnie de petites pointes effilées baptisées les « Dames anglaises ». Autrefois et avant qu'elles ne fussent conquises, elles s'appelaient les « Demoiselles anglaises ». C'était l'objectif de notre journée et nous ne pouvions songer à l'atteindre ce soir.

À ce jour, aucune cordée n'avait réussi à parcourir l'arête de Peuterey sans bivouaquer. Passer d'un coup, telle était notre ambition. Il était déjà tard, nous ne disposions que de quelques heures pour dormir, aussi avons-nous organisé rapidement notre nuit.

À une extrémité du col de la Fourche, bien abrité entre deux gros rochers, se dressait un charmant petit refuge-bivouac italien où pouvaient prendre place quatre à six personnes. Deux jours auparavant, nous y avions déjà passé la nuit. Gérard et moi en connaissions toutes les ressources. Lionel poussa le loquet et constata en entrant combien nous l'avions laissé propre. Sur les bat-flancs, nous installâmes nos sacs et répartîmes les couvertures. Mais avant de nous allonger, nous dûmes procéder à une cérémonie, toute formelle en vérité manger un peu afin de réparer les effets de dix heures de marche. De nos sacs nous avons extrait mélancoliquement une bonne poignée par personne de notre pâte molle. Soudain, Gaston s'écria :

– Du pain ! du pain !

– Je sais, répondit Gérard. Je l'avais repéré l'autre jour. Ce sont des miches que des alpinis[1] ont abandonnées. Mais elles sont là depuis plus d'un an et elles sont pourries.

– Tu as regardé l'intérieur ?

– J'en ai ouvert une. Ça ressemblait à du roquefort. Essaie tout de même.

Gaston sortit son canif, ouvrit une miche. Effectivement, l'intérieur était verdâtre, moisi jusqu'au centre. À la lumière vacillante des deux bougies, quatre ombres se penchèrent, goûtèrent au pain imprégné d'eau glacée.

Le départ, fixé à deux heures du matin, nous laissait trois heures de sommeil.

Les corps moulus par cette journée bien remplie, nous ne prêtâmes aucune attention à l'humidité des paillasses. De la petite cabane perdue en montagne, à 3 680 mètres d'alti-

1. Chasseurs alpins italiens.

tude, s'éleva bien vite un quadruple ronflement. En un contrepoint fantastique, il accompagnait le sourd craquement des glaciers, les fracas brefs et le bruissement de la montagne nocturne.

C'est Lionel qui nous réveilla :

– Trois heures et demie ! Debout ! On est en retard !

Aussitôt, nous sautâmes de notre couche. Un air très vif nous accueillit. Encore engourdis de sommeil et les muscles mous, nous allâmes nous ébattre quelques instants sur la petite plate-forme. Nos yeux ne parvenaient pas à s'habituer à l'obscurité. Pourtant, elle est rare en montagne. Les grandes masses blanches de neige entretiennent une pénombre qui permet de discerner les grandes lignes du relief.

Dans cette nuit d'encre, j'avais la sensation d'être une sorte d'engin téléguidé, aveugle, vulnérable. À tâtons, nous contournâmes des blocs de rocher, nous escaladâmes des obstacles qu'un simple détour aurait suffit peut-être à éviter. Mais, à gauche et à droite, c'était le précipice noir. Impressionnés par l'ambiance, nous ne parlions pas. Si nous avions été des militaires en service commandé, nous aurions dévidé sans doute un chapelet de jurons, mais nous étions là de notre propre chef, pour notre plaisir, un de ces plaisirs virtuels qui ne prennent leur valeur que dans le futur, lorsqu'ils sont devenus des souvenirs et qu'on les raconte. Paradoxalement, je me rappelle avec émotion cette petite danse acrobatique dans le noir. Et cependant, j'avais froid, faim, sommeil, je risquais ma vie…

Brusquement, émerveillement, l'aube se levait. Enfin, nous discernâmes nos visages et nous découvrîmes la pente de glace que nous venions de descendre. À nos pieds s'étalait l'immense glacier de la Brenva.

Pour la première fois depuis notre réveil, nous devisions gaiement. Il n'était plus question de renoncer au Mont-Blanc.

– Marchons, dit Lionel, nous aviserons sans perdre de temps.

En effet, le plateau supérieur du glacier de la Brenva est plat, sans crevasse. La neige durcie par le gel nocturne portait bien, la progression était facile, et nous pouvions marcher tout en bavardant. Devant nous, au fond de l'immense cirque de neige, s'élevait l'arête de Peuterey. Elle semblait infranchissable. L'heure était propice aux décisions audacieuses :

– Il faut couper l'arête par le milieu, déclara Gaston. Si nous faisons la traversée entière, nous devrons bivouaquer.

– C'est mon avis, dis-je.

– Et par où voulez-vous que nous coupions ? demanda Lionel. L'itinéraire passe par les Dames anglaises.

– Pour atteindre les Dames anglaises, il faudrait descendre sur le glacier, traverser tous les séracs, ce qui serait très long, répliqua Gaston. Je vous propose de les éviter et de monter directement sur la Blanche de Peuterey.

– Possible, dit Lionel.

– Personne n'est jamais passé par là, dit Gérard. Rien ne dit que nous le pourrons.

– J'ai une autre proposition à vous faire, dis-je.

– Le col de Peuterey ? interrompit Gérard.

– C'est cela. L'autre jour, en montant sur l'arête de la Brenva, nous avons remarqué ce col. Il est situé entre la Blanche et le Mont-Blanc, ce qui raccourcirait considérablement l'itinéraire. Il est assez bas et semble facile d'accès.

– Pas bête, murmura Gaston, en examinant le col en question.

– Je vote pour, déclara Lionel très enthousiaste. Personne n'est jamais passé par là non plus. Ce n'est pas pour nous déplaire.

Sans ajouter un mot, nous continuâmes notre route, droit vers la base du col de Peuterey. C'est ainsi que l'absence des employés du téléphérique et l'ingestion d'un affreux bricheton furent à l'origine d'un nouvel itinéraire dans la face sud du Mont-Blanc.

Après avoir contourné une immense crevasse, nous attaquâmes le couloir. Le premier mur de glace, d'une vingtaine de mètres de hauteur s'élevait exactement au-dessus de ce trou béant. À tour de rôle, nous taillions des marches et nous nous assurions comme nous le pouvions. Avec mille précautions et après une chaude lutte, nous gagnâmes cette première bataille.

Brusquement, un long sifflement nous fit dresser la tête : des pierres !

Les chutes de pierres sont la terreur des alpinistes. Dans leur lutte contre une nature hostile, ils ont appris à ruser avec la montagne et à vaincre tous ses obstacles : les murailles, même verticales, les glaciers, en dépit de leur pente parfois extrême, les avalanches souvent prévisibles n'arrêtent pas leur élan, mais les chutes de pierres constituent le danger par excellence, un risque auquel il faut bien se résigner parfois.

Gérard poussa un cri. Nous nous précipitâmes sur lui avec anxiété.

– J'ai reçu une pierre, dit-il en se frottant le cuir chevelu.

– Tu saignes, dis-je.

– Oui, mais ce n'est rien, j'ai crié par peur plus que par douleur.

– Fichons le camp ! lança Lionel.

– Mais où ? répondit Gaston. On ne sait pas d'où ça tombe !

– Sûrement du pilier d'Angle, à droite. Le sommet est très haut. Le soleil chauffe les pentes supérieures depuis plusieurs heures. Les pierres se détachent à plus d'un kilomètre de hauteur. Elles frappent de plein fouet toute la zone où nous sommes.

Après une grande heure d'efforts, nous débouchâmes sur une arête rocheuse que nous n'attendions pas. Derrière cette arête, sur notre gauche, un des deux couloirs que nous apercevions d'en bas. Immense trou noir en glace sombre. Ce couloir ténébreux, glauque, nauséeux, vertical sur plus de deux cents mètres, parcouru sans cesse par des blocs de rocher gros comme des pianos à queue, devait rester l'image même de l'enfer. Les blocs de granit bondissaient de paroi en paroi, se percutaient les uns les autres, volaient en éclats dans un bruit de tonnerre… Vision dantesque.

Encore quelques mètres et, derrière un monolithe rouge, une grande cuvette neigeuse, mollement incurvée, un charmant petit col, notre col, le col de Peuterey.

Il était midi, cela faisait sept heures que nous escaladions. Sans même nous consulter, nous posâmes les sacs. Le ciel était noir à force d'être bleu, de ce bleu nuit des hautes altitudes. Le soleil nous chauffait agréablement et nous détournait de l'action. Durant une heure, nous dûmes séjourner sur notre col. Cette longue pause nous était imposée par une indisposition gastrique de Lionel qui se tint tout ce temps plié en deux par la douleur.

Vers le dôme du Mont-Blanc s'enfuyait une arête de neige aiguë, étincelante, aérienne. Sur plusieurs kilomètres, elle s'étirait en arabesques avant de se fondre en une gracieuse hyperbole dans les flancs du géant des Alpes. De chaque côté de l'arête, deux pans de neige vertigineux tombaient sur des glaciers si bas que nous n'en distinguions pas les détails.

Enivré par cette ambiance féerique, je m'élançai sur l'arête, suivi de Gérard. L'arête, tout de suite très effilée, était d'abord presque horizontale. Attiré par la cime blanche qui se profilait sur le ciel, je marchais à vive allure. Du regard, j'embrassais l'immense panorama avec une sorte de joie frénétique. Mais un faux pas me ramena vite aux nécessités de l'équilibre. À regret, mes yeux s'abaissèrent vers cette neige où mes pieds devaient choisir leur emplacement avec précision.

Alors commença une lancinante, haletante montée vers le sommet qui dura des heures. Soudain, je m'arrêtai, inquiet.

– Que se passe-t-il ? hurla Gaston.

Depuis maintenant un long moment, nous escaladions l'arête et, absorbés par notre marche délicate, nous n'avions pas remarqué que le soleil avait disparu.

Un violent coup de tonnerre nous immobilisa sur place. Abasourdis, nous relevâmes la tête. Les nuages étaient venus de l'autre versant du Mont-Blanc et, à notre insu, le mauvais temps s'était installé. Bientôt nous serions plongés dans la brume.

Brutalement, notre situation devint critique. Un bivouac à 4 000 mètres est toujours dangereux. Par mauvais temps, il est mortel.

Les coups de tonnerre se succédaient. Leurs échos remontaient des précipices que nous côtoyions et évoquaient mieux leur présence qu'une vision nette, plus lucide, moins terrorisante.

À quelques mètres au-dessus de moi, apparaissait dans la brume une étrange masse noire. Peu à peu, nous nous en approchâmes et je distinguai un simple rocher dont la présence sur cette neige éternelle semblait incongrue.

– Le sommet est proche ! lança Lionel.

Un gigantesque coup de tonnerre succédant de très peu à une décharge électrique l'interrompit. Certainement, nous étions au centre de l'orage. Sur le petit îlot de rocher, nous fîmes une courte pause.

Avec stupéfaction, nous nous aperçûmes que nous étions étrangement électrifiés. De nos doigts, de nos coudes, s'échappaient de petites flammes bleues qui s'amenuisaient jusqu'à s'éteindre à mesure que nous rapprochions les bras du torse.

Bras tendu, la flamme qui prolongeait une main mesurait sept à huit centimètres. Si nous écartions les doigts, la flamme se divisait en cinq petites flammèches. Nos cheveux, dressés en l'air, étaient parcourus par de petits feux follets. J'approchai lentement un doigt de mes yeux. À vingt centimètres de mon visage, la flamme bleuâtre ressemblait exactement à celle d'un réchaud à gaz en veilleuse. J'éloignai mon piolet de mon corps. De la pointe effilée naissait une lueur qui grandissait pour finalement crépiter comme un véritable chalumeau.

Inutile de préciser que nous ne prolongeâmes pas nos expériences. Ce phénomène que nous connaissions n'était pas dangereux en soi, encore que… mais il nous confinait dans notre situation désagréable de paratonnerres. À chaque seconde, nous nous attendions à être foudroyés.

L'orage semblait s'éloigner et le phénomène électrique avait disparu. L'angoisse de la foudre s'apaisait. Un nouvel adversaire, encore plus terrible à mon avis, venait compliquer gravement la situation. Le vent. À chaque saute, il risquait de rompre un équilibre déjà très instable. Tout cela pourrait se trouver dans les plus mauvais mélodrames. Quand la montagne est hostile, elle déchaîne toutes ses armes. Force nous fut bien d'aller jusqu'au bout du cycle : la brume aveuglante, les claquements de la foudre, le vent déstabilisant, puis la nuit qui paralyse, enfin le froid qui glace à ces hauteurs.

Lionel, pour dissiper l'angoisse commune, hurlait en dépit du sifflement des rafales, avec sa voix aiguë, une rengaine traditionnelle. Il provoquait le destin. Gérard la reprenait de plus belle. Quelques intersections énergiques, plus ou moins joyeuses, réussirent tout de même à nous arracher à nos efforts. Après tout, nous étions quatre alpinistes solides. Rien ne pouvait nous arriver. Rien ne pouvait nous résister.

Peu à peu, le fil de l'arête s'évasa et s'arrondit. Nous parvenions à la zone où l'arête se fondait dans la pente terminale. Premier à le constater, j'annonçai la nouvelle en hurlant :

– Bientôt fini, on arrive !

Lionel, le dernier de la caravane, invisible dans la brume qui défilait à vive allure entre lui et moi, s'écria :

– Dommage ! Ça commence à me plaire. En supposant que…

Le reste de sa phrase se perdit dans le vent, et nous ne sûmes jamais ce que Lionel supposait à cet instant. Quelques pas encore. La marche était quasi horizontale. Le sommet ?

Laissant à mes compagnons la joie de la découverte, je ne disais rien. Ce n'était pas le vrai sommet. Juste une réplique italienne appelée le Mont-Blanc de Courmayeur. Il est relié au Mont-Blanc par une pente douce.

Émergeant de la brume, Gérard, muet lui aussi, me rejoignait. Il riait en silence. Gaston, puis Lionel. Ils faisaient semblant d'être furieux :

– Vous ne pouviez pas annoncer l'arrivée, imbéciles !

– Je ne suis pas chef de gare !

– Ce n'est pas le vrai sommet, corrigea Gérard.

Lionel se précipita sur nous et nous bourra les côtes de coups de poing en rigolant. Un violent coup de tonnerre déchira les airs. À nouveau, l'orage. Une rafale de vent risquait de nous faire tomber. Les rires s'éteignirent comme par enchantement. Sans mot dire, nous serrâmes les cagoules, ajustâmes les moufles, et nous filâmes dans la direction du Mont-Blanc. Tenue de guerre.

À vive allure, nous parcourûmes l'arête désormais très large qui nous reliait au point culminant du vieux continent. En peu de temps, nous y fûmes. À sa forme oblongue et à son air penché, nous reconnûmes le sommet. Hantés par l'orage et pourchassés par le vent, nous ne nous arrêtâmes pas une seconde. Sans même ralentir l'allure, nous filâmes vers la descente. Seul Gaston, sans dire mot, leva un bras en l'air. À sa façon, il célébrait un succès que nous attendions depuis vingt-cinq heures et quinze minutes. Mais qu'est-ce qu'un sommet, sinon un point particulier au milieu d'une course ?

Au-dessus, il n'y a rien, car on y monterait. C'est la fin de toutes les montées. C'est décevant. Aussi le commencement de toutes les descentes, le début du passé, un symbole baptisé.

Déjà, nous étions à l'autre extrémité de la plate-forme sommitale. Vite, nous nous engageâmes sur l'arête de l'itinéraire normal, versant Chamonix. Désormais, nous connaissions le chemin par cœur. À une allure folle, nous dévalâmes la pente.

À neuf heures du soir, nous nous contemplâmes avec ahurissement à la base du rocher qui soutient le refuge des Grands-Mulets. Tous les quatre, nous étions les cuisses à l'air. La neige gros sel avait peu à peu râpé le tissu des pantalons dont il ne restait que des lambeaux.

– Les Herzog Brothers, Rebuffat and Co. dans le french cancan, hurla Lionel.

À nouveau, sa voix si particulière s'éleva dans les airs, sur un rythme 1900. Aucune réaction du côté du refuge. Sans doute était-il vide. Depuis la guerre, les touristes évidemment étaient rares.

– Vous tenez à coucher ici ? dis-je brusquement.

Pour toute réponse, Lionel me saisit par le bras. Toujours hurlant sa rengaine, il se précipita vers le début du glacier. Entraînés par notre ami, nous courûmes à sa suite.

La Jonction, ainsi baptisée en raison de deux glaciers qui se rejoignent en un front commun, est très tourmentée. Les énormes séracs se dressaient dans le ciel comme des fantômes et les crevasses se croisaient dans un bouleversement indescriptible.

Soudain, une ligne noire à dix mètres. À pieds joints, je me laissai tomber dessus.

– Le sentier ! hurlai-je.

Un corps s'affala sur moi, c'était Gérard qui ne m'avait pas vu. Arrivaient Gaston et Lionel, haletant eux aussi et transpirant. Et, brusquement, l'obscurité la plus totale nous entoura. Nous ne distinguions plus nos visages. Tout disparaissait dans le noir intégral.

Mais l'aventure était terminée maintenant. La station supérieure du téléphérique était toute proche et nous pourrions y passer la nuit. À moitié asphyxiés par notre sprint final, nous attendîmes bruyamment que se calment nos respirations. À tâtons, nous avançâmes dans la direction supposée. Tous, nous nous trempâmes jusqu'aux genoux en traversant un petit torrent glacé. Peu après, Gérard, le premier, poussa un hurlement de douleur. Il s'était écrasé le nez contre le mur de la gare du téléphérique. Nous pénétrâmes dans une pièce quasiment nue : des murs et un plancher. Nous ne souhaitions rien de plus.

Il y avait exactement trente heures que nous étions partis et nous avions grand-faim, grand-soif. Nous fîmes un sort rapide à ce qui restait des pâtes et des pommes de terre.

Nous nous écroulâmes à même le plancher, les sacs épars, les fesses à l'air, la main serrant encore le piolet. Le temps d'un soupir et les quatre compagnons s'abandonnèrent. Les bras en croix, quatre corps s'intégraient à la montagne, se transformaient en masses minérales. À l'obscurité répondait maintenant le silence.

***

D'aucuns se demanderont si de telles aventures, souvent à la limite des conditions de survie et si souvent répétées, se justifiaient. Telle était pourtant notre passion. Si la passion, comme on la définit, est obsédante et exclusive, c'était bien le cas. L'acte est toujours fugitif, mais le sens symbolique demeure. Atteindre l'authenticité, le sommet de notre art, tel était notre désir. Un artiste ne projette-t-il pas sa personnalité dans son œuvre ? Gravir les cimes et y inscrire notre félicité leur conféraient une âme. Intuitivement, je ressentais avec force les messages que me signifiaient les montagnes habitées. Un peu comme on le dit d'un regard expressif. Certains massifs, telles la cordillère des Andes ou les Rocheuses, par exemple, n'avaient encore à cette époque accueilli aucune véritable expédition, leur histoire humaine était moins riche, ils ne m'apparaissaient pas comme des montagnes civilisées, détenant une certaine spiritualité. Une montagne est comme un visage avec ses rides pleines de signification, des souvenirs heureux ou dramatiques. Elles savent parler pour qui sait les entendre, décrypter leurs messages et deviner leurs blessures. La foi ne donne-t-elle pas aussi des ailes, dès l'instant qu'il s'agit de la transmettre, de l'amplifier, et de l'enrichir ? À l'instar des aurores boréales où, après le choc initial, les électrons solaires s'entrechoquent, se multiplient et se répercutent à l'infini ? La nature vous fait la leçon et il faut savoir l'écouter, et peut-être, aussi, la suivre. Ce n'est pas seulement la montagne, c'est la mer, l'espace. Tout ce qui compose l'univers. Comme la nature, nous recevons de très belles leçons d'humanité. La vie est là et vous apprend qu'il faut progresser, réfléchir. Gagner une sérénité que l'homme de notre temps a perdue, n'est-ce pas le secret du bonheur ?

L'expérience et la connaissance de cet univers d'exception amoindrissaient, certes, le danger.

Les voies les plus extrêmes furent conquises les unes après les autres. Toutes étaient différentes dans les surprises toujours inquiétantes qu'elles nous réservaient. Toutes étaient identiques par l'intensité des émotions qu'elles nous communiquaient. Ma gratitude à leur encontre reste à ce jour immense. Si je suis homme, c'est grâce à elles. Comment l'oublier ? Ainsi fut escaladée, dans l'une des premières, la face nord des Drus. Sa flèche de granit rouge s'élance, verticale, dans le ciel à plus d'un kilomètre de hauteur. De même, et toujours dans la phase conquérante des premières, dans la face sud, elle aussi à pic, du Piz Badile, j'entends encore, horrifié, pour la première fois, en provenance d'un bivouac italien voisin, sur pitons et avec corde, des injures contre la montagne. Les insultes demeurent dans ma mémoire : *« Santa Maria, putana, che cazzo, porca miseria, porco dio !... »*

La face est du mont Rose surplombant le charmant village de Macugnaga comporte un couloir de glace vive, zébrant verticalement l'interminable muraille. Louis Lachenal et moi-même, après l'Annapurna et à peine sortis de l'hôpital, l'avons escaladé en pleine nuit, toujours pour éviter les chutes de pierres, sans être encordés et en marchant de conserve. En dépit de nos pieds singulièrement raccourcis puisque nous n'avions plus que nos talons, nous voulions relever un défi, celui de renouer avec les grandes courses. Au lever du soleil, nous débouchâmes ensemble, les mains dans les poches, comme des promeneurs, sur l'épaule neigeuse du sommet de la Suisse. La plupart des géants des Alpes, tous célèbres, ont ainsi été conquis tour à tour. Jamais les surprises ne nous y ont été ménagées et, chaque fois, ce furent des aventures où j'approchai la mort. Au retour, pénétré de cet intime secret qu'il m'aurait semblé impudique ou indécent de révéler, mon introversion n'en était que plus profonde. Il est vrai que mes compagnons de course, mes affidés, nourrissaient de même leur feu intérieur.

Fréquenter la mort donne du prix à la vie. Oui, nous défendions un idéal : celui de l'aventure gratuite. Lionel Terray l'a dit en notre nom à tous : nous étions les conquérants de l'inutile. Cet idéal dont nous nous réclamions avait pour nous une valeur absolue, une ardente priorité. Confrontés à la nature inhumaine, nous recherchions l'ineffable. Admirer ces montagnes divines, c'était prier. Les conquérir, c'était communier. Le sacré conduit à la spiritualité. Plus qu'un affrontement physique, il s'agissait d'une approche initiatique. Bien davantage encore, d'une conquête de soi dans un monde transcendé. En se donnant aux dieux, ne devient-on pas leur égal ?

Entre nous, frères de l'aventure et de la montagne, il n'y avait pas de différence. Égaux devant le risque, nous l'étions aussi après l'exploit. Pour s'accomplir, il faut se surpasser. Distinguer ceux qui en faisaient un métier et ceux qui n'en tiraient que gloire nous aurait semblé dérisoire. Se dépasser en touchant aux limites extrêmes ne nous différenciait pas mais créait, en dépit des plaisanteries et des moqueries, un réel et profond respect mutuel. Le dépassement de soi-même n'exclut pas l'humanité. De l'extérieur, on ne saurait ni juger ni comprendre ces chevaliers des temps modernes.

Un jour, Lionel me demanda pourquoi je ne voulais pas être guide.

– Oui, je pourrais, lui répondis-je. Mais il me déplairait pourtant de tirer argent de la montagne. Me nourrir de ce que j'aime.

– Dans ton travail, tu vis bien des autres ?

– Mais aussi pour les hommes en créant, transformant et en vendant des produits ou des services.

– La nature est plus noble que des bureaux, des usines ou des labos.

– Exact ! Il faut qu'une passion reste gratuite.

– Ce n'est pas la monnayer que d'en vivre, nom d'un chien ! vociféra Lionel.

– Il y a une autre raison, repris-je. Être professionnel de la montagne suppose de répéter sans cesse les mêmes courses. N'est-ce pas lassant ? À la limite, rédhibitoire ?

– Oui, mais on change souvent de client.

– Et s'il ne t'est pas sympathique ? La haute montagne est une aventure partagée. Si elle ne l'est plus ?

– Chacun a la sienne ! conclut Lionel.

6. LA GUERRE EN HAUTE MONTAGNE

L'OCM (l'Office civil et militaire), le mouvement clandestin de Résistance auquel j'appartenais lorsque j'étais étudiant, m'avait envoyé en mission en Normandie. Sans aucune information sur le contexte militaire et politique dans la région. La tâche qui m'était impartie était apparemment simple, compte tenu de mon âge. Elle consistait, devais-je croire, à relever le nom des divisions brodé sur les manches des uniformes de la Wehrmacht, à localiser les caches des réservoirs d'essence devant servir à anticiper les mouvements de troupe et à repérer les chars qui avaient été soigneusement camouflés. Le problème était de pouvoir acheminer ces renseignements. On m'avait répondu d'une manière sibylline : l'avenir y pourvoira !

Pour me rendre dans cette zone militairement sensible, il me fallait de solides alibis. Un ancien camarade du temps de la DCA, le jeune Dr Lerosey, sans qu'il fût mis réellement au parfum, m'invita, sur ma suggestion il est vrai, à venir le voir à Falaise. Il y organisa mon séjour en me logeant chez un ami proche, le Dr Legendre. Pour rendre encore plus plausible mon incursion dans le pays de Guillaume le Conquérant, j'invitai ma mère à m'accompagner.

Les Legendre avaient adopté une fillette espagnole devenue orpheline à la suite des tueries de la guerre civile. Elle était si mignonne que je la pris en affection.

Par un beau jour de printemps, puisque nous étions au début de juin 1944, je contemplais la campagne normande si verte et si fleurie. Les fenêtres grandes ouvertes, je humais l'air parfumé avec ma petite Maria serrée dans mes bras. Subitement, je vis quatre points noirs dans le ciel. Oui, c'étaient des avions ! Ils ne volaient pas en altitude ni en rase-mottes. De conserve, ils naviguaient en formation serrée. Intrigué, je suivis leur parcours. Ils fonçaient droit sur nous. Non, ce n'était pas la Luftwaffe. Depuis plusieurs jours, ses avions ne sortaient plus. Ces journées devenues mortes n'étaient pas sans nous angoisser. Imperturbables, les avions, apparemment des chasseurs-bombardiers, poursuivaient leur vol. Doté d'une bonne vue, je distinguai de minuscules points noirs qui s'en détachaient. Mais... ce n'est pas possible ? Des bombes ! Oui, des bombes ! Qui s'avançaient vers nous. Pourquoi ? Il ne s'agissait pas d'avions allemands bombardant leurs propres troupes. Alors ?

Vite, je dévalai l'escalier et plaçai Maria au sous-sol, à l'abri du monumental manteau de la cheminée. En coup de vent, je remontai au premier étage pour chercher ma mère.

– Maman, maman ! criai-je. Vite, on nous bombarde ! Viens !

– Tu es fou. Pas question. Je reste.

– Descends, hurlai-je, hors de moi et vraiment affolé.

Et, la tirant par la main, je la bousculai au point de la faire tomber.

Déjà, un bruit fracassant nous interdisait toute parole. Le sol tremblait comme s'il allait se fendre. La poussière nous enveloppait et nous gênait pour respirer. Les coups assourdissants se succédaient. Ma mère comprit alors le désastre. Tout le monde désormais était en bas. En lieu sûr ? Voire !

Durant deux ou trois heures, les roulements de tonnerre alternèrent avec les coups de foudre. Pliés en deux, serrés les uns contre les autres, nous attendions dans l'angoisse une accalmie. Les avions larguaient des tonnes, des milliers de bombes. Pourquoi nous, dans cette ville ordinaire de Falaise ?

Un calme relatif survint. Il devint obsédant. Y aurait-il un bouquet ? Un silence de mort désormais nous accablait. Lentement, toujours plié en deux, je remontai les marches en rasant les voûtes de pierre. Ma tête déboucha bientôt au rez-de-chaussée.

La ville de Falaise était rasée. Il n'y avait plus une maison debout. Autour de moi, ce n'était qu'un champ de ruines, un spectacle de désolation. Seule l'église de la Trinité émergeait du sol. Certes pas intacte, mais tout de même solide sur ses bases, un défi de Dieu.

Ce fut le premier bombardement de la Libération.

*

À l'automne de la même année, je devins, dans les Alpes, le chef d'une unité communiste composée de francs-tireurs. Ces jeunes combattants, puissamment motivés, tous engagés politiquement, voulaient alors réellement se battre contre les nazis. Je leur apportais mon expérience d'alpiniste et d'officier. La cause, pour nous tous, était sacrée. Pourtant elle donna lieu, dès les premiers jours de mon engagement dans les Francs-Tireurs et Partisans (FTP), à un épisode dont le souvenir reste âcre dans ma mémoire. Le « commandement » me donna l'ordre d'effectuer une descente chez un restaurateur des Houches, non loin de Chamonix. Le nom de ce haut lieu de la cuisine à l'époque était La Gélinotte. Ma mission consistait à arrêter le patron, car des officiers allemands s'y rendaient de temps à autre, et à l'exécuter.

Naturellement, je n'avais nulle intention de commettre un tel crime. De plus, sans jugement ni condamnation. Il me fallait cependant faire du cinéma. Ma crédibilité, surtout dans ces débuts, était en jeu. Rapidement, je mis en place autour de la maison des forces armées absolument disproportionnées et, à la limite, ridicules. Comme s'il s'était agi d'un grand chef terroriste, d'un parrain de la mafia ou du patron d'un cartel de la drogue.

Au lieu de passer le restaurateur par les armes, je le fis attacher avec des cordes (et pas seulement des menottes), quitte à l'étrangler quelque peu. Prétextant une prise importante, il me fallait nécessairement l'interroger et découvrir un soi-disant réseau de complices. Parabellum sur la tempe, il fut donc traîné à la prison de Chamonix. Pour apparaître dur parmi les durs, je donnai ordre aux gendarmes ralliés à notre cause de l'isoler pieds et mains liés et de le mettre sous garde permanente jusqu'à nouvel ordre.

À dessein, je laissai passer deux ou trois jours et, hors de la présence des militants extrémistes, je le fis libérer avec discrétion en prétextant une absence totale de preuves.

Personne n'eut de ses nouvelles par la suite.

***

Peu après, l'occupation du col du Géant eut sa raison d'être. Non seulement le val d'Aoste était à nos pieds, et il nous était donc loisible d'observer en détail tout ce qui s'y passait, mais il fonctionnait comme un relais privilégié de renseignements.

Le téléphérique, quoique non terminé, rendait des services précieux. Juchés sur un simple plateau, nous pouvions descendre à volonté grâce à l'électricité fournie par les centrales italiennes placées sous… contrôle allemand. Il nous fallait être sûrs de ne pas être « cueillis » à l'arrivée. Emilia, une jeune Valdôtaine courageuse, avait fait bricoler un téléphone, certes bien précaire, en utilisant les câbles du téléphérique. Encore à ce jour, j'ai dans les oreilles les hurlements du Pr Maggiore, de son vrai nom Luciano, professeur à l'université de Turin, figure de proue de la Résistance italienne contre Mussolini et Hitler. *« Pronto ! Pronto ! »* entendais-je. Mais les résultats étaient là. Tous les renseignements sur les mouvements d'Alpenjäger et d'alpini transitaient par Emilia pour me parvenir aussitôt au col du Géant. De là, je les réexpédiais à l'état-major de Lyon. Par la suite, j'ai su que ces informations précises avaient été vivement appréciées par le commandement français.

Un jour, je reçus un appel pressant d'Emilia. Un lieutenant d'alpini, Toni Gobbi, commandant d'une unité de haute montagne dans les Dolomites et venu à Courmayeur, demandait avec insistance à avoir un contact avec moi. Il se proposait de me rencontrer à mi-hauteur où se trouve un refuge, le pavillon du Mont-Fréty, et une large épaule qui y aboutit. Emilia me supplia d'avoir confiance.

– Oui, Emilia, je suis d'accord pour le voir. Mais je dois prendre des précautions.

– Lesquelles, mon Dieu ?

– Il doit quitter seul la station du Mont-Fréty et marcher sur la selle sans armes.

– Promis !

– Et au moindre signe inquiétant, il sera notre otage. Deux alpins et moi serons couchés sur le plateau du téléphérique avec nos armes : fusils à lunette, fusils-mitrailleurs, grenades, mitraillettes… et nous tirerons aussitôt sans préavis. Est-il d'accord, puisqu'il est à côté de vous ?

– … Oui, oui, il accepte.

Aussitôt nous convînmes de l'heure. Il lui fallait monter d'Entrèves, où se trouvait le départ de la première section du téléphérique, pour gagner le pavillon. Là, le tenancier devait prévenir Emilia, laquelle à son tour devait me téléphoner par le câble.

Les heures passèrent. Tout devait se mettre en place. Emilia m'annonça :

– Toni vous attend.

– Seul ? À l'endroit convenu ?

– Oui.

– Nous descendons.

Le plateau se mit en marche. Un quart d'heure plus tard, nous survolions le vaste éperon aboutissant au pavillon.

Un officier d'alpini, en son plein milieu, attendait immobile. Dès notre arrivée, et sur le qui-vive, tant l'opération était risquée, nous quittâmes précipitamment la passerelle d'atterrissage en regardant en arrière. Nos armes étaient prêtes à entrer en action.

Peu après, nous arrivâmes près de Toni Gobbi. Un bel homme au visage avenant illuminé de grands yeux verts. Vite, les liens furent établis. Il s'installerait dans la vallée mais viendrait souvent au pavillon où, grâce à une certaine Romilda, il nous communiquerait toutes les informations utiles sur les mouvements des troupes, leurs lieux d'occupation et les événements militaires dans la vallée d'Aoste.

Comme on le devine, je comptais les minutes. Et si tout cela était un piège ?

– Qui est Romilda ?

– La fille du patron.

– Présentez-la-moi.

Effectivement, Romilda était là à notre retour. Une splendide jeune femme blonde aux yeux verts également. Avec Toni, ils formaient un superbe couple. C'était pour moi un signe rassurant. Quelques mois plus tard, j'appris qu'ils s'étaient mariés.

***

Qui dira le caractère hallucinant de la guerre en haute montagne ? Les affrontements y sont toujours des combats singuliers contre des ennemis avec lesquels nous nous identifions. Parfois même, je les connaissais pour les avoir rencontrés auparavant sur quelque sommet ou dans quelque refuge.

Ce fut le cas du fameux commandant d'Alpenjäger dont l'un des exploits avait été de planter le drapeau à croix gammée au sommet de l'Elbrouz. Avec ses 5 633 mètres, celui-ci est d'ailleurs le véritable sommet de l'Europe. Cet alpiniste de classe, je l'avais rencontré plusieurs fois dans les refuges du massif. Il n'était pas non plus sans connaître ma présence en ces hauts lieux. La preuve en était que, dès que j'étais transféré dans un autre secteur, il ne se passait guère de jours avant que je le retrouve en face de moi. Les combattants ennemis, évidemment, ne se voyaient et ne se parlaient jamais. Il n'empêche que les usages nobles allaient de soi dès l'instant où la fraternité de la montagne demeurait. Ainsi en était-il durant cette guerre étrange parce que sans combat, décrite par Julien Gracq dans *Le Rivage des Syrtes*. Les prisonniers allemands que nous faisions étaient traités par nous avec dignité. De même chez eux, pour les nôtres. C'est ainsi que le caporal Alphonse Ginet, tué durant une reconnaissance, eut les honneurs militaires lors de ses funérailles à Aoste. Ce qui devait être un événement rarissime pour un combattant ennemi.

Plus tard, en haute Tarentaise, lorsque ma compagnie y fut mutée en vue d'opérations alpines techniquement difficiles, j'eus la surprise d'apprendre que cet officier se retrouvait encore en face de moi. Le commandement allemand ne voulait pas me laisser régner seul dans ce royaume interdit. Au cours des combats pour la libération du col de la Galise au-dessus de Val-d'Isère, mes chasseurs occupèrent tous les sommets alentour. Pris entre plusieurs feux, les Alpenjäger abandonnèrent le col et se mirent à rouler dans la neige en suivant la ligne de plus grande pente. Dans mes jumelles, je reconnus mon homologue et… ex-camarade. Il couvrait la retraite de ses hommes. Comme le commandant d'un navire, il quittait la place le dernier. Le destin voulut que je pusse le viser dans ma ligne de mire. Dois-je avouer que j'ai volontairement tiré un peu court ? La conscience humaine l'emportait sur la fatalité… même militaire. Peu après, je l'ai aperçu beaucoup plus bas s'échappant à grandes enjambées. Il n'a jamais dû savoir pourquoi ce Français avait été si maladroit. Ces corps à corps fratricides entre alpinistes dans un univers aussi pur m'apparaissaient injustifiables, pour ne pas dire criminels.

Sous les ordres de cet ancien camarade de montagne, un groupe d'Alpenjäger soigneusement sélectionnés et aguerris aux techniques de la haute montagne avait escaladé en pleine nuit les parois rocheuses et les plaques de glace défendant les abords du refuge Torino au col du Géant, à 3 400 mètres, situé juste à la frontière franco-italienne. Ce haut lieu stratégique, tel un observatoire, dominait le confluent des trois vallées : la partie supérieure du val d'Aoste où coule la Doire Baltée, et les deux vallons se rejoignant à Entrèves (le val Ferret et le val Veni). C'est la raison pour laquelle j'avais pris l'initiative quelques mois auparavant de l'occuper et de l'adapter à la défense contre des commandos pouvant surgir du bas, c'est-à-dire d'Entrèves. Le Pr Maggiore y avait établi son PC.

Prenant garde aux bruits de leurs piolets et de leurs crampons, les Alpenjäger, couverts de glace, s'introduisirent brusquement et au même moment par toutes les ouvertures de la bâtisse relativement ancienne. Faisant irruption dans ce repaire de combattants-alpinistes français, ils leur intimèrent l'ordre d'abandonner leurs armes et de les laisser fouiller les locaux jusque dans les moindres recoins. Il faut bien le dire, mes instructions de veille permanente, jour et nuit, par deux sentinelles armées et sur le qui-vive, n'avaient pas été respectées par ceux qui avaient pris notre relève. C'était pourtant, pour la plupart, des guides de Chamonix, enrôlés pour la circonstance dans le cadre de l'Armée secrète (l'AS). Vu la période d'hiver, le froid, la glace, la neige et la nature du terrain fraîchement escarpé, ces professionnels de la montagne avaient estimé que personne ne pouvait les inquiéter. Le refuge Torino avait été déclaré par eux inaccessible.

Les Alpenjäger passèrent les locaux au peigne fin. Découvert, le *professore commandatore* Maggiore, dans une stature noble, les toisa. Cet universitaire était certes quelque peu exalté mais il était si convaincu ! La plupart, guides autrichiens ou français, se connaissaient. Mais l'heure n'était pas à la fraternisation. Personne n'était dupe. Les Français prirent *ipso facto* le statut de prisonniers, les Allemands celui d'occupants.

Pas à pas, sur la terrasse du refuge, les bras levés, le *professore* reculait, horrifié, devant les Alpenjäger s'approchant pour le saisir. Il refusait de se laisser prendre. Brusquement, il se jeta dans le vide. Un cri déchirant retentit tout au long de sa chute. Son corps fut retrouvé sur le glacier 1 500 mètres plus bas.

***

Chef de « terroristes » – c'est ainsi que nous appelait la Gestapo, placée dans notre région des Alpes sous les ordres de Klaus Barbie, et la Milice, sous ceux de Jean Touvier – j'étais donc un homme à abattre sur-le-champ et sans sommation.

Je devins commissaire militaire, puis camarade capitaine. Mon bataillon de Foges – du nom d'un village situé au-dessus de Lully en Haute-Savoie, où des résistants communistes avaient été assassinés par la Gestapo – devait être créé et organisé dans le collège de Rumilly. Les groupes de francs-tireurs, dont les effectifs étaient de huit à douze, étaient éparpillés dans toute la région. La règle était de ne pas connaître l'identité des chefs, sauf à les désigner par un nom… de guerre. Ainsi, même sous la torture, il n'y avait pas de crainte de divulgation, dénonciation ou chantage.

Pour la première fois, nous étions rassemblés dans un même lieu sans courir de dangers. Il y avait trop de volontaires puisque nous étions quatre cents ou cinq cents, alors que la compagnie ne devait pas excéder les deux cent cinquante. De toute façon, certains de ces partisans ne pouvaient être acceptés pour des raisons d'âge, certains étant des gamins de seize ans à peine (ils mentaient souvent pour se faire enrôler) ou des adultes de plus de trente-cinq ans. Par ailleurs, ils devaient tous connaître la montagne et être de bons skieurs. Enfin, furent écartés ceux qui, de notoriété publique, avaient un passé de criminels relevant de la Cour d'assises.

En dehors de cela, ils n'avaient rien à prouver quant à leurs antécédents personnels, ce qui signifiait que les condamnés de droit commun, les repris de justice, les insoumis, les expulsés pour séjour illégal en France et qui étaient revenus clandestinement... pouvaient en faire partie. C'est pourquoi ils portaient un nom d'emprunt réduit parfois à un prénom. Les étrangers, de quelque pays que ce soit, étaient enrôlés sur une déclaration d'honneur. Il y avait quantité d'Espagnols vétérans de la guerre civile. À son issue, ils s'étaient installés dans nos régions sans qu'on leur demande quoi que ce soit. Également, il y avait des Polonais, des Tchèques, des Allemands juifs et même des Américains. Le gros de la troupe était cependant des jeunes venant des hautes vallées alpines où ils étaient chefs de cellule communiste pour les plus anciens, et tout spécialement de la région du Mont-Blanc.

Parmi eux se trouvaient aussi quelques aristocrates (pas beaucoup !) arrivés clandestinement de Suisse, tels le duc Decazes, le comte Geoffroy de Bouillon... S'ils y avaient des attaches, ils venaient également expier leur fuite volontaire vers ce pays ami resté neutre. Grâce leur soit donc rendue !

Une autre recrue, bien différente, compte tenu de son extrême jeunesse, s'appelait Étienne-Émile Baulieu dit « Milo ». Aujourd'hui l'un de nos plus grands savants. Il n'avait guère plus de dix-huit ans. Juif, il avait pris ce nom d'emprunt qu'il a mérité de garder. Un nom est un héritage. Le symbole d'une filiation, un maillon d'une longue chaîne. Si les circonstances y obligent, comme ce fut le cas pour les juifs au temps d'Hitler, l'emprunt d'un nouveau nom acquis de haute lutte s'impose.

Il est plus tard devenu l'inventeur de la pilule abortive, mais également antitumeurs, le RU 486. Ces dernières années, il a mis au point un produit antivieillissement, une sorte d'élixir de jouvence, le DHEA. Devenu membre de l'Institut, il mériterait, de l'avis de tous, d'être honoré par le prix Nobel de physiologie et de médecine. Le Pr Baulieu a contribué à libérer les femmes en les rendant maîtresses d'elles-mêmes et de leur destin.

Le plus délicat, avec cette unité de combat créée *sui generis*, a été de délivrer des grades pour structurer sa hiérarchie : sections, groupes, services (intendance, transport, santé, administration), vaguemestres, comptables…

Étant l'un des rares à avoir une expérience militaire dans la DCA et d'alpiniste, je fus reconnu comme commissaire militaire. À côté de moi et à grade égal de capitaine, se trouvait un commissaire politique chargé de la propagande du parti et de l'action « psychologique ». Chacun était invité à s'inscrire ou à se réinscrire au PC. Des affiches de Staline, le Petit Père des Peuples, étaient collées partout.

En ce qui concerne ma compagnie, je demandai et obtins qu'il n'y eût pas de section dite d'éclaireurs-skieurs. Tout le monde, c'est-à-dire la compagnie tout entière, devait en être en raison des critères de recrutement.

C'est dans cette configuration que nous nous rendîmes à Ugine, dans le val d'Arly, pour traverser le massif de Beaufort. À pied, ployant sous nos lourds paquetages, nos armes et nos munitions, nous nous ébranlâmes en direction de la profonde et longue vallée des Chapieux, près de la frontière italienne. Tous ces jeunes d'horizons si différents étaient animés par une seule et même passion, celle de voir la liberté triompher de la tyrannie. À contre-jour et dans un nuage de poussière, nous chantions à pleine gorge et à l'unisson l'*Internationale, La Jeune Garde,* la chanson des jeunes communistes. Après un col traversé avec peine, nous redescendîmes, par Hauteluce, vers le lac de Roselend. L'heure étant avancée et le temps menaçant, je décidai de faire étape sur ses rives. Personne n'avait, bien sûr, d'équipement de bivouac. Bien qu'installés de manière précaire, à même le sol, nous plongeâmes immédiatement dans un sommeil de plomb. À l'aube, je me soulevai sur mon séant. Tout était blanc. La neige était tombée d'abondance durant la nuit. Il était impossible, sous ce manteau immaculé, de différencier le terrain pourtant pierreux, les corps, les sacs et les armes.

Non sans rudesse et avec nombre de vociférations, je réussis à en éveiller quelques-uns.

– J'vas leur foutre la trouille, aboya le commissaire politique.

– Que vas-tu faire ?

– Tirer des coups de pétard, tout simplement. Y vont croire à des fridolins.

– Et s'ils le croient ?

– Ça se verra.

Et en riant, il prévint :

– Une rafale de mitraillette les mettra debout.

Un quart d'heure après, tout le monde était prêt à partir ! Et le commissaire politique d'ajouter :

– Tu vois, camarade capitaine, y a que dans l'armée du peuple et avec des camarades qu'on peut faire cela.

Après une journée de marche, nous arrivâmes, exténués, dans le vallon des Chapieux puis dans le massif de Versoix, et nous nous installâmes sommairement, dans un premier temps, dans des fermes et des granges, des greniers ou même des remises dispersées dans la montagne. C'est là que nous devions passer l'hiver, un des plus durs depuis des lustres.

Peu avant notre départ de Rumilly, j'avais reçu des grands chefs FTP, dont l'un notamment portait six galons, si bien que je ne savais pas comment l'appeler, mon colonel ou mon général. J'avais opté pour le titre encore plus ronflant de colonel-général.

Ma mission était la suivante : m'intégrer au mieux dans le bataillon de l'armée régulière en voie de formation. Il s'agissait du 27e BCA (bataillon de chasseurs alpins) normalement basé à Annecy. La tâche ne serait pas aisée, m'avait-il dit, car toutes les autres compagnies étaient d'origine AS (Armée secrète), donc d'esprit conventionnel et d'origine bourgeoise. Le commandant de ce bataillon était déjà connu comme étant très traditionaliste. Il s'appelait Godard. Il me fallait, du mieux que je pourrais, garder ma compagnie aussi autonome que possible.

– Un jour, on ne sait jamais, cette unité pourrait jouer un rôle important. N'oubliez pas que nos camarades de maquis, rien que dans ce département de la Haute-Savoie, détiennent plus de quarante mille armes. On ne sait jamais… me répétait-il à l'envi et d'un air entendu.

Sans savoir pourquoi, je perçus intuitivement dans ces instructions un avertissement sinon une menace. Il savait parfaitement que je n'étais pas communiste.

– En accord avec ces gens de l'AS, vous serez responsable d'un secteur, le Versoyen, hélas sous le feu des mortiers bien installés sur la crête au-dessus de vos têtes. Gare aux obus !

Ce secteur, de loin le plus dangereux – ce n'était pas par hasard qu'on le confiait à une unité de partisans communistes –, était placé sous la haute surveillance d'un fantastique observatoire dénommé le Clapet.

– Ah, j'allais oublier, ajouta-t-il. Votre mission inclut la liaison avec une BRI (Brigade rouge internationale) installée aux Chapieux à l'hôtel des Edelweiss. Personne ne les contrôle. Ce sont des anarchistes, des trotskistes, des hommes ou des femmes en rupture de ban avec le monde civilisé. Vous m'avez dit n'être pas communiste, ce qui est profondément regrettable. Mais toute la compagnie l'est. Donc, vos contacts avec eux seront les seuls qu'ils toléreront. À l'avance, je vous en avertis.

C'était la première fois que je voyais ce super-colonel venu tout spécialement de Paris. Ce fut aussi la dernière fois.

Il va de soi qu'étant officier de l'armée régulière, et n'ayant aucune connivence avec un parti politique quel qu'il fût, ce qui me rendait suspect, je me serais bien gardé de ne pas respecter – surtout en temps de guerre et au contact de l'ennemi – les ordres et même les intentions de ma hiérarchie militaire. Cette confiance accordée au commandement de l'armée me fut bien rendue quelques mois plus tard. Au château de Duingt où le 27e BCA fut reconstitué, j'obtins le droit de ne pas démanteler la 2e compagnie sans même m'engager à la transformer de l'intérieur, ce que pourtant je fis à mon rythme et à ma manière. Ainsi, je suivais les instructions des FTP tout en me mettant dans la stricte ligne hiérarchique de l'armée régulière. Au surplus, je devais exercer le contrôle délicat de cette fameuse et terrifiante Brigade rouge internationale, pourtant bien proche de la mienne.

Bien qu'ils fussent dévoyés dans leur conception de la vie et de la société, j'aimais ces garçons. Je me considérais comme l'un des leurs. L'armée révolutionnaire, le drapeau rouge et l'*Internationale* du début se transformèrent, peu à peu, en armée régulière, c'est-à-dire bourgeoise pour eux, en drapeau tricolore et en *Marseillaise.*

Cette guerre fut sans pitié. Des épisodes tragiques, souvent héroïques et parfois comiques se succédèrent. Dans cette région de haute montagne, la Tarentaise en Savoie, où ma compagnie des francs-tireurs venait d'être affectée, les Allemands avaient battu en retraite jusqu'à la frontière entre la France et l'Italie. Leurs avant-postes avaient été installés sur les sommets la dominant. Ainsi, de ces observatoires placés sur les hauts, surveillaient-ils toutes les vallées qui en descendaient. Les chasseurs alpins en contrebas étaient donc en permanence sous leur feu, en particulier celui des mortiers.

L'arrivée de plusieurs milliers d'alpins entraînés aux terrains de haute montagne, sauf évidemment mes « immigrés », ne passa pas inaperçue dans ces hautes vallées. Tout spécialement l'unité un peu particulière que j'avais constituée. Dès que nous nous trouvions à découvert à Séez près de Bourg-Saint-Maurice, nous étions accueillis par des tirs nourris de mortier. Il ne nous restait que quelques instants pour nous précipiter et nous abriter dans les habitations des villages alentour. Plus tard, je trouvai refuge, avec quelques-uns de mes partisans, dans une ferme d'un hameau appelé Le Châtelard. Le site où se trouvaient ces pauvres maisons dominait la vallée et justifiait l'appellation.

Il n'y avait pas d'hommes dans ces fermes. Tous avaient quitté le sol natal pour combattre en Afrique du Nord, en Italie ou aux confins de l'Allemagne. Il n'y avait plus que des femmes, des vieillards ou des enfants. La ferme où nous avions échoué avait une faible capacité de logement. La jeune femme propriétaire des lieux, Mme Châtelard, que nous appelions du nom du hameau, était, comme la tradition locale l'exigeait, en costume de Tarine, nom donné aux habitantes de la vallée de la Tarentaise où nous nous trouvions. Ces atours lui seyaient à merveille. Certes, je la trouvais belle. Peut-être n'était-elle pas insensible aux charmes de ces sauvages envahisseurs ? En tout cas, pénétré de ma mission, je me sentais à cette époque plus intrépide face à l'ennemi que devant une aussi belle indigène.

Toute la surface utile de la ferme était réservée au bétail. Les vaches laitières étaient attachées à des râteliers alimentés en continu par le foin stocké dans les granges durant l'été. Tout au long de la salle immense, et en plein milieu, courait une fosse où tombaient les excréments et le purin des animaux. Faute de place, nous avions installé, de l'autre côté de cette rigole centrale, des planches en guise de sommiers. Afin de loger le maximum d'hommes, nous nous étions couchés tête-bêche. Le partenaire qui me fut affecté était le sergent Verjus. Sa désignation fut loin d'être innocente. Bien que le froid à l'extérieur fût vif, entre - 10°C et - 20°C, la chaleur régnant dans ce qu'il fallait bien appeler une écurie était particulièrement douce. Hélas, il me fut impossible de dormir un seul instant. Brusquement, je compris pourquoi le sergent Verjus m'avait été attribué. Ses ronflements étaient célèbres. La nuit, ses grognements, ses grincements de dents et, à certains moments, ses rugissements rauques provoquaient des vibrations dans la pièce. Que faire ? Pour le condamner au silence, je lui enfilai sans ambages mes doigts de pied dans la bouche. Dans son sommeil incoercible, il s'en empara goulûment. Jusqu'à l'aube, ils furent sucés, aspirés et puis léchés consciencieusement. Aucun bruit ne filtra désormais de la gorge du sergent. Personne n'avait saisi les raisons de sa subite discrétion. Je m'étais bien gardé d'en dire le moindre mot. De ma vie, je n'ai eu les pieds aussi propres. Et... ils revenaient de loin !

***

Au cours d'une des nombreuses reconnaissances dont la mission consistait à localiser les points d'appui ennemis et à évaluer leurs forces, une de nos patrouilles fut surprise, aux alentours de 3 000 mètres, dans une embuscade. Il n'y eut pas de tués, mais plusieurs blessés. Le chef du commando décida d'attendre la nuit afin de procéder à leur difficile évacuation. Pour ce faire, des traîneaux sur skis devaient être utilisés. Installé dans mon PC, je fus prévenu rapidement avant que l'obscurité ne s'installe grâce à un skieur émérite, Grandjean. Il avait dévalé la pente à une vitesse folle, changeant sans cesse de direction pour déjouer le réglage des tirs allemands. Grâce à lui, je pus expédier, peu après, dans le noir absolu, des sauveteurs expérimentés. Le PC de ma compagnie était relié au QG du bataillon par un téléphone de campagne. Les transmissions radio, d'ailleurs peu sophistiquées à l'époque, étaient inutilisables militairement. Les Allemands, en ligne directe et en clair, auraient pu aisément capter les communications. Par fil, donc, je prévins des faits le QG à Bourg-Saint-Maurice, tout en bas, à cinq ou six heures de marche au moins du PC où je me trouvais. D'urgence, je mandai une ambulance capable d'arriver à mi-chemin par une route difficile et exposée. De plus, je donnai ordre au sergent Jacquou de rallier au plus vite ce QG pour commenter ce que nous venions d'apprendre. Mais surtout pour convoyer l'ambulance et préparer les relais d'évacuation.

Les véhicules ambulanciers étaient conduits par des AFAT (auxiliaires féminins de l'armée de terre). Le commandant Godard, chef de bataillon remarquable, qui s'illustra plus tard d'une manière contestable durant la guerre d'Algérie, rassembla ces AFAT devant le QG. Il leur tint un petit discours pour les prévenir du danger de la mission. À son terme, il fit appel à des volontaires. L'une de ces conductrices-ambulancières avança d'un pas et salua réglementairement.

C'était Juliette. Elle venait de Chamonix où l'embryon de la compagnie était né. Depuis, elle m'avait toujours suivi. Sous son uniforme bleu roi garni de boutons dorés, avec ses cheveux blonds et ses yeux pers, elle avait fière allure. Sa détermination et son dévouement à la cause de son pays suscitaient l'admiration de tous ces « durs » qui l'entouraient. Le sergent Jacquou avait pour mission de remonter avec elle, au moins jusqu'à l'échelon arrière de ma compagnie.

Bientôt, l'ambulance GMC, bourrée jusqu'à la gueule d'équipements de secours, de médicaments, de rations et de munitions, démarra. Quelques minutes plus tard, Juliette attaqua l'interminable montée et négocia chaque lacet en épingle à cheveux de la route étroite. Dès les premiers virages, Jacquou, épuisé par sa course marathonienne, sombra dans un profond sommeil. La route se faufilait ensuite dans une gorge sinistre mais sûre. Au-delà, le vallon s'évasait et la pente s'adoucissait. En revanche, le parcours était exposé à la vue des observateurs ennemis. Juliette marqua un temps d'arrêt, le danger devenait imminent. Là-haut, les blessés attendaient sa venue pour être descendus à dos d'homme. Elle le savait. Prenant son courage à deux mains, elle s'élança en accélérant au maximum. Malgré le bruit du moteur et les ronflements sonores du sergent, elle perçut un miaulement continu. Il devint progressivement un sifflement. Pour Jacquou, ce fut une décharge électrique. Il hurla :

– Bon Dieu, la petite ! Droit dans le caniveau ! Grouille ! On va l'avoir dans le cul ! Sautons !

À peine s'étaient-ils précipités dans le fond des étroites tranchées de protection aménagées sur les bas-côtés de la route, tous les cent mètres environ, que l'obus de mortier explosa. Les éclats volèrent tous azimuts. Le pare-brise du camion fut brisé et des tôles enfoncées. Juliette et Jacquot restèrent planqués dans leur abri. Sur le qui-vive et quelque peu crispés, ils attendaient la suite. Elle ne vint pas. En levant la tête, ils aperçurent en effet des brumes providentielles occultant le sommet du Clapet où se trouvaient les Alpenjäger allemands. Devenus invisibles, au moins pour un temps, il leur fallait repartir en toute hâte :

– Ton baptême du feu, non ? T'as pas la trouille ?

– Faut bien commencer, mais après coup, oui !

– Si le GMC avait pété, c'était le feu d'artifice. Respectent rien, ces fridolins. C'est une ambulance, non ?

– Quoi ? Il y a des munitions là-dedans ? Et la Croix-Rouge ? C'est interdit !

– C'est la guerre, ma jolie pépé. On n'est pas dans un salon. Interdit ? Interdit ? Pris par eux, je suis fusillé à vue. Sans sommation. Pour moi, pas de quartier. Pour eux, un communiste est un terroriste.

– Vous êtes un franc-tireur ? Même ici, dans cette unité régulière ?

Jacquou, c'était « un soldat de la nuit, un combattant de la liberté ».

– Si les nuages se tirent, nous sommes cuits, dit-il. Ils nous verront et ce sera terminé. Si tu tiens à ta peau, avance !

Le ton devenait menaçant. Pour lui, elle n'était qu'une bourgeoise, après tout. Une classe condamnée. Le GMC, dopé par ces paroles, bondit sur la route devenue plate. Il slalomait entre les trous de mortier. Le vallon était désolé, le paysage sinistre. Plus loin, la route était coupée. Des chevaux de frise la barraient.

Le sergent sauta du camion. Un personnage à la mine patibulaire apparut. Sa tenue de maquis était vaguement militarisée. Un parabellum logeait dans son ceinturon. Il portait néanmoins deux galons de lieutenant. Il ne s'était pas rasé depuis plusieurs jours. Il louchait. Juliette, cramponnée au volant, tremblait comme une feuille lorsqu'il s'approcha d'elle.

– Tu viens évacuer les gars ?

– Oui, lieutenant…

– Suffit, la fille ! Je m'appelle Paulo. T'entends ?

Paulo se fichait du laissez-passer signé du commandant qu'apportait Juliette. J'étais le seul, son camarade capitaine, dont il acceptait les ordres.

Sous un énorme bloc de rocher, Juliette découvrit un campement de fortune où se reposaient de nombreux militaires partisans. Épars, à même le sol, traînaient des armes, des sacs. Un peu à l'écart et bien rangé se trouvait un téléphone de campagne à magnéto. Le fil courait par terre vers le haut. Le lieutenant Paulo tourna la manette avec vigueur. Une sonnerie grêle tinta.

Paulo me raconta l'arrivée de Juliette. Je demandai à lui parler. Elle devait rester avec les blessés jusqu'au matin, à l'abri. Tout d'abord, elle se crut prisonnière. Mais si elle descendait maintenant, lui expliquai-je, elle serait immédiatement repérable, de nuit, avec les phares !

– Avant le départ, dès l'aube, me dit-elle, je leur ferai de la morphine et des pansements provisoires.

Le lieutenant Paulo, un rien paternel, la fit s'asseoir près du brasero derrière le rocher.

– Installe-toi. La nuit tombe. Y commence à piquer ! Tu veux manger un bout ? Le chef, y m'a dit d'être prévenant. T'entends ? On est des hommes, pas des bêtes. J'sais être délicat quand y faut.

– Merci Paulo…

Et dans son for intérieur, elle pensait : c'est affreux, la guerre !

Les maquisards s'apprêtaient à bivouaquer. De temps à autre, ils jetaient des coups d'œil furtifs sur Juliette. Ils n'étaient pas inquiétants. Au contraire. Une atmosphère chaleureuse et fraternelle régnait. Pendant que le lieutenant poursuivait sa conversation avec Juliette, *Le Chant des partisans* se fit entendre. Le son enflait. Ses accents poignants donnaient un sens tragique à cette *bandera* de soldats perdus.

– Vous êtes communistes, Paulo, et français ?

– Tous communistes ! Y a aussi des Américains, mais des Américains qui pensent juste. Y a des Espagnols, beaucoup d'Espagnols de la guerre civile. Y a des Polonais, des Suisses et même des Allemands. Y sont contre Hitler. Et y a des « joyeux », les condamnés, les repris de justice, les prisonniers en cavale, les insoumis…

– Paulo, pourquoi vous a-t-on placés dans ce secteur désolé ?

– C'est l'plus dangereux. D'la pointe du Clapet, là-haut, on domine tout. Y peuvent nous canarder sans arrêt. Dès qu'on bouge. Dans le fond du vallon, aux Chapieux, y a l'hôtel de la Brigade rouge internationale. Ceux-là, c'sont des vrais, des purs. Y sont autonomes. N'acceptent pas les ordres. Y n'ont pas de chef et tirent sur tout ce qui bouge. Y a qu'nous qu'ils peuvent supporter. C'est pas par hasard si nous sommes voisins…

– Vous avez un chef, vous. En plus, il n'est pas communiste.

– C'est vrai, oui, il est gradé. Il a fait les écoles. Et puis en matière de montagne, il en connaît un bout. Y n'est pas tout à fait d'chez nous, mais il est démocratique. Y nous comprend. Les communistes ont appris à se servir de tout. Les camarades soviétiques se sont même alliés à Hitler ! Pour mieux l'étouffer.

– C'est ce que vous allez faire avec votre chef ?

– Non, tu verras : l'camarade capitaine, un jour, il demandera sa carte du parti. Après tout, c'est lui qu'a créé c't'unité de FTP !

Effectivement, notre compagnie était différente des autres. Les soldes y étaient réparties à égalité. Sans différence de grade. La justice, c'était nous. En soviet, nous en décidions. Les sanctions étaient uniquement volontaires.

Chacun devait reconnaître publiquement ses fautes. Et proposer sa propre punition.

Notre plus récente décision de justice nous avait tous marqués. C'était au soir d'une dure journée. Dès l'aube, plusieurs reconnaissances avaient eu lieu. Des coups de feu nourris avaient été échangés. Dans mon PC, je nettoyais mes armes. Soudain, la porte s'ouvrit avec fracas. Le sergent Raoul fit irruption, suivi de trois de ses hommes. Leurs mines n'annonçaient rien de bon. Le premier avait un revolver à la main et les autres leur fusil. Immédiatement, je compris ce qui se passait…

– Capitaine Herzog, ça suffit ! cria Raoul. On en a marre !

– Que voulez-vous ? répondis-je fermement.

Les armes se pointèrent sur moi.

– T'es pas d'chez nous. T'es un bourgeois ! On veut plus d'chef.

Imperceptiblement, je crus discerner un léger tremblement dans la main de Raoul. Évitant tout mouvement brusque, je me dirigeai, imperturbable et résolu, vers le dernier des rebelles. Sans un mot, je lui saisis son fusil et le posai dans le râtelier. Au moment où je saisissais le deuxième, Raoul, prenant les devants, sauta vers la porte, suivi de ses comparses. Sitôt dehors, il hurla :

– Traître ! Vendu ! Salaud !

Des coups de feu retentirent dans la nuit. Leur son se répercuta, comme des échos sans fin, sur les parois du Clapet. Le médecin de la compagnie, le Dr Jean-Pierre Vigier, qui avait suivi la scène, en perdit sa pipe.

Le lendemain, eut lieu le jugement. L'usagen dans cette unité de joyeuxn était donc l'autocritique et l'autocondamnation. Les partisans se rassemblèrent dans la chapelle désaffectée.

– Tous ici, nous sommes volontaires, commençai-je. Ensemble, nous avons prêté serment de repousser et d'abattre le nazisme. Une discipline de fer est l'arme du peuple.

Cette mutinerie est un crime. Qu'en penses-tu ? dis-je en désignant l'un des présents.

– Inadmissible, gronda-t-il.

– Inadmissible, opinèrent les autres.

– Et où est-il, Raoul ? Il n'a pas le courage de venir ? Trouvez-le !

Plusieurs camarades appartenant à sa section sortirent précipitamment. Quelques instants plus tard, ils revinrent avec Raoul. Sa mine était piteuse.

– Assieds-toi là, lui dis-je sans aménité. Qu'as-tu à dire pour ta défense ?

– Camarade capitaine, j'ai eu un coup de folie.

– Tu as entraîné des copains. Tu connais la tradition ici, Raoul. Tu dois reconnaître ta faute et proposer toi-même la sanction.

Raoul, blême et tremblant, hésitait.

– Y mérite pas ses galons, s'exclamèrent certains.

– Y doit pas s'en tirer comme ça ! s'écrièrent d'autres.

– Le conseil de guerre, c'est prévu pour ça. T'as des couilles ou non, Raoul ? aboyèrent les plus déchaînés.

– J'suis d'accord. C'est vrai. J'mérite le conseil de guerre.

Il y eut un silence de mort. Les regards se tournèrent vers moi.

– Eh bien, tu iras, Raoul ! dus-je trancher.

Le lendemain matin, il partit encadré par deux de nos chasseurs en armes. Il avait dû rendre la sienne. Au plus vite, il lui était enjoint de se présenter au PC du bataillon à Bourg-Saint-Maurice. On ne le revit plus jamais.

Ces hommes n'étaient sans doute pas des anges, mais se sentaient de vrais citoyens du peuple ! Ils vivaient retirés du monde, les seules femmes qu'ils voyaient étaient à la BRI, elles étaient les « femmes de tous », leur mission était aussi sacrée que celle des hommes. Pour eux, pas de permission sauf les « spéciales », comme pour Paulo, qui allait exécuter des « collabos ».

Il n'aimait pas bien parler de ses missions.

– Ça a été rapide, expliquait-il le visage fermé. J'les ai alignés. Y creusaient leur tombe, et pan ! Justice est faite ! Le suivant remblayait. Et ainsi de suite… C'était simple.

Il avait raconté ça à Juliette.

– Comment avez-vous pu, vous ? s'était-elle étranglé, brusquement en pointant son doigt vers lui.

– Comment avaient-ils pu, eux ? lui avait répondu Paulo.

7. AXELLA

Durant toute cette année de guerre, jamais je ne me suis absenté. Quitter mes hommes, quel qu'en fût le motif, me semblait aussi grave que d'abandonner ses propres enfants en danger. D'ailleurs, le règlement militaire spécifiait que j'étais le père de la compagnie. Sans jouer sur les mots, je ressentais cette responsabilité à tous les instants.

Il y eut cependant une exception notable. À l'origine officier d'artillerie dans la DCA puisque matheux, il me fallait répondre à la convocation du chef d'état-major de l'armée. Sans cette démarche, je risquais de perdre le commandement de mes chasseurs alpins. Donc j'embarquai au terminal provisoire de Moutiers dans le train pour Paris. Bien sûr, il n'y avait pas de wagons-lits ni de couchettes. Les voitures étaient vétustes. Nul ne savait à quelle heure l'arrivée était prévue le lendemain. Les éclairages étaient bleu-violet pour ne pas signaler notre présence à l'aviation ennemie.

Écrasé de fatigue, je m'enveloppai dans ma grande cape bleu marine des Alpins, et j'enlevai mon béret si large qu'il touchait mon épaule. Rapidement, je tombai dans les bras de Morphée. Les vibrations, les trépidations, les sifflements, les coups de frein, les chocs de rails, les arrêts dans les stations, l'engouffrement des voyageurs, les valises et les colis effleurant ou même cognant mon visage, les portières claquant… rien n'y faisait, je dormais.

Soudain, je fus éveillé par de petites gouttes s'échappant d'un vanity-case placé dans le filet au-dessus de ma tête. Sans nul doute, il appartenait à la jeune femme d'allure distinguée en face de moi, près de la fenêtre elle aussi. La passagère me sourit alors que nous entrions en gare d'Aix-les-Bains. Sur le quai, les candidats au départ auraient pu emplir deux rames comme les nôtres, pourtant déjà pleines. Les soufflets eux-mêmes étaient encombrés par des passagers entassés.

Brusquement, je remarquai le visage mutin d'une jeune fille cherchant à monter dans le train. À hauteur de la vitre, j'admirai son regard inquiet éclairé par de profonds yeux bleu azur. Son petit nez légèrement retroussé était un signe d'ouverture sur la vie. Ses narines frémissaient. Ses lèvres larges et pulpeuses étaient maquillées de rose tendre. Ses cheveux blonds étaient enserrés dans un béret écossais.

En somme, elle était ravissante.

Comme une biche demandant grâce avant l'hallali, elle me supplia du regard. Comment faire ? D'un coup d'œil, je consultai les passagers du compartiment. Ils me marquèrent leur acquiescement. Face à moi, la passagère, je le perçus, se joignit gracieusement à cette invite. Vite, la fille d'Ève se précipita, un léger bagage en main, et tenta de se frayer un passage dans le couloir complètement obstrué. Elle prétendait rejoindre les siens dans notre compartiment. Seuls les hommes l'aidèrent, tant elle était jolie comme un cœur. Je l'aidai à enjamber les gens assis sur leur bagage ou à même le sol. Il n'y avait pas de place dans le compartiment. Je l'invitai à s'asseoir sur mes genoux. Elle s'exécuta, non sans avoir furtivement jeté un regard circulaire pour s'enquérir de la compréhension de tous.

– Mademoiselle, je vous en prie, ajouta la femme du monde, à la guerre comme à la guerre !

– Installez-vous, Axella, lui dis-je, donnant l'impression de la connaître en la baptisant ainsi. Axella m'était venu à l'esprit à cause de la ville d'Aix que nous venions de quitter.

C'est ainsi qu'un long martyre commença. Axella se mit sur mon genou. Il ne devait pas être confortable. Ses petites fesses l'étaient. Le froid nous frigorifiait. Chacun s'enveloppa, qui d'une houppelande, qui d'un duvet de sport. Pour ma part, la pèlerine immense d'Alpin allait, une fois de plus, me protéger. Inquiet et par pure bonté d'âme pour Axella, je la recouvris de la cape et la serrai contre moi pour lui tenir chaud.

– Mon pauvre bébé, lui susurrai-je, en montagne, c'est ainsi que l'on fait dans les bivouacs.

– Je suis si frileuse ! me glissa-t-elle.

Et de se blottir encore davantage contre moi. Sa position devenue inconfortable avec le temps, elle s'assit sur mes deux cuisses. Tout le monde s'était assoupi. Parfois, je croisais le regard complice de la passagère en vis-à-vis. Peut-être même ai-je pu déceler quelque excitation dans son sourire qui me paraissait coquin. Axella vibrait à mon contact. Ce n'était pas forcément le froid. Mes doigts retenaient ses genoux pour soi-disant éviter qu'elle ne soit éjectée lors d'un coup de frein malencontreux. Sans doute pour avoir plus chaud, tout au moins ai-je bien voulu le croire. De plus en plus, elle se réfugiait contre moi, ses lèvres s'entrouvrant dans des soupirs extatiques. Ses yeux restaient mi-clos.

Il est vrai que je n'étais pas de bois. Six mois d'isolement en haute montagne créaient manifestement un état de manque. Les gouttes, une à une, continuaient à tomber. L'œil, en face, m'observait avec malice. Et puis intervint un miracle. La nature ayant horreur du vide, une longue et interminable aubade de nuit commença. Aux prémices, nos instruments devaient s'accorder, non sans quelque hésitation. Sans presser le mouvement, j'éprouvai un ardent besoin de convergence. Elle aussi. Après un temps de tâtonnements qui nous parut délicieux, ce fut celui de la communion. Seules les jointures du rail scandaient la mesure comme un métronome. Durant la nuit entière et jusqu'à Paris, nous sommes ainsi restés victimes de ce va-et-vient infernal.

En face, la vilaine voyeuse n'en perdait aucun détail. Le ravissement de son visage répondait aux larmes de volupté d'Axella. Dans la pénombre, je percevais chez elle parfois une agitation mystérieuse. Ses doigts élégants et raffinés semblaient explorer non sans quelque nervosité des endroits qui lui étaient chers. Ses gestes rythmaient étrangement ceux d'Axella. Et se calmaient aux mêmes instants. Ses yeux, levés au ciel comme ceux des anges dans les tableaux du Quattrocento, semblaient implorer le Seigneur. C'étaient des prières de gratitude. À n'en pas douter.

Quant à moi, je me devais de rester de marbre… et j'y réussis… jusqu'à… Paris ! Avec une vigueur peu commune, Axella, par moments, me coinçait les bras. Les yeux fermés, elle voulait déguster ces moments de bonheur indicible. Mais les secousses répétées des rails la remettaient vite en appétit… *bis repetita ! bis repetita.*

Le train ralentissait son allure. Nos rythmes personnels aussi. Bientôt, nous devions arriver. Courtoisement, je m'emparai du vanity-case placé au-dessus de ma tête et le rendis à sa propriétaire redevenue aristo. Déjà, elle était devant moi et me dit :

– Au revoir, capitaine – et ses yeux se plissèrent avec nostalgie. Merci… du fond du cœur.

– Je vous en prie.

– Toute ma vie, je… m'en souviendrai, souffla-t-elle, non sans quelque pudeur décente, mais avec une sincérité touchante.

– Voici, madame, vos bagages.

– Mon Dieu, dit-elle en le saisissant, mon flacon a fui. C'était un Chanel n° 5. Quel dommage !… Oh, mais j'ai été si heureuse, heureuse. Merci encore, capitaine.

Durant ce bref épisode, Axella procédait à son ménage personnel. Elle et moi exhalions les effluves du célèbre parfum. Il fut décidé de se revoir le jour même. Le charmant petit diable n'y tenait plus.

Elle avait vingt ans, et moi vingt-cinq.

***

Dès le matin, j'étais convoqué par le général commandant l'artillerie. À l'heure exacte, je me présentai à lui.

– Alors, capitaine, vous voulez changer d'arme ?

– Oui, mon général, je ne veux pas quitter mes joyeux. Et puis… j'aime la montagne.

Le général se leva, visiblement intrigué. Il se dirigea vers moi. Fit le tour de ma personne en humant les airs avec une grande grimace. Il se planta devant moi.

– Je sens, capitaine, que vous êtes un homme à femmes. Vous n'êtes pas digne de rester dans l'artillerie. Allez-dans-la-biffe ! cria-t-il en ponctuant avec force chaque syllabe. Vous y serez plus à votre aise. On ne veut plus de vous chez nous, conclut-il avec mépris.

Après un garde-à-vous réglementaire, je le saluai et pris congé.

Dans mon for intérieur, j'exultais. Merci à ma belle étrangère, me disais-je. Son Chanel m'avait sauvé.

***

Avec des ailes, je courus rejoindre Axella dans un charmant hôtel près de la Madeleine. Vite, nous avalâmes les escaliers quatre à quatre. À peine la porte de la chambre refermée, Axella et moi, nous fûmes, en quelques secondes, délestés de nos atours. D'ailleurs, je reconnus avoir été battu de quelques longueurs dans cette haletante course à la joie.

Libre, enfin libre, elle se précipita sur moi. Jamais je ne saurai pourquoi elle voulait toujours être au-dessus. Sans doute pour affirmer son esprit de conquête. Avec une énergie touchant à la précipitation, elle me saisissait. En même temps, elle riait et elle pleurait. Puis elle criait, soupirait et sans cesse réitérait. N'en pouvant plus, elle cadençait son mouvement en cambrant son dos et en regardant vers le ciel.

– Ah, ce qu'il est bon de tromper son mari ! Ah, ce qu'il est bon…

Elle répétait sans cesse son leitmotiv, dans lequel elle trouvait visiblement une source d'excitation supplémentaire. Les oh ! et les ah !, les gémissements contenus et les cris étouffés se succédaient sans fin. Les bruits devaient traverser les cloisons et les étages, les échos résonner dans les couloirs, qui sait même, s'amplifier en se propageant. Comme le claquement du tonnerre se répercutant dans les aiguilles.

Brusquement, une image me traversa l'esprit et me fit trembler. À Chamonix, à l'Hôtel de Paris où les alpinistes se retrouvaient pour échafauder leurs projets, un célèbre bourreau des cœurs avait réussi à séduire une jeune étudiante en vacances. Les hurlements de plaisir de la petite, à coup sûr surprise d'en être arrivée là, s'entendaient du rez-de-chaussée. Intrigués, nous cherchâmes néanmoins à en découvrir la source. Le propriétaire des lieux, Louis Janin, nous fit un signe sans ambiguïté. C'était là-haut que tout se passait. En groupe et en riant sous cape, nous nous engouffrâmes dans la chambre voisine. Et de coller nos oreilles contre le mur. L'un de nous, encore plus avisé, s'était emparé, avant l'ascension, d'une chignole. Des trous furent prestement percés dans la cloison. La scène de ces hommes de la montagne, tous de vieux copains, juchés sur le lit ou des chaises, ne manquait pas de piquant.

Toute la nuit, la pauvre victime souffrit le martyre. Les cris succédaient aux supplications, les clameurs aux protestations, puis les roucoulements. Manifestement, elle avait un besoin extrême de parler. Les mots se bousculaient sur ses lèvres.

– Au début, cela fait si mal. Forcément, pour la première fois. Après… après, c'est vraiment merveilleux. Merci, tu m'as libérée. Cela me pesait. Je suis si contente.

Visiblement, l'étudiante si timide et si pudique avait le sentiment qu'une page de sa vie était tournée, que l'acte était définitif et unique. Quel âge pouvait-elle avoir ? Seize, dix-sept ans, peut-être.

Ces souvenirs s'estompaient et je revenais à moi. Axella excellait dans l'art de se faire plaisir. Le rôle modeste de porte-pénis dont j'assumais la charge l'exaltait dans cet amour sauvage. Il exigeait toutefois que je fusse sans cesse au garde-à-vous. Pour moi aussi, bien sûr, ce fut un instant de merveille. Mais étais-je vraiment assouvi, même si tout, à chaque instant, fut conclu à la perfection ? Une dimension de l'amour manquait, celle qui sublime.

L'image de témoins indélicats réapparut. N'y avait-il pas des trous dans les cloisons, des micros pour enregistrer, des appareils pour photographier, que dis-je ? des caméras pour éterniser !

Le premier coup de folie de notre mutuelle prise d'assaut passé, je détectai le son saccadé d'une lointaine sonnerie. Oh, surprise ! Son rythme était celui-là même qu'Axella m'imposait. Manifestement, elle y était sourde. Bientôt, je compris le mystère. La poire d'appel était coincée entre le matelas et le sommier. Les allées et venues ou, si l'on ose dire, les entrées et les sorties, étaient donc dûment enregistrées. Bien sûr, je n'en soufflai mot à ma brûlante partenaire.

Un instant de repos. Juste pour reprendre haleine. La sonnerie s'interrompit. Miraculeusement, à cet instant précis, on cogna à la porte. Bizarre !... Aussitôt, Axella s'enfouit dans les draps. M'arrachant à regret de la couche, je m'approchai sans bruit de la porte. Un maître d'hôtel nous apportait une bouteille de champagne. Or, je n'avais rien commandé.

À l'excessif respect qu'il me témoignait, je compris la comédie. Le comique le disputait à la sympathie. Peut-être même à l'envie. En grande pompe, il déposa la bouteille, l'ouvrit et nous versa deux coupes. Il s'inclina vers nous et non sans ambiguïté, déclara :

– Madame est servie !

Intrigué, je m'emparai d'un charmant bristol déposé sur le plateau et je lus : « Avec les félicitations de la Direction. »

À peine eûmes-nous le temps de déguster le précieux nectar. Le temps, hélas, était venu de se lever et de nous préparer. Le processus inverse de l'arrivée, exaltation en moins, fut beaucoup plus long. La mélancolie s'emparait de nous. Tous deux enfin prêts, Axella me saisit et se blottit contre ma poitrine. Lentement, elle leva vers moi son regard éploré. Ses beaux yeux étaient embués de larmes. Il était si facile d'y lire sa détresse, sa tendresse, sa reconnaissance peut-être. Elle s'était donnée d'autant plus généreusement qu'elle souhaitait, sans le dire, mais je le devinais, que notre rencontre restât sans lendemain.

Axella, comme devant un monarque, gagna lentement la porte à reculons et s'enfuit sans me laisser d'adresse.

***

Rapidement, je quittai Paris pour rejoindre mon unité dans les Alpes. Une nouvelle extraordinaire pour nous, combattant aux frontières, nous parvint lors de ce cantonnement près de Duingt. Le Général de Gaulle (nous étions fin 1944) avait décidé de passer en revue les divisions alpines engagées sur le front des Alpes. Celles tout au moins susceptibles d'être retirées sans mettre en danger la défense des zones de combat. L'honneur échut à ma 2e compagnie d'être déléguée pour se rendre sur la pelouse du Pâquier à Annecy, en bordure du lac.

Le Général, passant devant mon unité, marqua un temps d'arrêt et me dévisagea. On lui avait glissé à l'oreille : mon Général, voici une compagnie composée de communistes venus de nombreux pays : Espagne, France, Pologne, des joyeux, quoi !…

Comment pouvoir deviner à cet instant que ma vie basculerait plus tard grâce à cet homme ?

– Vraiment, dit-il. Sont-ils meilleurs que les autres ?

– Plus motivés ! lui fut-il répondu.

Et il passa son chemin…

***

Noël approchait. Cette fête n'avait aucun sens pour ces jeunes, étrangers à toute religion. Tout de même, c'était la fête. Laïque, bien sûr. Pour la circonstance, j'avais invité l'abbé Folliet, l'aumônier du bataillon, à venir célébrer la messe dans la chapelle. Cet abbé était un saint. Pour lui, l'unité communiste de haute montagne était sa « compagnie bien-aimée ». Tous les PA (point d'appui) avaient été allégés pour permettre au plus grand nombre d'assister à la messe de minuit. Les Allemands, sur les arêtes nous surplombant, n'utilisèrent ce soir-là ni mortiers, ni bazookas, ni armes à lunette. Un accord implicite établissait une trêve pour ce Noël dans la neige, le froid et l'altitude.

À tous ces athées « bouffant » du curé en temps ordinaire, l'abbé Folliet réussit à faire chanter *Le Divin Enfant.* Si le sens leur était inconnu, ils suivaient l'air proposé par l'harmonium tenu par l'un de nos aristos.

Ils écoutèrent, ébahis, le curé leur faire un discours. Le sermon, puisqu'il s'agissait bien de cela, devait éviter toute allusion trop directe aux Évangiles pour ne pas gêner ces « fidèles » inhabituels. Ce fut une homélie exaltant la morale des combattants. Aujourd'hui encore, j'en ai retenu les phrases essentielles :

« Vous ici, mes amis de la montagne, mes compagnons de guerre, sachez que nous défendons, les armes à la main, une cause aussi noble que l'est notre propre vie. Hommes de Dieu, qui que nous soyons, croyants ou incroyants, nous luttons jusqu'à la mort pour sauver nos valeurs essentielles. Sans la liberté, les hommes perdent leur âme, régressent dans leur évolution, s'abêtissent jusqu'à devenir des animaux. Dans la coercition, l'oppression, il n'y a plus d'inventions, de créations. L'esprit est ailleurs, mobilisé par la survie de nos corps et la peur du lendemain.

« De bouche à oreille, on nous dit que des camps verraient des exactions inacceptables, des actes de barbarie, des disparitions inexplicables. L'homme doit être respecté. Quel qu'il soit. Y compris les juifs, dont la chasse a été ouverte. N'oublions pas que Jésus était le plus grand d'entre eux. Y compris les communistes dont l'idéal leur est propre et les conduit aujourd'hui à combattre jusqu'à la mort le nazisme.

« En cette nuit de Noël, nous pensons aux familles désunies, détruites à jamais dans ce camp comme dans l'autre. De cette guerre que nous gagnerons, car Dieu est avec nous, doit resurgir un homme fraternel meilleur qu'avant.

« Mon Dieu, je vous en prie,

« Que la paix soit avec vous et avec tous,

« Ainsi soit-il ! »

Plusieurs guerriers de la montagne crurent normal d'applaudir. Certains assistaient pour la première fois à une messe. D'autres n'étaient jamais entrés auparavant dans une église. Tous ne savaient pas qu'un sermon devait au contraire s'achever par un temps de piété. Qu'importe ! L'adhésion et l'élan étaient là.

Médusés, ils observaient le prêtre contemplant le toit en leur exhibant une pastille jaune ressemblant à une pièce de quarante sous. Il l'offrait à la ronde. Mais personne n'en voulut.

Sur un geste d'invite de l'officiant, les mercenaires tirèrent le cordon de la cloche. Un joyeux moment de détente, en somme.

La messe terminée, ce fut la ruée vers le portail. Dans cette perspective, j'avais prévu un vin chaud à la cannelle, accompagné de petits gâteaux prélevés dans les rations américaines reçues depuis peu. Dans le ciel étincelaient des milliers d'étoiles. Elles nous regardaient. Le froid était vif, aux alentours de - 20°C ou de - 30°C.

Quelques jours plus tard, lors d'une reconnaissance aux abords du roc Noir, l'abbé Folliet fut tué.

***

Comment ne me souviendrais-je pas de ce cimetière du petit village de Villaroger, près de Sainte-Foy-Tarentaise ? Le seul emplacement disponible pour rassembler les deux cent cinquante hommes de la compagnie. La reddition allemande de 1945 nous avait surpris en ce lieu que j'avais choisi comme camp de base pour la prise d'assaut du col du Mont, seul endroit sur la frontière dont les Allemands avaient gardé le contrôle. À la fin des hostilités, mes chers mercenaires allaient rejoindre les unités d'occupation en Autriche. Cette mission de paix n'était plus, dès lors, mon devoir.

Le moment était venu de haranguer mes troupes. M'adressant à tous ces jeunes de vingt à vingt-cinq ans, j'adoptai un ton ferme et décidé, celui d'un chef de guérilleros devenu le commandant de compagnie d'une armée régulière. Certains messages sont restés imprimes dans ma mémoire et dans mon cœur : « Un destin d'homme meilleur vous attend », « La liberté, en justifiant votre vie, vous apporte au surplus la chance de vous accomplir », « Les événements auxquels vous pouvez être fiers d'avoir contribué constitueront un grand tremblement dans notre histoire. Bien sûr, j'évoque ceux qui parmi nous, nos frères d'armes, ont disparu. Grâce à vous et à eux, nous connaîtrons un renouveau pour notre pays. » Et enfin, avant de nous disperser et de nous séparer, à jamais sans doute, j'ajoutai : « Sur cette terre que nous avons reconquise avec notre sang, il faudra, avec la même foi, reconstruire sur ces débris fumants et avec nos cœurs blessés une France ressuscitée. »

À mes paroles, ils avaient compris combien ma gratitude était profonde. De bout en bout de nos aventures communes, ils m'avaient suivi et fait confiance. Surtout, ils avaient bien servi leur idéal. Il leur appartenait, dès maintenant, d'organiser leur vie et de refondre le pays. Ce furent là mes adieux.

La 2e compagnie, « la seconde d'aucune », puisque telle était sa devise, embarqua peu après par un train spécial en gare de Bourg-Saint-Maurice. Le temps était gris, les quais vides. Les wagons envahis par mes « chasseurs », enchantés à la perspective de découvrir un autre pays de montagne, la roulante (la cuisine de campagne), les pièces de mitrailleuse et de mortier… allaient partir. Alors que le train déjà s'éloignait, tous ces hommes, sans trop de foi et sans excès de loi, se précipitèrent pourtant aux fenêtres pour me faire une ovation. Ils agitaient des petits drapeaux, des fanions, ou exhibaient leurs propres armes. Je redoutai qu'ils ne tirassent des coups en l'air pour me faire davantage honneur.

Les suffoquements de la machine à vapeur, le choc des roues lors des changements de rails, les vociférations de tous ces hommes s'atténuèrent à mesure de leur éloignement. Bientôt, je me trouvai seul, interdit et frappé de stupeur. Mon cœur attaché aux aventures passées me quittait aussi. Sous mon béret alpin débordant mon visage et mon ample cape de loden bleu marine battue par le vent, soudain le froid me saisit. Il m'est difficile de l'avouer, mais je crois avoir versé quelques larmes. Une page mémorable de ma vie était tournée à l'instant. Ces adieux à mes chers francs-tireurs se révélèrent bel et bien définitifs. Tous s'en furent en Autriche. Peu après, ils se portèrent volontaires pour l'Indochine. Ils n'en revinrent jamais. Est-ce le destin des têtes brûlées ?

***

Je pensais sincèrement que les peuples germanique et français étaient faits pour s'entendre. Vingt-cinq ans plus tard, j'œuvrais aux côtés du Général de Gaulle pour la réconciliation entre nos deux pays. Mieux, en créant l'Office franco-allemand pour la jeunesse, dont l'action de rapprochement fraternel se poursuit encore aujourd'hui. Bref, cette foi dans la liberté sacrée des êtres vivants me poussait à combattre, les armes à la main et au péril de ma vie, tout régime et toute idéologie attentant à la dignité humaine. J'étais convaincu que nos valeurs de civilisation, la création culturelle, le vrai progrès ne pouvaient que s'épanouir dans la liberté.

8. VERS L'ANNAPURNA

1945. Je rentrai à Paris où je trouvai un emploi dans la firme industrielle Kléber-Colombes. Ce groupe international fabriquait des pneus et des articles en caoutchouc industriel.

Les débuts furent homériques. Au sortir de la guerre, la gestion était redevenue artisanale. L'informatique était inconnue mais nous disposions de machines électrocomptables. Affecté au service commercial, il me fut confié la haute tâche de faire des trous dans des fiches cartonnées aux endroits convenus, en sorte que les rapports des ingénieurs commerciaux, au retour de leurs voyages, fussent synthétisés. Empilées les unes sur les autres, elles passaient avec un bruit d'enfer dans une énorme bécane ressemblant à une moissonneuse-batteuse. Ainsi, grâce à mes trous, on consignait toutes les données utiles sur les revendeurs, clients visités par les représentants. Certes, on ne savait pas pour autant s'ils s'adonnaient au football, s'ils chantaient, buvaient ou connaissaient la belle… mais c'était tout juste.

Depuis huit jours déjà, je poinçonnais à perdre haleine, lisais en diagonale les rapports de mission. Entre les fiches s'additionnant à des hauteurs himalayennes et la bruyante mécanique, je m'interrompis quelques instants. Une vieille dame, Mme Frébourg, mon chef, me regarda, compatissante.

– Vous préfériez la guerre à la paix ? Là-bas, là-haut, vous aviez la gloire !

– Oui !... Non ! C'est-à-dire, madame... Ici, la tâche est humble. Cela me change. C'est dur, madame.

– Je le vois, je le sais. Mais il le fallait. Vis-à-vis des autres, de vous-même aussi. Un noviciat de quelques jours vous accrédite auprès de vos futurs collègues. Sans cela, vous leur feriez peur. Capitaine chef de compagnie, décoré de la croix de guerre alors qu'ils n'ont rien fait, donc rien eu...

– Oui, mais la société a travaillé pour la France. Tout au moins si j'en juge par les certificats de reconnaissance signés par les Alliés et placardés sur tous les murs.

– Hélas, cher monsieur Herzog, nous avons travaillé pour l'Allemagne. La production était requise et vos collègues aussi.

– Alors, je les gêne ! Mais pourquoi ces diplômes ?

– Ça les libère. Ils finissent par avoir bonne conscience. Monsieur Herzog, vous êtes une aubaine pour eux. Ils s'en rendent compte maintenant malgré leur jalousie rentrée et leurs convictions heurtées.

– Mon expérience professionnelle est nulle.

– Aucune importance pour l'instant. Là n'est pas le problème. L'important, c'est que vous les dédouaniez vis-à-vis du nouveau pouvoir. Alors, cher monsieur Herzog, soyez prudent. Ils craignent que vous ne leur fassiez la morale. Êtes-vous prêt à donner des leçons de chimie organique aux sessions de représentants ? Ils ne savent pas ce qu'est leur matière première, le caoutchouc, même s'il est de plus en plus synthétique. Votre premier cours est dans trois jours.

Quelques mois plus tard, je devins responsable commercial de la région Sud-Est. Puis j'enchaînai deux ou trois ans après sur la création d'une usine de plastique cellulaire basée sur des brevets allemands – retour à bonne fortune ! – dont on se servait beaucoup dans la marine de guerre pour bourrer les cales et rendre ainsi les bateaux insubmersibles.

***

L'année 1950 approchait. L'expédition de l'Annapurna s'organisait dans la discrétion que suscite la banalité. L'indifférence de mes collègues de travail à cet égard était totale. Pour eux, l'Himalaya n'était qu'un mythe. Comme s'il s'agissait d'explorer la Lune. Et encore. Ils vivaient dans un monde lilliputien. Donc, je restais discret.

Durant mon initiation industrielle, tout au moins dans les débuts, la disparition du danger créait en moi un état de manque. Prisonnier d'horaires réguliers, je devais m'imposer ce que Jackie Kennedy appelait le statut de *corporate man*. Heureusement, le vendredi soir, je prenais le train pour Chamonix et arrivais tôt le matin. Immédiatement j'enchaînais sur la montée dans un refuge. Avant l'aube, j'escaladais rocs et glaces pour être à temps au pied des faces immenses me surplombant, des arêtes effilées coupant le ciel ou des couloirs sinistres habités encore par la pénombre.

Le lundi matin, j'étais au bureau. Je gardais ces escapades secrètes. Les collègues furent donc très surpris, plus tard, à la fin de 1949, d'apprendre que j'organisais effectivement une expédition dans l'Himalaya.

En parallèle, je fréquentais, grâce à mon amie Gisèle Boyer, un petit cercle de copains que nous baptisâmes « le groupe Béarno », du nom d'un hôtel-restaurant sis rue Bayard à Paris. Fréquentaient ces lieux des artistes du show-biz, des hommes des médias, des écrivains... qui n'étaient pas sans me rappeler les *Scènes de la vie de Bohème* de Murger. Tous avaient des talents prometteurs. Aucun ne disposait d'un sou vaillant. J'étais le seul à avoir des revenus réguliers, d'ailleurs fort modestes. Le petit café que je leur offrais de temps à autre sur le coin du zinc, ma foi, ne se refusait pas.

Beaucoup connurent plus tard la célébrité et l'aisance. Le guérillero que j'étais, faisant irruption dans ce milieu souvent comique mais parfois désespéré, était comme E.T.

atterrissant parmi les hommes. La plupart d'entre eux étaient déjà de mes connaissances. Leurs personnalités différentes apportaient à chacune de nos rencontres une saveur particulière.

Ainsi le cœur d'Édith Piaf, haute comme trois pommes, allait au-devant des autres. À Gisèle ainsi qu'à moi-même, elle nous disait : « Soyez heureux, mes amours ! » Grand, parfois dégingandé, Yves Montand, toujours goguenard, adorait convaincre. Et il savait le faire ! La perception que j'avais d'Alain Bombard, un peu rondouillard, l'œil malin et globuleux, était celle d'un homme d'une remarquable convivialité. Ce que j'admirais le plus en lui était qu'il fût retourné sur son zodiac – appelé depuis cette fameuse aventure « bombard » – après avoir failli renoncer sur le paquebot l'ayant recueilli. Car il s'en était fallu de peu qu'il interrompe son aventure. Décidé et entreprenant, tel m'apparaissait Haroun Tazieff. Son accent d'Europe centrale le rendait encore plus mordant et persuasif. Il était certes passionné de volcanologie, mais ce qui l'animait était sa passion du rugby. La gouaille de Robert Lamoureux était populaire parmi nous. Il avait toujours un coup à nous raconter. Il parlait avec les mains et jouait avec les yeux. Ses histoires étaient impayables. Par la suite, il ne fit que les répéter au grand public : papa, maman, la bonne et moi. C'était son langage. À l'époque, Georges de Caunes était un des plus grands noms de la radio. Sa popularité était aussi immense que son talent et son cœur. À mon retour de l'Annapurna, il était là, à Orly, pour m'accueillir sous prétexte de recueillir ma première déclaration. Ému par mon drame et sachant que je n'avais pas un sou alors que j'étais déclaré « héros national n° 1 », il réalisa, dans la clinique bien modeste de Vaugirard où j'avais échoué, une série d'émissions qui m'apportèrent par bonheur quelques mois de subsistance. Mais l'âme du groupe était Gisèle. Personne ne connaissait son passé. On disait qu'elle avait été danseuse dans une troupe de music-hall. Personne n'était aussi peu bourgeois qu'elle. Elle n'avait peur de rien. Seule la souffrance corporelle lui était insupportable. Très célèbre, elle régnait alors sur les ondes. Ses commentaires, ses critiques ou ses éloges assuraient le succès d'un spectacle, d'un livre ou d'un homme comme ils en provoquaient la déroute. Nos différences nous rapprochaient. Sa sensibilité extrême allait de pair avec ses réactions verbales qui fusaient, faisant d'elle un redoutable – et redouté – adversaire. Nos relations étaient aussi originales que profondes. Jamais elle ne put imaginer combien son soutien et son affection me furent précieux et me sortirent de l'eau.

Souvent, le soir, mes cours terminés, je les croisais tous dans de hauts lieux – ou des bas-fonds – devenus célèbres. Au moins à cette époque. Et après les spectacles, nous nous retrouvions à La Malène ou Chez Lipp.

Devant l'étonnement amusé et quelque peu moqueur de ces garçons et de ces filles, je commençais à préparer l'expédition de l'Annapurna.

***

À l'époque, en 1950, ce fut une grande première. Le Népal, royaume himalayen, était interdit aux étrangers depuis toujours. Jamais auparavant des Occidentaux n'avaient reçu la permission d'y pénétrer. Ainsi, jalousement gardées à l'abri des regards impurs, les plus hautes montagnes du monde s'y trouvaient rassemblées. Les géants de la terre veillaient sur les hommes, telles des sentinelles postées là pour l'éternité. En ce temps-là, notre planète avait pourtant été explorée. Ses pôles, ses fonds sous-marins, ses déserts, ses jungles avaient été déjà parcourus en tous sens par les hommes. Seuls ces sommets vertigineux demeuraient vierges comme s'ils étaient sacrés. Le défi n'en était que plus exaltant. Aussi, redevenu chef de commando, je motivai mes compagnons afin de leur conférer la même dynamique qu'auparavant. Il nous fallait jeter nos forces vives dans cette nouvelle bataille et attaquer littéralement la cime. L'expérience vécue avec mes jeunes communistes et les réflexes acquis auprès d'eux servirent grandement à la création de l'esprit d'équipe. Le succès était loin d'être acquis avec ces alpinistes de grand renom, mais qui n'étaient pas des anges. Coûte que coûte, il leur fallait la bagarre.

Quelques semaines après notre départ au pied de l'Himalaya, je cherchais des yeux l'objectif de notre expédition. En vain. Pourtant, j'avais scruté l'horizon.

– Plus haut, hurla Ichac.

– Je ne distingue rien, répondis-je un peu penaud.

– Encore plus haut. Tu as les yeux bouchés ?

Tout à coup, en relevant complètement la tête, comme je l'aurais fait pour apercevoir les étoiles, je découvris les maîtres de la terre. Ce fut un instant de grâce. Au-dessus des brumes, étincelaient les glaces du Dhaulagiri et de l'Annapurna, les grands de l'Himalaya. L'émotion me saisit. Contempler, n'est-ce pas déjà conquérir ?

Pourquoi l'image de cette superbe Tibétaine rencontrée dans sa maison de Tinigaon m'assaillit-elle en ces instants ?

En route pour une reconnaissance début mai sur les flancs nord de ce que nous supposions être l'Annapurna, nous avions dû faire étape dans ce village reculé. Sa pauvreté était confondante. Pourtant, la population en liesse nous avait accueillis, Gaston Rebuffat, Marcel Ichac, Panzi, notre sherpa cuistot, et moi-même, avec enthousiasme. Là, les habitants n'avaient jamais vu d'Occidentaux. Leur curiosité était si aiguisée qu'ils tentaient de nous toucher, de nous haranguer, dans un langage évidemment incompréhensible. Le *suba*, c'est-à-dire le maire, tenait à nous recevoir chez lui. Bientôt nous nous retrouvâmes dans sa maison où la salle commune était, dans un grand brouhaha, remplie de ses concitoyens. Le thé au beurre rance nous fut généreusement offert. Si nous ne le buvions pas, c'était un manquement aux usages, pour ne pas dire une offense. Si nous le buvions, nos tasses étaient immédiatement réapprovisionnées. Au bout d'un temps, las de ces politesses réitérées, mes camarades emmenés par Panzi portèrent leur charge dans une sorte de grenier où nous devions passer la nuit.

– Tu es le chef, me dit Matha (Marcel Ichac), il t'appartient de respecter le protocole. En notre nom à tous, bien sûr. N'abuse pas de ce thé !

– Vous m'abandonnez. Merci. Préparez-moi, au moins, le cantonnement.

Ils quittèrent les lieux. Peu à peu, les villageois rejoignirent leurs quartiers. En toute discrétion, les hommes et les femmes, un à un, sans prendre congé, s'éclipsèrent. Finalement, seule resta avec moi la maîtresse des lieux ou supposée telle. À l'évidence, elle était la plus belle de toute la gent féminine de la région. Plus grande et plus élancée que les autres, le teint cuivré sans traces de bouse de vache. Ces excréments, comme on le sait, sacralisent ceux qui s'en enduisent le visage. Les yeux légèrement bridés et le sourire éclatant, elle ne semblait aucunement gênée de se retrouver seule dans sa maison avec un inconnu, même de haut rang. Tout d'un coup, je réalisai que j'étais la victime désignée d'un agréable guet-apens.

Dans les traditions tibétaines, il est de bon ton d'honorer l'hôte étranger en lui offrant ce qu'on a de plus précieux au monde et de plus intime, à savoir sa propre épouse. À défaut, sa sœur ou l'une de ses proches. La jalousie est hors de mise puisqu'elle signifierait instinct de propriété. Est-il concevable qu'un être humain s'en approprie un autre ? D'ailleurs, nombre de femmes tibétaines sont mariées avec plusieurs hommes, le plus souvent des frères. Dans ce pays du Népal, il y a donc une ligne de démarcation invisible, parallèle à la frontière nord, en deçà de laquelle règne la polygamie, et au-delà la polyandrie. Devais-je céder à de tels honneurs ?

***

À l'aube du jour suivant, notre petite colonne s'ébranla en direction du col de Tilicho. Il était censé ouvrir l'accès au sanctuaire nord de l'Annapurna. Aux confins d'un haut lieu du bouddhisme, Muktinath, où brûle la flamme éternelle de la foi, nous nous élevâmes rapidement, malgré nos lourdes charges, vers ce fameux col avec de l'espoir plein le cœur. Las, en y aboutissant, nous constatâmes que nous étions séparés du bassin nord de notre montagne par une immense barrière de glace flirtant avec les 7 000 mètres. En lieu et place d'un passage facile pour bêtes de somme, comme l'indiquait la seule carte d'origine indienne dont nous disposions.

Sans doute la clé se trouvait-elle au-delà de cette chaîne ? Il nous fallait donc poursuivre coûte que coûte notre course, traverser un grand lac glacé aux environs de 5 500 mètres, puis redescendre dans une autre vallée au cas où elle serait le débouché de ce sanctuaire nord si recherché.

Bref, je me retrouvai rapidement 2 000 mètres plus bas dans le village de Manang où je poursuivis mon enquête. Hélas, elle fut négative. Dans cette bourgade si pauvre, rien ne pouvait être acquis pour se nourrir. Dans nos sacs, il n'y avait plus rien et il fallait remonter de 2 000 à 2 500 mètres pour retrouver mes compagnons sur le bord du lac de Tilicho.

Avant que je ne quitte les lieux, les villageois rassemblés me proposèrent une femme pour cinq roupies, puis un homme pour dix et enfin un jeune homme du nom de Bibi pour quinze. Par malheur, mon choix était déjà fait. Au plus beau garçon de la terre, je préférais en effet un poulet. Il n'y eut, hélas ! ni l'un ni l'autre ! Remonter 2 000 mètres de dénivellation à ces altitudes avec le ventre creux était un exploit. Y arriverais-je ? Encore maintenant, ce retour reste comme un cauchemar dans mon souvenir. Seul, les autres étant passés par un autre col, je grimpai en titubant, glissai dans un torrent d'eau glacée, me couchai pour reprendre quelque force et finis par ramper ou marcher à quatre pattes.

Marcel Ichac, avec ses jumelles, scrutait non sans inquiétude les abords du col. M'ayant repéré, il se précipita à mon secours avec sherpa et porteurs. La fatigue et la faim eurent raison de moi à l'instant même où ils me sauvèrent. Dans leurs bras, je tombai dans les pommes. Porté plus qu'entraîné, je ne repris mes esprits qu'au bivouac où je fus entièrement pris en charge par mes amis.

Dès le lendemain, nous levâmes le camp. Sans tarder, nous retournâmes à notre QG de Tukucha.

– Alors ? crièrent de loin mes camarades d'un ton quelque peu goguenard.

– L'Annapurna, ça existe ? questionnèrent-ils tandis que que nous arrivions à portée de voix.

– Malheureusement, dis-je piteusement.

– Oui, triomphèrent-ils, ça existe. On l'a trouvé !

9. REVIVRE

C'est sur ce coup de cœur que je sortis de mon inconscience dans ma chambre d'hôpital. Cloîtré dans mon plâtre, seul mon regard pouvait s'en échapper. Condamné à l'immobilité absolue pour ne pas découdre les greffes, j'en étais réduit aux fonctions les plus sommaires. Paradoxalement, mon esprit semblait plus libre que jamais. Mais quoi qu'il en fût, mon intégrité physique n'était plus. Personne ne pouvait m'assurer que mes pieds et mes mains, réduits de moitié, pourraient un jour de nouveau fonctionner. Abandonné au désespoir, j'avais déjà fait une croix sur ma vie d'homme. Il ne me restait plus, à terme, qu'à disparaître. Avec dignité.

Tout au moins l'imaginais-je ainsi.

Les visites m'épuisaient malgré les mesures de protection imposées par Irène Kravchenko, l'infirmière-chef, responsable de l'étage. Elles étaient limitées à cinq minutes. Un tour de rôle était organisé. Derrière ses sourires ravissants, son joli visage aux yeux bleus encadré par des cheveux blonds, se cachait une volonté inflexible. Il n'était pas question de tergiverser avec elle. Pour éviter toute agression morale excessive, elle avait interdit les visites de journalistes, de photographes et d'officiels.

Néanmoins, certains ou certaines réussissaient à se glisser au travers des mailles du filet.

Ces intrusions dans ma retraite m'épuisaient psychologiquement. Ma chambre n'était pas un confessionnal et je n'étais ni un mage, ni un directeur de conscience, ni la Pythie. Tout retentissait en moi. Les plaintes de chacun résonnaient en mille échos démesurément amplifiés. Devant la souffrance des autres, ma misère disparaissait. Devais-je remonter le moral de tous ces gens à la dérive ? Irène sentait parfaitement mes états d'âme.

– Vous n'êtes pas seulement blessé. Vous êtes malade.

– Malade ?

– Oui, de là, me dit-elle en se tapotant la tête. Tout se tient ici ! C'est le mental qui est atteint. Le reste ira bien.

– En dépendant toujours des autres ? Même assisté par ceux qui m'entourent et peut-être m'aiment ? Surtout ceux-là. La bonté d'âme, la charité, les BA... Non, je ne pourrai pas le supporter. Être un homme, Irène, c'est s'assumer. Sinon, c'est abdiquer. C'est trahir ce que nous possédons de plus sacré, la liberté. Sans indépendance, il n'est pas de véritable existence. Regardez, dis-je en désignant le plâtre qui m'enveloppait comme une momie, regardez mes quatre membres amputés de leurs extrémités ! Je suis un homme-tronc. Me voyez-vous marié, avoir des enfants, exercer un métier, me déplacer dans les lieux publics ? Mesurez mon état, je vous en prie. Une chaise roulante ? Impossible, il faut des mains ! Sans elles, je serai un être inutile. Et ce qui est inutile est éphémère. J'aurais préféré mourir là-haut.

– Vous devriez songer à un but. Il faut générer une motivation et canaliser votre énergie.

– Un but ? Lequel, mon Dieu ? Lire ? Est-ce votre suggestion ?

À la veille du départ j'avais décidé d'emporter quatre livres : la Bible, les *Pensées* de Pascal, Rabindranath Tagore, le *Bouddha* de J. Bacot. Au dernier moment, j'y avais ajouté un ouvrage de mathématiques bourré de problèmes, de Jacques Hadamard... Lire est un enrichissement. Mais, à présent, c'était pour moi un exploit sans cesse renouvelé. Je ne pouvais tourner les pages. Avec ces énormes pansements, il me fallait persévérer jusqu'à dix minutes pour y parvenir. Rien que pour cette tâche mineure, il me faudrait un esclave.

– Pourquoi ne pas écrire ? suggéra Irène.

– Vous plaisantez ? Et mes mains ?

– Vous pourriez dicter un livre. Votre livre. Votre vie. Votre mort. Une nouvelle vie. N'est-ce pas le sujet ? Vous devez le faire. Vous le ferez !

***

Jour après jour et durant des mois et des mois, je confiai donc mes souvenirs à Nicole, ma secrétaire. Tous les matins, discrètement, elle s'installait à côté de mon lit et contre mon plâtre, pour prendre en sténo. L'après-midi, à son bureau, elle tapait le texte. Il me revenait de corriger celui de la veille comme je le pouvais, c'est-à-dire bien maladroitement. Pour y arriver, je me fis attacher, avec des bandes Velpeau, un stylo à bille autour de mon poignet. Le seul texte d'ailleurs vraiment écrit de ma main fut l'avant-propos. Comme les cordes d'une viole, Nicole pleurait ou riait avec moi, selon le cas. Tout revivait dans la douleur ou dans l'enthousiasme. Le récit sortait de mes tripes. Profondément impressionnée et marquée par ces émotions parfois violentes, elle m'annonça, après le point final, que sa mission étant achevée, elle entrait dans l'ordre des dominicaines des campagnes sous le nom de sœur Marie-Isaïe.

Dès le lancement, le livre eut un succès immense. Traduit dans presque toutes les langues, son tirage global est évalué aujourd'hui à plus de vingt millions d'exemplaires. Empilés les uns sur les autres, ils dépasseraient la hauteur de plusieurs dizaines d'Annapurna. Pendant près d'un an, ce livre se trouva en tête de liste des ouvrages documentaires publiée dans les journaux chaque semaine. Bien que non éternel, lui, son tirage fut néanmoins classé aux États-Unis avant celui de la Bible pendant six mois.

Dans ce récit à la première personne, je tentais d'exprimer du mieux que je pouvais et aussi objectivement que possible la vie d'une poignée d'hommes confrontés à un destin où rien ne leur avait été épargné.

Cette aventure n'était pas seulement la mienne. Les droits d'auteur, équivalents à vingt millions d'euros d'aujourd'hui, allèrent, comme convenu, au Comité de l'Himalaya.

Avoir touché au fond de la misère humaine, avoir été marqué, à tout jamais, par une incursion dans l'au-delà, être pour toujours diminué par mes infériorités physiques avec lesquelles il me faudrait dorénavant vivre, et, dans le même temps, être cité, à tort ou à raison, comme un exemple, générait en moi, par touches successives, un profil différent. De la sorte, je façonnais graduellement un autre moi-même. C'était un peu comme si j'avais brisé, à la manière d'un poussin, une coquille dont j'essayais de m'extirper. Jour après jour, et ce, en fait, depuis le bois de Lété, je m'installais dans une autre carcasse. Les jugements que je portais sur la vie et les événements étaient plus nuancés qu'auparavant. La souffrance des hommes m'inspirait une compassion que je n'avais pas éprouvée jusqu'alors. À cette époque, je méditais déjà sur une réflexion de l'avant-propos de mon livre *Annapurna, premier 8 000* que l'on m'a souvent resservie depuis : il vaut mieux être vrai qu'être fort. Cette conviction nouvelle constituait une rupture nette par rapport à ma personnalité antérieure.

***

La série d'opérations visant à greffer les quatre extrémités se terminait. Un jour, Irène entra dans ma chambre.

– Le temps est magnifique. Vous allez bientôt sortir, monsieur Herzog. Le professeur est très satisfait. Les greffes cicatrisent parfaitement. Pour préparer votre départ, il faut que vous puissiez marcher.

– Déjà ? Mais c'est trop neuf, tout cela, m'étonnai-je en montrant mes mains et mes pieds encore enfouis dans des pansements volumineux. Les fils vont casser.

– Essayez, monsieur Herzog, je vous en prie.

– Les jambes ne vont pas me supporter. Depuis plus d'un an, je ne marche plus. J'ai le trac, Irène. La tête me tourne en prenant la position verticale. Vous ne pouvez pas m'aider toute seule.

Elle appela mes deux infirmières préférées. Bubble, ma chère Anglaise si blonde, et Linda la brune Irlandaise, ma *memsahib*, puisqu'elle avait servi aux Indes.

– Vous allez voir, tout ira beaucoup mieux.

Elle se moquait de moi, naturellement. En s'adressant aux nurses, elle les conseilla.

– Mesdemoiselles, soutenez, je vous prie, ce soi-disant infirme. Lancez-vous !

Je pris le cou de Bubble et de Linda, mais je ne sentais pas le sol. Bizarrement, je pédalais. À ce moment précis survint mon chirurgien, le Pr Merle d'Aubigné. Il était lui-même alpiniste.

– Maurice, vous faites la « belle » ? Comique et ridicule ! Un homme tel que vous, suspendu au cou de deux infirmières, et – en se tournant vers elles – comme par hasard ravissantes. Vous n'êtes pas sérieux !

– Sans elles, je tomberais, répliquai-je pour me justifier.

– Vous devez, je le répète, vous devez marcher seul. C'est dur, mais il le faut.

– Avec des béquilles, une canne ?

– Je vous interdis les béquilles et la canne.

– Je vais boiter. Les deux pieds sont inégaux.

– Je vous in-ter-dis de boiter. Ne boitent que ceux qui n'ont pas de volonté.

– Je ne sens pas le contact avec le sol. De plus, je n'ai aucun équilibre.

– Là, vous avez raison. Vous allez réapprendre à marcher dans un trotteur, comme les enfants. En voici un, justement. Il y a une sangle pour vous soutenir au début. De plus il y a des roulettes. Vous tiendrez le rebord…

– Sans mains ?

– Un appui suffit. Essayez. Sans ces charmantes jeunes filles. Dites-vous toujours : je ne boite pas, car je le veux. Par la suite, nous verrons les gestes quotidiens de la vie pratique.

Il me faudra plusieurs mois pour reconquérir partiellement mon autonomie physique et, notamment, réapprendre à marcher. Mais, désormais, la haute montagne himalayenne m'était interdite. L'Annapurna se vengeait ainsi de celui qui l'avait vaincu. On imagine mal, en effet, les innombrables étapes que j'ai dû franchir par la suite pour être de nouveau capable de tout faire seul. Bref, pour être indépendant. Quel bonheur de pouvoir remporter sans cesse des victoires, même parfois les plus modestes ! Que ce témoignage soit un espoir pour tous ceux qui sont meurtris dans leur corps. Pour réapprendre à marcher, il a fallu que je m'observe dans de grands miroirs. Certes, je ne boitais plus, mais j'avançais plié en deux. Marcher sur les talons condamne par compensation à se pencher en avant. Artificiellement, je l'avoue, je m'obligeais à contrefaire ma démarche et à paraître comme tout le monde.

Plusieurs étapes marquèrent cette reconquête de ma souveraineté.

Je me souviendrai toujours de notre retour à Chamonix. Retrouvant nos montagnes, sa famille et ses copains, Louis Lachenal était meurtri par ses infirmités. Sans cesse il se lamentait de ne plus être normal, de ne plus pouvoir faire de la montagne et du ski.

Peu après notre installation, on vint nous extraire du petit hôpital de la ville où tous deux nous partagions la même chambre. Sœur Théophane, originaire de La Roche-sur-Foron, nous chouchoutait l'un et l'autre. Portés par des camarades de montagne sur des civières pompeusement baptisées palanquins, nous nous engouffrâmes dans la foule venue nous acclamer. L'enthousiasme était à son comble et nous nous demandions, Louis et moi, s'il nous fallait feindre des sourires de circonstance ou laisser transparaître notre désespérance. Brandis à bout de bras par nos compagnons de cordée, étions-nous le Saint sacrement ou formions-nous le cortège du dernier adieu ?

À l'entrée de la salle des fêtes, des chasseurs alpins de l'École de haute montagne nous rendirent les honneurs. On nous installa avec précaution à même le sol, pour éviter d'évoquer des cercueils, et nos amis de montagne nous entourèrent. Quelque peu embarrassés, disons-le même un peu gauches, ils se tenaient en retrait. Au premier rang cependant, parmi tous ces visages connus, je voyais celui d'Armand Charlet, le plus célèbre guide de Chamonix. Des larmes coulaient sur ses joues. Ce fut la seule fois dans sa vie. Raymond Lambert, venu de Genève avec nombre d'amis alpinistes de l'Androsace, connaissait, hélas, la musique. Il avait eu lui aussi les pieds gelés aux aiguilles du Diable peu d'années auparavant. Il y avait été surpris par une tempête d'une violence extrême. Deux ans plus tard, en 1952, il avait failli, à cent mètres près, être le premier vainqueur de l'Everest avec Tanzing. Avec abnégation, il avait renoncé au sommet, pourtant si proche du but. S'il n'en avait pas décidé ainsi, il n'en serait pas revenu. Il y aurait eu alors un mystère Lambert comme il y avait eu en 1924 un mystère Mallory à l'Everest, côté tibétain, jamais élucidé depuis.

Louis, impatient, le héla.

– Alors, Raymond, on entre dans le club ?

– Attends, vous n'êtes pas encore intronisés !

– Les preuves sont là, rétorqua immédiatement Louis Lachenal en exhibant ses pieds enrubannés de pansements. Faut-il se mettre à genoux ?

– Non, sur les pointes. Comme une danseuse.

– Ou tu es fou, ou tu exiges l'impossible pour nous refuser au club.

– Regarde bien, lui répondit Raymond.

Sans ambages, il défit ses chaussures, enleva ses chaussettes et découvrit ses épaisses greffes en bout de pied.

– Et alors ! l'interrompit Louis. On sera aussi comme toi après l'hôpital.

– O.K. Mais regarde !

Il se mit à danser sur ses extrémités mutilées. Il y eut un moment d'effroi parmi nous, puis un silence.

– Ce jour-là, écoute bien, Biscante, quand tu en feras autant, tu entreras dans le club. Pas avant !

Biscante avait perdu sa gouaille. Il se tourna vers moi pour me prendre à témoin.

– Tout le monde n'est pas Lambert. Patience ! Maurice et moi nous…

–… renaîtrons de nos cendres, conclus-je. Les pieds plus courts nous faciliteront l'escalade…

– Tu verras, Raymond, reprit Louis, on remarchera et on courra… même les filles !

Tout le monde se mit à rire. Y compris Armand.

Qui donc fut le véritable héros de ces retrouvailles ?

***

Pour marcher, j'avais adopté mes « pieds d'éléphant », comme je les appelais. Il s'agissait de chausses montantes en cuir souple comportant des lacets jusqu'en bas. Avec précaution, j'y plaçais mes pieds encore agrémentés de pansements dans l'attente d'une cicatrisation complète, puis je bouclais le tout. Les mains, plus avancées dans la guérison, nécessitaient cependant des sparadraps.

Par un après-midi ensoleillé, Henry de Ségogne, un ami très cher, mon prédécesseur dans l'Himalaya quatorze ans auparavant, me rendit visite à Saint-Cloud. Il m'emmena vers la forêt de Saint-Germain. Au retour, sans raison apparente, il freina et se rangea le long du trottoir.

– À vous, Maurice ! Prenez le volant !

– Comment, vous êtes fou !

Henry ouvrit sa portière, puis la mienne. Impossible de ne pas céder à cette invite. Installés dans nos sièges respectifs après cet échange, Henry joua la parfaite décontraction. Il bourra sa pipe et, quelque peu étonné, me lança :

– Alors ? Vous démarrez ?

– Henry, avez-vous réalisé que je ne peux serrer le volant qu'avec mes paumes ? Et puis, je ne sens pas les pédales.

– Approchez d'elles. Appuyez. À l'arrêt d'abord.

Un ronflement de moteur se fit entendre. Prudemment, j'en pris la mesure et enclenchai la première vitesse. Le moteur cala. Après la remise en route, je démarrai enfin cahin-caha. La voiture avança en hoquetant. Impassible, Henry, le regard braqué sur l'horizon, fumait sa pipe avec délectation.

– Eh bien, vous voyez, ça marche ! Freinez, redémarrez, faites demi-tour, reculez… C'est parfait. Enfin, j'ai trouvé un chauffeur. Rangez-vous. Bien. À vous seul maintenant.

Il sortit de la voiture.

– Faites un petit tour et vous me reprenez.

Ce qui fut dit fut fait. Avec précaution, je rangeai la voiture à sa hauteur.

– Maurice, vous êtes « lâché » ! Bravo ! Je vous félicite !

– Merci, Henry. J'avais si peur. J'admire votre courage.

– Pas du tout. Je n'en avais pas besoin. C'est simple, Maurice, vous ferez tout ce que les autres font.

Des années plus tard, dans un restaurant parisien, chez Lamazère, je m'excusai auprès de mes invités. Il me fallait me rendre au petit endroit où même le roi ne peut se faire représenter. Pour aller au sous-sol, je devais emprunter un escalier relativement raide. À son entrée restait là, comme interdit, un P.D.G. dont tout le monde connaissait le nom. Il restait figé avant d'aborder les premières marches. Sa canne lui était aussi précieuse que l'ancre d'un navire. S'apprêtant à descendre de la première marche, il s'était mis en travers pour passer de l'une à l'autre. Visiblement inquiet de son aventure, il sollicitait une aide discrète. En m'apercevant, il me confia :

– Ah, monsieur, je suis handicapé !

Il s'apitoyait sur son sort.

– Qu'avez-vous à vos pieds ?

– Jeune, j'ai reçu une presse métallique de plus de cent kilos sur mon pied droit. Tout l'avant a été broyé. Depuis, il me faut une aide permanente pour me déplacer. Les escaliers sont devenus un enfer. En me mettant de côté, à la descente, je les attaque marche après marche.

– Permettez-moi, monsieur, de vous donner quelques conseils.

– Vous ne pouvez vous mettre à ma place.

– Si, hélas, je souffre des mêmes maux. Mais aux deux pieds.

– Vous ? On ne voit rien. Sans canne ni béquille ?

– Mes fausses chaussures dissimulent ce qui manque. Voilà comment je fais pour descendre un escalier. D'abord je place mon talon au bord de la marche. Aussitôt j'enchaîne le mouvement en roulant ma chaussure sur l'arête pour atterrir en souplesse sur le pas suivant. Tenez, voilà ! Essayez ! Sans votre canne !

– Mais, monsieur…

– Essayez, courage !

Il rassembla son énergie et se lança comme s'il voulait franchir le Rubicon.

– Mais, monsieur, c'est merveilleux ! Je n'ai plus à me mettre de côté et à franchir l'obstacle pas à pas.

– Voilà, vous êtes libéré… au moins des escaliers. Qu'il en soit ainsi dans votre vie !

On peut donc marcher, descendre un escalier avec des pieds réduits aux talons. On peut écrire avec des bouts de pouce et d'index, tirer au fusil avec le pouce en arrière, conduire une voiture, piloter un avion, jouer au golf sans doigts avec le grip du base-ball, et sans que personne ne le remarque, user et abuser du velcro, des fermetures Éclair ou des boutons de manchette élastiques.

Selon Alfred Adler, disciple de Sigmund Freud, un être humain avec une infériorité physique est dans un état psychologique différent d'un individu normal. Il est en situation de vigilance permanente. Entièrement mobilisé pour surmonter ses mutilations. L'approche psychique des problèmes matériels et intellectuels est très influencée par le handicap d'origine. Pour parvenir à « paraître normal, comme tout le monde », j'ai exercé ma concentration sur mes points faibles. Il m'a fallu anticiper l'enchaînement de mes gestes. Un mécanisme qui a exigé la mobilisation globale de mes moyens, alors que la plupart des êtres n'utilisent qu'une fraction infime de leurs capacités. C'est la théorie de la redondance. Notre organisme est riche de possibilités inexploitées, et même insoupçonnées. Donc, j'ai appris à compenser, sinon à surcompenser. Cette faculté devenait l'effet d'un processus où mon libre arbitre, je le sentais bien, avait son mot à dire. À la limite, je finissais par piloter la transformation au lieu de la subir, me donnant ainsi rendez-vous avec un autre moi-même, connu et espéré. L'avenir de chacun d'entre nous est conditionné par ses facultés à surmonter l'adversité comme le succès.

***

Le jour de mon départ approchait. Il le fallait, après un an de séjour dans cet Hôpital américain et neuf opérations. Peut-on imaginer que j'appréhendais la liberté retrouvée ? Assisté jusque-là, je devais dès lors m'assumer.

Il était prévu que le président de ma société, Robert Boyer, viendrait me chercher. Pour ce faire, il s'était procuré une immense voiture décapotable comme on en faisait à l'époque, une Lincoln s'il m'en souvient. Il avait peur que je heurte par mégarde les mille et un obstacles encombrant une voiture plus petite.

Henry de Ségogne me donna fraternellement le bras pour franchir la porte d'entrée. Irène, mon infirmière si dévouée, était là bien sûr, attentive et un peu émue. À pas comptés et précautionneusement, nous nous approchions de l'énorme carrosse lorsque j'entendis Irène crier :

– Monsieur Herzog, monsieur Herzog, regardez ! Non, levez les yeux !

Toutes les fenêtres de l'Hôpital américain, une centaine peut-être, s'étaient ouvertes simultanément. Dans l'encadrement de chacune d'entre elles, une infirmière agitait un mouchoir blanc. Irène, auprès de moi, étendait elle aussi le bras et brandissait plus lentement que les autres un mouchoir identique qu'elle agitait non sans tristesse.

– Aujourd'hui, dit-elle en se faisant le porte-parole de toutes ses collègues, nous perdons notre plus grand, notre meilleur malade. Celui que nous admirions et que nous aimions toutes. Le monde vous reprend. Puisse-t-il vous aimer, lui aussi ! Au revoir, monsieur Herzog ! Adieu... Maurice Herzog !

Elle eut de la peine à prononcer les derniers mots. Étendu à l'arrière de la voiture, je tendis mes bras reconnaissants vers elles toutes. Les pansements m'interdisaient tout autre geste de gratitude. Tandis que la voiture démarrait lentement, j'esquissai des baisers dans leur direction.

Sitôt la grille franchie, je fondis en larmes.

10. LE PARADIS DE LA COLOMBE D'OR

La vie reprenait ses droits, et je retrouvai le monde, ma famille, mes proches.

Paule de Beaumont, une amie de longue date, m'invita à l'accompagner dans un cocktail où elle était conviée par Hervé Alphand, à cette époque notre ambassadeur à Washington. Il avait lieu dans un moulin romantique de l'Ile-de-France. Sa grande roue à aubes était animée par l'Eure, une petite rivière à cet endroit, nonchalante et quelque peu nostalgique. Accueilli comme un héros par mes hôtes, je fus présenté, au gré des groupes de convives, à tous les invités. Changeant de rives, se trouvaient encore, ici et là, quelques amis devisant avec gaieté. Plus loin et en dernière position, une jeune femme assise à même le gazon chantait en s'accompagnant d'une guitare. Une petite cour de jeunes gens distingués et, semblait-il, spirituels, l'entourait. Hervé me présenta à la ronde comme l'homme du jour. Non sans une pointe protocolaire ainsi que je le remarquai, il m'annonça le nom de la si charmante jeune femme, Nine de Montesquiou.

– Je devrais dire, corrigea-t-il, madame la duchesse de Montesquiou.

C'est l'un des plus grands noms de France. La lignée des Montesquiou a, depuis le Moyen Âge, c'est-à-dire les

XIIIe et XIVe siècles, contribué à l'histoire même du pays. À cet instant, seule m'importait la rencontre qui m'apparaissait miraculeuse avec cette jeune femme d'environ trente-cinq ans, toute blonde, avec ses boucles ramenées en arrière et retenues par un catogan. Ses yeux d'un bleu soutenu éclairaient son visage. Sa voix était grave et devenait ensorcelante lorsqu'elle chantait. Ce fut un choc. Chez elle, je perçus une certaine agitation. Quant à moi, je bredouillai, fasciné par son regard. Brusquement, et sans motif apparent, elle chaussa ses lunettes noires pour cacher son trouble.

– Avez-vous été blessé ? me demanda-t-elle en remarquant mes pansements sur les mains, et mes pieds d'éléphant.

Manifestement, elle n'était aucunement au courant de mes aventures.

– Oui, en Asie, répondis-je.

– Explorateur ?

– Non, alpiniste. C'est toute une histoire. Je l'ai racontée dans un livre.

– Vous avez publié ?

– Oui, et ce soir même je présente le film de nos aventures avec mes compagnons. Paule y sera. Pourquoi ne viendriez-vous pas ensemble ? Je serais si heureux de vous savoir présente dans la salle.

Secoué par cette rencontre, je repartis avec Paule.

– Pardon, Paule, de vous avoir abandonnée.

– J'étais fort occupée, me dit-elle un peu pincée.

Avec une mine faussement sévère, elle ajouta :

– Maurice, vous êtes insupportable. La pauvre Nine s'est enfuie dans la confusion la plus totale. Que lui avez-vous donc fait ?

Elle n'était dupe de rien. La scène l'amusait considérablement.

– Ce que je lui ai fait ? Rien, précisément.

Et cessant de plaisanter, j'ajoutai :

– Paule, cette rencontre m'a beaucoup ému.

– Soyons sérieux, Maurice. Voici votre première

sortie. La première femme que vous rencontrez vous révolutionne. Serait-ce le contrecoup des anesthésiques ? Ils vous surexcitent !

– Je ne le crois pas.

– Vous êtes dans un état second. Calmez-vous ! Il y a d'autres femmes charmantes, intelligentes et cultivées dans le monde !

– Nine est unique, lui répondis-je.

***

C'est à Pleyel, en plein Paris, une salle de trois mille places, qu'eut lieu la grand-messe. Ce fut, paraît-il, l'événement de la saison. Le chef de l'État, Vincent Auriol, accompagné d'une partie du gouvernement, fit son entrée dans le vaste atrium au travers d'une haie de gardes républicains, sabre au clair. Les spectateurs, dont beaucoup avaient dû acquérir leurs billets au marché noir, envahissaient l'amphithéâtre, telle une marée humaine. De peur d'être victimes d'un « surbooking », ils bousculaient les placeuses, lesquelles levaient les bras au ciel. Des petits malins s'étaient faufilés dans la salle en dépit des contrôles et de la sécurité. On les trouvait sur les marches des allées ou simplement assis à même le sol en « fleur de lotus ». Après ce désordre et le brouhaha qui l'accompagnait, la scène s'éclaira enfin. Un silence extraordinaire régna aussitôt, malgré une attente pourtant hors de mise.

Derrière le rideau, tous les membres de l'expédition étaient rassemblés autour de moi. Les tenues de veille leur donnaient un air endimanché, un peu gauche. Visiblement, ils étaient impressionnés et, disons-le, intimidés. Moi aussi.

– Maurice, c'est à toi d'entrer le premier.

– Non, ce serait mieux de se présenter en groupe, tous en même temps.

– Mais on ne sait pas parler, vociféra Lachenal. Toi, tu es le chef, nom d'un chien ! Vas-y !

Je suis dans le même cas, pensai-je *in petto*. Jamais je n'avais réussi, sans bredouiller, à dire un mot en public.

– Le chef doit savoir tout faire, enchaîna Terray. Et en plus, se sacrifier et montrer l'exemple. Tu as été le premier là-haut. Ici aussi. Vas-y.

Chaque seconde était précieuse. Le silence parfait dans la salle devenait insupportable. J'étais acculé.

– Bien, dis-je, j'arriverai sur la scène, mais suivi de près par Biscante. Lui aussi est allé au sommet après tout ! Puis vous entrerez tous.

– D'accord ! s'exclamèrent-ils en chœur, sauf Lachenal dont la gouaille avait disparu.

En quelques instants, je rassemblai mes forces subitement défaillantes. Nul en discours, timide comme un premier communiant, comment donner le change ?

Impossible, me dis-je. Tant pis, je serai comme je suis, inférieur à ce que ce public espère de moi. Vouloir paraître supérieur est une preuve d'orgueil. Finalement une maladresse. Ne serait-ce pas une offense pour tous ceux qui sont venus ce soir témoigner leur respect et peut-être plus ?

C'est ainsi, d'un seul coup, que je perdis pour toujours ma timidité, en osant être vrai, authentique, bref moi-même.

Quelques bruits d'impatience étaient perçus dans la salle. Déterminé, sûr de ma vérité nouvelle qui m'aveuglait maintenant, je fis irruption sur la scène.

Tout d'abord, je ne vis rien, aveuglé que j'étais par les projecteurs plus crus que le soleil himalayen. Des applaudissements nourris m'accueillirent. Ils se déchaînèrent, entremêlés de cris et d'exclamations diverses. Le tohu-bohu parvint à son comble quand le président de la République se leva en continuant à applaudir. Du coup, tous les spectateurs se levèrent et me firent une ovation. Que faire ? Je demandai à l'organisateur de faire entrer mes camarades. L'ovation devenait frénétique et n'en finissait pas. Quel comportement avoir, en dehors des sourires et des saluts ? Nous n'étions que des hommes de la montagne et de l'aventure. Nous ignorions le b a ba du monde du spectacle et même du monde tout court. Sans doute était-ce précisément cela que le public appréciait.

Ce fut une soirée inoubliable.

D'autant plus que je savais Nine de Montesquiou dans la salle avec Paule. Sans nul doute, la présentation de notre aventure avec ses protagonistes lui permit de vivre pleinement le défi et le drame qu'elle avait constitués. Dans le tohu-bohu régnant dans la salle et ses abords, il ne m'avait pas été possible de l'apercevoir. D'autant moins que j'étais soustrait à tout contact par une garde prétorienne vigilante.

Le lendemain, j'eus le privilège de retrouver Nine. Mon histoire l'avait bouleversée. Dans un état de nervosité extrême, il avait été hors de question pour elle de s'assoupir, ne serait-ce qu'un seul instant, durant la nuit qui a suivi cette conférence de Pleyel. Sans s'étendre sur ses commentaires auprès de Paule qu'elle avait quittée incontinent, elle s'était recroquevillée sur elle-même comme s'il s'était agi de garder en elle, et pour elle seule, une fabuleuse confession.

Dès son premier contact avec moi, je sentis qu'elle me voyait avec d'autres yeux. Sans doute regrettait-elle le ton primesautier et presque moqueur de la veille chez les Alphand. Elle évitait même de m'assaillir de questions tant elle craignait – et elle avait raison – d'exacerber ma sensibilité visiblement encore à fleur de peau.

***

Quitter Paris pour trouver un endroit calme où il me serait loisible de passer ma vraie convalescence m'était nécessaire. J'étais exsangue, fragilisé après cette longue série de grosses opérations et le séjour d'une année à l'hôpital. Chacun supposait, en mesurant la gloire qui m'entourait et le milieu dans lequel je vivais, que mes moyens pécuniaires étaient confortables. Hélas, je ne disposais de rien. De presque rien. Il y avait, dans cette contradiction, un navrant paradoxe. Avec un faible viatique, je ne pouvais ambitionner une retraite de prestige où mon sort matériel eût été assuré. Tant et si bien que j'atterris dans un modeste hôtel de Villefranche, sur la Côte-d'Azur. Il me manquait l'intégralité de mes fonctions et je ne pouvais vivre seul. Ma sœur Thérèse me servait d'assistante et d'infirmière.

C'est là que je reçus, dans ma chambre minuscule, l'archevêque de Marseille. Avec une dignité parfaite, compensée par une modestie étudiée, il s'assit auprès de mon lit. À l'évidence, il craignait de me perturber et de tarir mes confidences.

– Mon fils, d'abord merci de me recevoir.

– Monseigneur, merci à vous de votre visite. En même temps, je suis anxieux d'en connaître les raisons. Cette chambrette est plus spartiate encore qu'une cellule monastique.

– Précisément, elle donne du prix à mon pèlerinage.

– Pèlerinage ?

– Oui, il me fallait absolument compatir à votre martyre et partager votre peine.

– Il y a d'autres tragédies dans le monde, dis-je, en ayant l'air de me défendre quelque peu.

– Quelle a été votre profonde motivation pour cette aventure ? s'enquit l'archevêque.

– Simplement la passion pour cet univers dont les Grecs proclamaient qu'il n'appartenait qu'aux dieux et l'intérêt aussi pour ces anciennes civilisations. Elles ont tant apporté à l'humanité ! Les Aryens qui ont envahi l'Inde étaient largement antérieurs à Sumer et à Akkad. Le Bouddha, qui s'est toujours défendu d'être un homme-dieu, est né six siècles avant J.-C. Mais, je ne vous apprends rien, Monseigneur, sur ces anciennes civilisations proche-himalayennes.

– S'agissait-il alors d'une quête ?

– En quelque sorte, oui !

– Aux frontières du monde et aux limites de la vie, vous auriez pu… faire une rencontre ? La recherchiez-vous ?

– Inconsciemment, peut-être. Il est troublant de voir les

anciennes civilisations considérer les plus hauts sommets comme étant sacrés. Il n'y a qu'un seul Dieu, même s'il est désigné sous de nombreux noms.

– Dans les pays d'Asie et notamment hindouistes, les enfants de Dieu rêvent de se fondre dans l'absolu. Il n'est point de néant, vous le savez. Au contraire, le vide apparent n'est que richesse extrême.

– C'est bien le sentiment que j'éprouve. Loin de m'apitoyer sur mes malheurs, à l'inverse, je rends grâce à la Providence. C'est dans l'adversité que l'on donne le meilleur de soi-même. Tout obstacle doit devenir un tremplin. Tout échec une future victoire. Les épreuves ultimes m'ont apporté une sorte de délivrance. La délivrance d'une première vie que je récuse aujourd'hui.

– Pourquoi ?

– Pour sa pauvreté, sa sécheresse. Son manque d'horizon aussi.

– Saint Luc dit en effet : « Celui qui ne revit point ne connaîtra jamais le royaume des cieux. »

– Cette vérité des Écritures illumine le sentiment gratifiant de plénitude que j'éprouve désormais. Il n'est guère de privilège plus exceptionnel que celui de son propre accomplissement.

– Mon fils, à la lumière de votre propre calvaire, avez-vous pu imaginer, ne serait-ce que par éclairs, ce que dut être la passion du Christ ?

– Oui, Monseigneur, j'y ai pensé, il est vrai. Souvent au plus profond de mon désarroi. Étrangement, comme si j'avais momentanément décidé de déposer les armes, dans les moments de sérénité suprême.

– Suprême ?

– Lorsque la vie n'est plus et que la mort se fait prier.

– Ce sont des minutes de vérité.

– Dois-je vous l'avouer, Monseigneur, puisque vous évoquiez le nom du Christ, j'ai chassé de mon esprit toute coïncidence physique avec son supplice. Il est exact que la crucifixion, réservée aux condamnés à l'époque, lui a martyrisé les pieds et les mains. Seul, évidemment, le sacrifice spirituel a un sens pour l'humanité.

– La montagne a tout de même été votre croix ?

– Mon histoire ne concerne, hélas, que ma personne. Elle ne comporte aucun mystère. Ni au sommet, ni durant l'interminable tragédie de la descente, je n'ai eu de révélation ou même de vision. Ainsi, et j'ai conscience de vous décevoir, Monseigneur, je ne me sens porteur d'aucun message.

– Le plus édifiant est celui de votre exemple. Vous devez en témoigner.

Après un temps, il ajouta *mezza voce* et d'un air pénétré :

– Êtes-vous sûr d'ailleurs que votre inspiration n'était pas divine ?

Sur ces mots, l'archevêque se leva non sans quelque lenteur. À dire vrai, je restai pantois après ces dernières paroles prononcées avec, me sembla-t-il, une sincère conviction. Attendait-il de moi que je requière sa bénédiction ? Au fond de moi, j'en éprouvais le désir. Une pudeur insurmontable me ligotait. Une telle confession n'était-elle pas sacrée ? Elle tint lieu de communion.

***

Dans ce modeste hôtel, Paul-Émile Victor vint me voir. Sa visite, je ne sais pourquoi, me surprit. Sans presque me dire un mot, il me saisit dans ses bras, m'arracha de ma cellule et ordonna à ma sœur de prendre nos bagages. Il installa tout le monde dans un break et nous partîmes illico pour une destination inconnue. Peu de temps après, je pénétrai dans un paradis, La Colombe d'or, à Saint-Paul-de-Vence, non loin de Nice.

Régulièrement, après chaque nouvelle opération, je reviendrai dans ce havre de tranquillité. Ainsi, pour moi, il y eut l'hôpital du corps, l'Hôpital américain, et l'hôpital de l'âme, La Colombe d'or. Immédiatement, j'y trouvai toutes mes aises : peu d'escaliers, des visages compatissants, un service attentif et parfois touchant. Les Roux tenaient cette auberge où le bon goût, la discrétion et la chaleur signifiaient pour moi la véritable distinction. À cette époque, les artistes réglaient leur séjour avec leurs propres œuvres. C'est ainsi qu'aujourd'hui on peut y admirer des toiles de Picasso, de Miro, de Chagall, de Braque et d'autres. Les Roux me considéraient un peu comme leur fils ou comme un peintre, mais… sans tableau. De nos jours encore, je me sens moralement leur débiteur.

En outre, Nine, devenue pour moi Nina, n'était pas éloignée. Elle se trouvait cet été-là chez les David-Weill, au Cap-d'Antibes, avec ses enfants. Ils ne cessaient de la taquiner à mon propos. Sous leur censure, elle n'osait pas venir me voir.

Un jour, pourtant, elle s'enhardit et arriva, craintive et tremblante, à l'idée d'être reconnue par des amis ou de la famille. C'était un beau soir d'été comme seuls les rivages méditerranéens en ont le secret. Sur la terrasse bordée de cyprès et traversée par les colombes, les pierres étaient dorées par un soleil oblique.

Après le dîner, Nina et moi allâmes admirer les toiles les plus célèbres de cet hôtel-musée et porter nos pas dans la vieille ville fortifiée de Saint-Paul. Au passage, nous saluâmes Yves Montand, préoccupé par l'issue de sa partie de boules sous le regard attentif de Simone Signoret, Jacques Prévert avec son éternelle cigarette au bec, le peintre Borsi qui mettait à profit sa surdité pour parler aux oreilles des jolies dames, Pablo Picasso dont la manie était de dessiner sur les nappes en papier pour la plus grande joie des visiteurs qui se les arrachaient dès son départ, Juan Miró, le visage fermé sous son éternel chapeau à large bord, Samivel aussi, grand et bel homme, toujours un peu triste, le poète de la montagne.

***

Un soir de l'hiver suivant, pendant la saison morte, nous avions tous décidé de nous retrouver à dîner près de la grande cheminée où officiait Paul Roux avec ses poulets à la broche. Ces retrouvailles étaient aussi un moyen de me témoigner leur chaleureuse amitié après ma dernière opération. D'ailleurs, j'avais encore des sparadraps aux doigts et mes fameux pieds d'éléphant. Les anesthésies prolongées avaient eu pour effet second de me rendre dépressif. Hypersensible, la moindre déconvenue m'angoissait.

L'atmosphère était extraordinairement gaie et les répliques fusaient. Brusquement, l'un d'entre eux, croyant me réchauffer le cœur, me demanda si je ressentais un drame intérieur après mon aventure.

Pourquoi cette question, somme toute naturelle, suscita-t-elle en moi une telle émotion que je ne pus la contenir ? Les blessures étaient sans doute encore trop vives. L'affrontement avec le public, c'est-à-dire avec les autres, n'avait pu encore m'aguerrir. Peut-être aussi une intrusion aussi inattendue de la part d'hommes de cœur comme eux avait-elle fait basculer un équilibre encore trop fragile.

Jamais de ma vie je ne fus pris autant au dépourvu. Acculé à réagir, je ne pus que bégayer. Brusquement, je fondis en larmes. Sans pouvoir réagir, un flot de sanglots m'emporta. Au plus profond de moi-même, je plongeai dans le désespoir. Cette question n'était-elle pas celle que je me posais à moi-même ? Avec la plus grande peine, je me relevai. Avec mes pieds d'éléphant, je montai en hoquetant dans ma chambre.

Ils étaient tous atterrés, ainsi qu'il me le fut rapporté le lendemain. Aucun d'entre eux n'avait mesuré ma vulnérabilité. Très vite, ils voulurent me revoir et me dire combien ils avaient été bouleversés par la scène de la veille. Certains parmi eux m'offrirent ce qu'ils avaient de plus précieux.

Samivel me donna son dernier livre avec ses larmes de poète. Picasso, en s'accusant d'indécence, voulut se punir grâce à un petit faune qui se moquait de lui. Prévert, en me voyant, ne savait où placer son regard et décida de se châtier en se privant de mégots durant quelques instants.

Titine, la patronne, eut le mot de la fin : les meilleurs artistes sont les plus mauvais psychologues !

11. PÈLERINAGES DANS LE MONDE

De manière insistante, le ministre des Affaires étrangères m'avait sollicité pour porter la bonne parole dans nombre de pays étrangers. Pour m'aider, je disposais de diapositives et d'extraits du film tourné sur place par Marcel Ichac durant notre expédition himalayenne. Un rythme soutenu m'était imposé entre de nouveaux soins à l'hôpital et les conférences. En raison des fatigues immenses qu'elles m'imposaient, je n'étais malheureusement pas en mesure de toutes les accepter.

Il m'avait été demandé, notamment, de me rendre en Amérique du Sud pour y présenter et faire revivre, comme à Paris, les aventures de l'Annapurna. Durant le mois que devait durer ma tournée, je fus reçu avec cœur et enthousiasme par la plupart des pays latins de ce continent. Certains souvenirs hauts en couleur restent gravés en moi.

Ainsi en Argentine où le président était Juan Perón. C'était en 1953. Ancien officier des troupes andines, il fut enthousiasmé par mes aventures. Au cours de la première audience qu'il m'accorda, il me raconta qu'un jour il avait promis à ses hommes d'aller à *la morena*[1]. Fiers de leur chef, ils l'avaient porté en triomphe. Hélas, ce n'était pas de la brune qu'il s'agissait, mais de la moraine en bordure d'un glacier.

---

1. *Morena* signifie brune, en espagnol.

Comme cette anecdote le suggère, Juan Perón était resté un soldat avec ses mœurs militaires. Il avait donc un côté rustre qu'il cultivait à l'occasion. Il me paraissait plus madré qu'intelligent. Assurément je n'étais pas dupe. Le personnage n'était pas des plus nets. Il n'était pas sans intérêt de savoir que tous les dignitaires nazis avaient pu, sans coup férir, trouver refuge en Argentine. On chuchotait que Juan Perón avait des liens plus étroits qu'on ne le devinait avec les services d'espionnage d'Adolf Hitler. Ses relations avec Franco étaient des plus confiantes.

Evita, dont j'avais reçu l'invitation pour visiter une de ses *Ciudades de los infantiles*[1], était subitement tombée malade. Naturellement, j'avais cru à une excuse diplomatique. Hélas, elle avait des raisons d'avoir abandonné ce projet, puisqu'elle mourut peu après d'un cancer. L'héroïne des *descamisados*[2] n'était plus. Restent sa légende de madone des chauffeurs de taxi, la marquise rouge, la capitaliste occulte dont les comptes numérotés suisses côtoyaient ceux de nombreux chefs d'État de pays en plein dénuement, l'enfant illégitime que son père avait refusé de reconnaître à la différence de ses trois frères et sœurs. Il est cependant bien difficile de ne pas avoir d'admiration pour cette femme partie de rien, et même de moins que rien, arrivée au faîte du pouvoir et dont le cœur éclatait d'enthousiasme, sinon de générosité pour les pauvres.

Quoi qu'il en soit, Juan Perón me demanda si j'accepterais de présenter le film de l'Annapurna au Conseil des ministres.

– Je souhaiterais, me dit-il, que votre histoire constitue une leçon pour mes ministres. Une équipe à l'attaque doit être unie et solidaire. Elle doit le rester si elle a des malheurs. Voilà le message que je serais heureux de vous voir passer.

L'ambassadeur, à qui je me confiai peu après, refusa tout net de m'accompagner.

---

1. Villes des enfants
2. Les sans-chemise.

La face Nord de
l'Annapurna vue d'avion.

La victoire au sommet,
le 3 juin 1950, à 14h.

Jeune capitaine du 27e bataillon des Chasseurs-Alpins. (1944)

En compagnie de Nicole, mon ancienne secrétaire, à qui j'ai dicté *Annapurna Premier 8 000*, et devenue juste après Soeur Marie-Isaïe (Ordre des Dominicaines des campagnes).

Course dans les Alpes avec mon frère Hubert, ma sœur Yéyé et un ami de la famille, en 1952.

La Tournette, ma maison au cœur de ma "petite patrie", Chamonix.

Derrière moi, à ma gauche, Nina et Charlie Chaplin.

Avec Nina, lors d'un voyage en Grèce.

Discussion avec Robert Oppenheimer et son épouse.

Je signe le livre d'or à l'Hôtel de Ville lors de mon passage à Montréal.

Réunion interministérielle avec le Générale de Gaulle et André Malraux.

Au Conseil des ministres avec le Premier Ministre Georges Pompidou.
En retrait à droite, mon directeur de cabinet Olivier Philip.

Dans le Hoggar avec ma sœur Yéyé
dans les années 1950.

– C'est un dictateur, me dit-il, et ses ministres ne sont que ses larbins.

Le défi m'excitait, il est vrai.

– Et si la leçon devait le concerner lui-même ? répliquai-je.

– Trop dangereux, votre affaire, me répondit-il, en secouant négativement la tête.

Au dernier moment, l'attaché militaire, le colonel Pouyade, décida de son propre chef de m'accompagner. C'était l'ancien chef de la fameuse escadrille « Normandie Niemen ». Il avait combattu valeureusement pendant la guerre derrière les lignes soviétiques. L'analogie avec mes propres aventures de guerre me rapprochait de lui. Ensemble, nous allâmes donc à la Casa Rosada, siège du président, lui en uniforme et moi tenant sous le bras la précieuse bobine du film.

Après m'avoir présenté à tous les ministres, Juan Perón me donna la parole. Du mieux que je pus, heureusement en français, je remplis mon contrat. Toutes mes expressions étaient à double sens. Le parallèle était aveuglant.

Juan Perón, visiblement, exultait. Il approuvait de la parole et du geste mes petites phrases sur le rôle moral du chef dont l'humanité et je dirais même l'âme devaient être nécessairement la clé de voûte de l'équipe. Le cynisme n'était plus de mise dans de tels propos. Par bonheur, tout fut interprété comme s'il s'agissait d'un compliment. Ravi de ce coup de main indirect, il me décerna, à l'issue de la séance, sa plus haute distinction, le Grand Condor d'or, que nous fûmes dès lors trois à porter dans le monde. L'hôtel était peu éloigné de la Casa Rosada, je rentrai donc à pied.

Comme on le sait, les Sud-Américains ont le cœur chaud et la gâchette facile. À l'aube, le lendemain, je fus réveillé par des avions militaires rasant les toits. Les grondements et sifflements étaient d'autant plus perceptibles que j'occupais un *penthouse.* Immédiatement, je téléphonai à notre ambassadeur pour savoir ce qu'il en pensait. Il me répondit avec une émotion non dissimulée :

– Cher monsieur Herzog, c'est la révolution !

– Hier soir, à la Casa Rosada, tout était calme.

– Aujourd'hui, l'armée se soulève. L'aviation et les unités de chars sont à la tête des rebelles. Croyez-moi, monsieur Herzog, vous devriez repartir pour la France par le premier avion disponible.

– Y en aura-t-il un ?

– Partez, je vous en prie. Et vite ! Par téléphone, je ne peux pas tout dire. Mais en français de chez nous, vous comprendrez si je vous dis que « les carottes sont cuites » !

– Les carottes sont cuites ? Comme vous y allez ! Alors tout est perdu ?

– Je le crains.

Aussitôt, je captai la radio uruguayenne. Les nouvelles étaient alarmantes. Une colonne de chars devait envahir la capitale et entrer par l'Avenida de Mayo. Muni d'un appareil photographique, je me dirigeai à pied vers cette avenue à faible distance de l'hôtel. Les rues étaient désertes. Longeant les murs, je me postai derrière une encoignure et attendis les chars. Pas un char ! J'attendis encore.

Subitement, un groupe de manifestants déboucha de l'autre côté de l'avenue. Ils étaient surexcités. Ils se rassemblèrent au milieu de la voie triomphale, crièrent et lancèrent en l'air leurs sombreros. Un hurlement se fit entendre.

– Haut les cœurs ! crièrent-ils en français.

C'est tout ce que je vis et entendis. La « révolution » était terminée.

***

Le livre de l'Annapurna devait sortir aux États-Unis. L'éditeur Elliot McRae me demandait instamment de venir à New York et dans quelques grandes villes américaines. Un programme chargé m'y attendait. Je m'y rendis donc à l'invitation officielle de l'American Alpine Club dont le président était Walter Wood. Il devait devenir pour moi un ami intime, et je l'appelais « mon frère américain ». À cette époque, la presse et la TV américaine avaient à ce point parlé de la conquête du premier 8 000 que de nombreux passants me reconnaissaient dans la rue. Partout, l'accueil chaleureux de ce peuple enthousiaste me toucha profondément. Ainsi, par exemple, lorsque je me rendis à San Francisco, toutes les vitrines des magasins arboraient des souvenirs rappelant la montagne, l'Annapurna, et ma propre personne.

Parmi toutes les personnalités rencontrées, celle du président Kennedy me frappa plus que toute autre.

Tous les ans, la NBC organisait à l'approche de Noël une émission à audience internationale, « L'Homme de l'année ». Cette année 1953, l'honneur m'échut d'y être invité. Étaient entrés en compétition dans le même groupe que moi, outre William O. Douglas, juge à la Cour suprême, personnage charismatique et célèbre pour son franc-parler, Wernher von Braun, le père des V1 et V2 en Allemagne durant la guerre, et précisément John F. Kennedy, à cette époque le plus jeune sénateur des États-Unis.

Avant le début de l'émission, nous devions attendre notre tour. John et moi décidâmes d'aller à la cafétéria du studio.

– Avez-vous gardé des racines dans votre pays d'origine ?

– Bien sûr. Je suis fier d'être le produit d'une race robuste. Les Irlandais sont pauvres, mais leur foi les a aidés à soulever des montagnes. En Irlande, les perspectives d'avenir étaient inexistantes, voilà pourquoi nos ancêtres ont voulu échapper à un destin sans issue. Ici, aux États-Unis, nous avons été accueillis magnifiquement. Après tout, ne sommes-nous pas les descendants des pères fondateurs ? De toutes nos forces, nous voulions contribuer à la gloire de ce pays.

Pour lui, cet idéal était la prospérité des États-Unis. Dans son esprit, il exigeait le respect, et le mot est bien faible, dû à son pays hors de ses frontières. Il cherchait à mieux comprendre le monde, les peuples et leur devenir.

– Maurice, je ne peux admettre l'injustice sociale. Trop d'inégalités existent ici. C'est pourquoi je suis démocrate. Comme toute ma famille d'ailleurs.

– Il en est de même dans le monde entier, approuvai-je.

– Mes convictions m'interdisent de les accepter. L'opulence des uns rend insoutenable la misère des autres.

Son regard pensif se perdit quelques instants dans des réflexions insondables.

– Maurice, nos concitoyens dans le monde libre devraient être plus généreux avec les peuples les plus démunis. La tâche est difficile, je le sais. Il faut à tout prix repousser l'idée de condescendance ou d'apostolat.

Tout comme moi, il trouvait que les grandes institutions internationales telles que l'ONU et l'UNESCO manquaient à leur devoir.

– Les institutions ne savent comment appréhender la réalité, ajouta-t-il, toujours sur sa lancée. C'est une croisade que nous devrions organiser. Une croisade contre le dénuement moral, la misère indigne, les maladies et les épidémies, l'illettrisme, les souffrances physiques et les crimes ignominieux contre les droits de l'homme.

– Évitons de fabriquer des assistés. Donc il faut les associer. Et tout doit être mis en œuvre pour susciter leur participation active, l'interrompis-je.

Alors je lui confiai l'idée que j'avais eue de créer une immense armée de jeunes des pays nantis. Ils seraient certainement mieux acceptés que nombre de missions humanitaires, que l'aumône accordée par certains pays dits riches.

– Formidable suggestion, Maurice ! Il faut un idéal à notre jeunesse. Avec notre soutien généreux, apporter notre aide aux plus infortunés. Sans provoquer leur réticence. Chacun de nos jeunes doit devenir un soldat de la paix.

Bientôt notre conversation prit un tour plus philosophique. Notamment sur l'exercice du pouvoir. Il se sentit attaqué lorsque je lui parlai de la psychologie de l'homme détenant l'autorité. Et surtout de ses dérives.

– La cour des flagorneurs altère peu à peu les convictions d'un président, lui expliquai-je. Ils le « protègent » comme la garde rapprochée le prétend. En réalité, ils l'isolent. D'où parfois des erreurs tragiques, des décisions prises à contresens, voire un viol des électeurs. Voyez certains pays en voie de développement... Mais aussi d'autres où la véritable démocratie n'est qu'un leurre... Avec leur cortège d'autocensure et de langue de bois.

– Vous ne pensez tout de même pas aux États-Unis ? demanda-t-il d'un ton vif.

– Non, bien sûr ! Votre pays est capable de maintenir, avec ses contre-pouvoirs, une démocratie authentique, au contraire.

C'est l'attachement fondamental à ces valeurs qui avait tant motivé les Américains pour la défense de l'Europe, me confia-t-il. Il me parla du plan Marshall.

– Oui, absolument. George Marshall l'avait tout d'abord annoncé dans un discours à Harvard. Sur le moment, ce programme volontariste était presque passé inaperçu. Pourtant, il s'agissait de reconstruire une nouvelle Europe ! La sauver du communisme ! Le Congrès, contrairement à ce que l'on aurait pu croire, ne l'a approuvé que du bout des lèvres. Les communistes l'ont violemment attaqué et en ont fait un *casus belli,* affirma-t-il avec fermeté. À vrai dire, ce plan a été le sauvetage du Vieux Continent. À tous points de vue. Qu'auraient-ils pu proposer, eux ?

– Souvenez-vous-en. Certains pays européens ont considéré que c'était un affront à leur souveraineté. Je me souviens, ajoutai-je, de ce que Georges Bidault disait à l'époque : « Nous avons besoin des États-Unis pour pouvoir nous passer d'eux. »

– *Newsweek,* ici, surenchérit Kennedy, a résumé le plan Marshall : un acte extraordinaire de générosité stratégique !

Sur ces mots, des assistants de la NBC vinrent nous quérir. L'émission allait commencer en direct. Il fallait nous diriger vers le plateau.

Devenu président des États-Unis, il me demanda de le conseiller, faisant ainsi référence à notre communion d'idées sur l'idéal des jeunes. À nos convictions politiques aussi. Le lien entre nous fut Suzanne Brésard, psychologue de grande réputation qui était conseiller à mon cabinet. Kennedy voulait créer, ainsi que nous en avions discuté, un mouvement de volontaires, les Peace Corps (Corps de la paix). C'était bien le fruit de notre conversation. Des étudiants américains seraient invités à se rendre dans les pays du tiers-monde. Il s'agissait de jeunes médecins, infirmiers, instituteurs... La doctrine était la suivante : donner son cœur d'abord, ensuite la santé, un peu de bien-être et, enfin, éduquer pour produire, servir et mieux vivre. Il y croyait à un point tel qu'il n'hésita pas à nommer son propre beau-frère, Sargent Shriver, mari d'Eunice, sa sœur, à la tête de cette croisade des temps modernes. Lequel s'en sortit à merveille.

À diverses reprises, nous nous sommes revus. Un jour, ce fut à l'Élysée. En l'honneur du Président américain, un dîner d'État avait été donné par le Général de Gaulle.

Les invités étaient priés de se placer en ligne pour être présentés à John Kennedy et à sa femme Jackie. Devant moi attendaient en ordre Gaston Palewski, l'abbé Fulbert Youlou, président du Congo, revêtu d'une soutane blanche immaculée. L'« aboyeur », un ancien de la présidence, avait, il est vrai, la vue un peu basse. Il s'écria, d'une voix de stentor et en martelant les mots : « M. Gaston Palewski, président du Conseil constitutionnel », puis en jetant un regard furtif sur le président africain ajouta : « ... et madame ! » Le Général de Gaulle et ses invités se mirent à rire.

Après le dîner, bien sûr, nous pûmes, John Kennedy, son épouse et moi, parler plus longuement.

Depuis lors, je suis toujours resté en rapport avec la famille Kennedy, notamment avec Jackie, mais aussi avec la sœur de John. Il faut dire que Sargent et Eunice Shriver consacrent leur existence à une œuvre admirable, Special

Olympics. Son but est d'apporter un supplément d'âme par le truchement du sport aux jeunes handicapés mentaux. Dans la mesure de mes moyens, je soutiens encore aujourd'hui leur action. Leur succès est foudroyant puisque ce mouvement est devenu universel.

Quant à Jackie, j'ai continué à la voir régulièrement à l'hôtel Pierre où nous déjeunions ensemble. Comme on le sait, elle fit un crochet dans son existence. Aristote Onassis, dont j'appréciais l'humour, était un personnage haut en couleur qui ne cessait de la distraire et de la faire rire. Quand il mourut, elle se retira discrètement à New York. Un diamantaire d'Anvers, Maurice Tempelsman, dont je devinais le cœur, l'entoura de toute son affection et rendit ses dernières années heureuses. Amicalement, elle s'occupa, étant dans l'édition, chez Doubleday, de la version américaine du premier projet de mon autobiographie. L'un de ses derniers déjeuners, avant l'annonce de son cancer, eut lieu avec moi. Jamais elle ne fut aussi gaie et attachante. Hélas !

***

Comme il est normal, j'éprouvais une grande admiration pour Charles Lindbergh. L'éditeur Elliot McRae me le fit rencontrer. À diverses reprises, nous nous revîmes. Il était toujours accompagné de sa femme, Anne Morrow. Autant lui me semblait stoppé dans son évolution par la mort atroce de son fils, victime d'un des premiers terroristes vraiment crapuleux, autant elle avait un besoin immense de parler et de communiquer. Charles souffrait d'un phénomène de régression psychologique qui le ramenait sans cesse en arrière. Son refus parfois choquant des conventions sociales était d'ailleurs un signe de son blocage.

Sans doute fus-je l'un des rares à franchir les haies de thuyas disposées en quinconce dans leur parc et supposées protéger leur maison des regards indiscrets. Tout cela était cohérent. Il avait sans doute peur que je l'interroge, car il ne me posa jamais la moindre question. Par la suite, nous finîmes par nous revoir seuls. Anne et moi, à l'hôtel Stanhope à New York. Elle avait écrit plusieurs livres de réflexion qui m'avaient passionné.

– Maurice, me demandait-elle, je ne connais rien à la montagne, sinon que c'est un milieu hostile. Pourquoi aviez vous décidé d'y engager votre vie ?

– À cette époque, la terre était conquise y compris les océans. Seul le Toit du monde restait vierge.

– Vouliez-vous être le meilleur ?

– Non, le premier.

– Souhaitiez-vous vous réaliser humainement ?

– Sans doute. Mais, Anne, il y a aussi une motivation mystique dans la conquête des plus hauts sommets de la Terre. Ils m'ont toujours paru sacrés. Inconsciemment, peut-être recherchais-je là une communion.

– Osez me le confier, Maurice, vous seriez plus proche de moi si vous me disiez que vous poursuiviez une quête spirituelle.

– Oui, Anne, ma motivation initiale n'était pas de rencontrer Dieu. Qui oserait lui donner rendez-vous ? Lui seul décide ! Aller entre terre et ciel crée une ambiguïté. En dessous ou au-dessus ? Peu importent les croyances. Seule l'idée de l'Éternel, celle d'Abraham, notre ancêtre, dont nous sommes issus, l'emporte dans nos convictions. Lui seul, le Tout-Puissant, s'imposait comme le vainqueur absolu, le maître du monde et le père des hommes. C'est pourquoi, au sommet de la terre et au début du ciel, je souhaitais me recueillir et dire ma gratitude à Celui qui nous a créés, nous conduit et, jusqu'au bout, à la fin des temps, nous accompagne.

***

Au début des années soixante, je fus invité pour quelques jours avec Paul-Émile Victor au palais de Laeken par le roi Baudouin. Celui-ci me témoigna dès l'abord une vive curiosité. Seules quelques personnes étaient là, dont Robert Oppenheimer, le père de la bombe atomique. Un grand savant, un grand industriel, mais aussi un génie. Pour moi, un génie se distingue des autres hommes, même d'exception, par son aptitude à s'abstraire de son domaine d'élection et à avoir des idées, des conceptions ou des jugements globaux synthétiques, innovants, originaux et universels, sur les sujets les plus divers touchant à l'art, l'histoire, la science, les religions… En quelque sorte et pour paraphraser Bergson, il n'y a pas de différence de degré entre lui et les autres, mais une différence de nature.

– Cher monsieur Herzog, me dit le roi, votre livre décrit les conditions dans lesquelles vous avez failli disparaître. Quelles furent vos pensées en ces instants ?

– Sire, elles étaient loin d'être clairement définies tant les pressentiments et les prémonitions envahissaient mon esprit.

– Vous « viviez » encore, vous étiez conscient cependant.

– Ce qui dominait en moi, c'était de sentir ma conscience nette. En somme, j'éprouvais intérieurement une grande sérénité. Une profonde compassion pour ceux que je laissais.

– Pardonnez-moi si je suis indiscret. Avez-vous pensé à Dieu ?

– Comme les chevaliers d'autrefois, je recommandais, il est vrai, mon âme à Dieu. L'avantage, si je puis le dire, était que je me voyais mourir. Le temps ne me manquait pas pour m'y préparer. Sans nul doute, j'avais bonne conscience. Si je disparaissais ainsi, même dans les souffrances les plus extrêmes, c'était pour une noble cause choisie par moi librement et au nom d'une passion, d'un idéal même. D'une certaine manière, je mourais dans la joie. Mon cas n'avait rien à voir avec celui des déportés, par exemple, assassinés pour leur race, c'est-à-dire pour ce qu'ils étaient et non pour ce qu'ils avaient fait. Ce furent des crimes contre l'homme.

Lucidement et sans appréhension, j'attendais, sans le redouter, le jugement dernier.

– Vous sentiez-vous à Son contact ?

– Non, sire. Mon âme, me semblait-il, entrait sans peine aucune, comme si cela allait de soi, dans un royaume de félicité. Dans mes pensées, il y avait un syncrétisme total entre la charité catholique et la compassion bouddhiste.

– Votre expérience unique est exaltante, me confia le souverain.

Il se tourna vers Robert Oppenheimer et lui posa sans détour, ce qui m'étonna, la question qui lui brûlait les lèvres.

– Croyez-vous en Dieu, monsieur Oppenheimer ?

– Oui, bien sûr, sire. Le destin m'a assigné un rôle qui m'a martyrisé. Étais-je le bras séculier d'une puissance divine ? N'étais-je au contraire que le porte-parole, l'aboutissement de l'armée des hommes de science qui m'ont précédé ? Qui a voulu que j'impose la justice, moi pauvre mortel ?

Bizarrement, l'entretien tourna un peu court, alors même que ces confidences avaient pour moi une valeur humaine exceptionnelle.

Quelques instants plus tard, Robert et moi nous retrouvâmes dans le parc. Soudain, il se planta devant moi. Il avait besoin de parler.

– Maurice, je dois vous l'avouer, non, je ne crois plus en Dieu. Valait-il mieux mentir plutôt que de le faire souffrir ? Ses convictions sont en acier. Je lui aurais posé un grave problème. Pourquoi déstabiliser une âme aussi pure ?

La personnalité de Robert Oppenheimer me passionnait. À diverses reprises, dans les années qui ont suivi, nous nous sommes rencontrés soit en Belgique, soit aux États-Unis. Chaque fois, nos discussions m'enrichissaient. Son universalité, je l'ai dit, me fascinait, tout autant que sa conception originale de l'humanité future, ses visions sur l'expression culturelle, littéraire, artistique de ses contemporains, l'importance primordiale donnée à l'éducation. Pour lui, le savoir chez les hommes ne s'additionnait pas, mais se multipliait avec les nouvelles générations. Le cycle de la connaissance se raccourcissait sans cesse à ses yeux comme s'il se rétrécissait. En l'écoutant, on avait l'impression miraculeuse de passer instantanément de l'analogique au numérique, de l'éphémère à l'éternel, ou du fini à l'infini. S'affranchir du temps et de l'espace, ne plus être l'esclave du présent, n'avoir plus à se situer dans le passé ni dans l'avenir, n'est-ce pas divin ? En même temps, je sentais l'anxiété sans cesse sourdre en lui. Surdoué, tourmenté, vulnérable, il me semblait hypersensible. On sait que les mystiques sont si impressionnables qu'il est dangereux de les héler brusquement, encore moins de les toucher si l'on veut éviter de les briser comme le ferait un choc sur un cristal. Tel m'apparaissait Robert Oppenheimer.

Avec le temps, j'ai compris pourquoi il se confiait volontiers à un homme tel que moi. D'abord, j'ai la faiblesse de croire qu'il m'estimait pour ce que j'avais accompli. Bien que j'en éprouvasse quelque gêne, il me disait qu'un héros est au-dessus des patries parce qu'il honore et illustre l'humanité. En tout cas, je n'étais pas américain et il se sentait libre avec moi. Enfin, et là est le plus difficile à comprendre, le côté écorché vif de sa personne, la sensibilité de ses principes moraux trouvaient un refuge quand il s'arrimait à un roc inamovible, à savoir l'homme de la montagne super-équilibré tel que je lui apparaissais. L'intelligence doit-elle générer l'angoisse ? Ou l'inverse ?

Ainsi parlions-nous de l'apocalypse nucléaire, chez lui bien sûr une obsession. Fallait-il se sentir coupable devant Dieu d'avoir voulu changer l'ordre de l'univers ? Sa vie avait été bouleversée par l'accouchement de sa bombe. Le pays qui disposera de son emploi dominera le monde, me répétait-il à l'envi. La plus grande des démocraties ne pourra jamais maîtriser son absolue supériorité. L'idéal serait, insistait-il d'un air pénétré, qu'il y ait entre les deux blocs un équilibre, un équilibre de la terreur intimant le respect à l'autre.

Les sentiments de suspicion à son encontre étaient d'autant plus graves qu'une nouvelle vague de racisme envahissait l'Amérique à cette époque. Être juif, était-ce vraiment être américain ? L'affaire Dreyfus nous a beaucoup appris en France. Un savant juif américain pouvait-il vraiment refuser une information à un autre juif, fût-il soviétique ?

Les États-Unis de McCarthy dans les années cinquante favorisèrent des comportements de ce genre. Une sorte de terreur – surtout anticommuniste – s'était répandue dans la population. Un climat de suspicion délétère régnait partout. La chasse aux sorcières triomphait dans tous les milieux, créant une atmosphère d'intolérance absolue où l'on n'hésitait pas à faire appel à la délation et à contraindre les traîtres intérieurs aux « aveux ». À Hollywood, ce fut dévastateur, d'autant plus que des acteurs célèbres et estimés participèrent activement à la croisade. S'exilèrent volontairement, mais encouragés en coulisse, des acteurs, réalisateurs, scénaristes ou producteurs tels Charlie Chaplin, Joseph Losey, Jules Dassin, John Berry, après les dénonciations d'Elia Kazan, comme celles de Gary Cooper et Ronald Reagan. Ces rebelles faisaient partie des « Dix de Hollywood ».

McCarthy avait d'autant plus la conviction que Robert Oppenheimer était un traître que celui-ci s'était opposé aux recherches et à la mise au point de la bombe H. Les armes nucléaires classiques comme l'étaient les bombes A semblaient suffisantes au savant pour rétablir et maintenir la paix. L'objectif avait été atteint. L'armistice avait sonné. Pourquoi dès lors en rajouter avec une arme redondante capable de détruire le monde et d'anéantir l'humanité ? Tout au moins, dès l'instant que l'ennemi potentiel de l'après-guerre, c'est-à-dire l'autre bloc, n'en avait plus les moyens. Encore fallait-il en être absolument sûr. D'où parfois ces questions investigatrices aux savants de l'époque capables de l'informer et de le rassurer. S'il avait eu le moindre soupçon, il aurait fait volte-face, j'en suis absolument convaincu.

Tout au moins, si j'ai bien compris ce qu'il a voulu me signifier à mi-mot au cours de notre conversation sur le campus de Princeton. Chez lui, il avait quelque raison de craindre les micros. Il lui fallait être constamment attentif aux interprétations stupides et orientées de la moindre de ses paroles.

Robert Oppenheimer était très sensible aux contradictions que la guerre avait engendrées. Que l'URSS, à l'époque, eût été l'alliée de l'Amérique contre Hitler, alors qu'il n'y avait pas de pays plus anticommuniste que les États-Unis, en avait été une. Que des savants allemands se retrouvent désormais aux États-Unis et en Angleterre, en était une autre.

Pour illustrer ces antinomies, il me raconta, en me précisant que j'étais le seul auquel il l'avait confiée, cette anecdote : les Britanniques, avançant en Allemagne avec leurs troupes, avaient fait main basse sur l'un des centres les plus secrets de recherche nucléaire. Savants émérites qui furent ensuite installés dans un confortable château en Angleterre. Ils bénéficiaient du statut de prisonniers sur parole. Une bibliothèque scientifique était mise à leur disposition. Ils avaient accès aux journaux et à la radio. Bref, ils jouissaient de privilèges exceptionnels. À terme, le commandement britannique espérait ainsi, les affrontements militaires terminés, les apprivoiser, bénéficier de leurs acquis, et constituer des équipes de recherche internationales au plus haut niveau.

Un jour, la nouvelle éclata. En première page des journaux du matin s'étalaient sur cinq colonnes des titres énormes : « La première bombe atomique vient d'éclater à Hiroshima. » L'émotion dans le château fut immense. Naturellement, des micros étaient installés partout. Immédiatement, une réunion générale fut décidée. On annonça à tous l'information. L'ébahissement le disputait au scepticisme.

– C'est une révolution planétaire, s'écria l'un des chercheurs.

– La fin du monde, dit un autre.

– S'il n'y a pas de contre-pouvoir dans un proche avenir, la domination américaine sera sans partage.

– Est-ce vrai ? interrogea l'un des savants.

– La question mérite d'être posée, renchérit l'un des chefs de recherche. Nos travaux, vous le savez tous, ne permettaient nullement d'espérer, dans les toutes prochaines années, un résultat aussi spectaculaire.

– Le Führer avait-il mis tout son poids dans un tel défi ? Y croyait-il vraiment ?

– Non, je ne le crois pas. Pour lui, ces recherches étaient utopiques. Il ne voulait pas être un docteur Faust.

– Et les VI et V2, il fallait bien qu'il y croie. S'il était possible de questionner Wernher von Braun à ce sujet, il vous le confirmerait. À la Comsat[1], son rôle était apprécié. Son expérience aussi.

– Comment se fait-il alors que tous ces journaux annoncent l'explosion de cette première bombe à Hiroshima ?

– Il est si facile de fabriquer de faux journaux pour nous impressionner !

– Vous avez raison, conclut le patron politico-scientifique de tous ces chercheurs, savants et directeurs d'études, par ailleurs l'un des plus âgés. Cette nouvelle est trop stupéfiante pour qu'elle soit exacte. Nos travaux les plus avancés nous le prouvent. On veut nous amener à résipiscence, nous pousser à collaborer avec les centres de recherche britanniques, à livrer nos secrets nucléaires.

– Sincèrement, vous avez raison, conclurent-ils tous en chœur.

Un jour, il faudra bien que justice soit rendue à la mémoire de Robert Oppenheimer, ce grand homme à la fois déchiré et vulnérable qui a tant souffert de cette suspicion.

---

1. Consortium international de télécommunications par satellites, basé à Washington. Intelsat, la partie internationale, avait des administrateurs des pays membres dont la France, que j'ai représentée en 1966 et 1967.

– Regardez, me disait-il lors de notre première rencontre. Pensif, il restait accoudé à une fenêtre du palais de Laeken. Le FBI est là, il veille, il me surveille derrière les grilles du parc.

– Ici, vous êtes en sécurité et sauvegardé hors du monde. Ce n'est pas seulement un espace neutralisé, une aire de béatitude et d'harmonie intérieure. Votre obsession, je la comprends. Il faut tout craindre des primates. Leurs excès sont leurs moyens de survivre. Pour un temps.

– Demain, je serai à nouveau leur cible. Maurice, on m'offre une chaire à Princeton. Un goulag civilisé me fait craindre le pire.

– Les campus sont des champs de liberté.

– À moins d'être une prison dorée. Pourquoi ne viendriez-vous pas nous voir à Princeton, Kitty et moi ? Vous nous apporteriez l'air de l'altitude dont nous avons tant besoin.

– Pourquoi pas, en effet ? D'autant plus que cette université m'a déjà invité à y venir. Ne dites rien, Robert, je vous tiendrai au courant de ma venue. Vous comprendrez pourquoi.

J'avais un plan en tête, mais je ne voulais pas lui en parler. Effectivement, quelques mois plus tard, j'allai à Princeton où l'université organisait un dîner-débat dont j'étais l'hôte d'honneur.

Le jour venu, je me présentai au président, un homme tout-puissant de la nomenklatura économique américaine. Dans ce pays, il n'est pas de plus grand honneur que d'être président d'une université, surtout lorsqu'elle est aussi réputée que celle de Princeton.

Au cours de notre entretien d'accueil exigé par la courtoisie, je déclarai à mon hôte éminent :

– Monsieur le président, vous avez le privilège d'avoir un professeur titulaire d'une chaire de sciences avancées. Il a permis à votre pays de gagner la guerre, de nous épargner la barbarie et de nous donner la liberté.

– Ah, me dit le président, nous avons un tel homme ?

– Oui, il s'appelle Robert Oppenheimer.

– Oh !

– Pardon de vous parler de la sorte, mais je ne ferai un speech que s'il assiste et participe à cette rencontre.

– Vous me plongez dans l'embarras. Il a été accueilli ici sous condition, celle de se faire discret. Sinon, un grand procès d'État lui sera fait. Souvenez-vous d'Éthel et de Julius Rosenberg.

– Oui, je m'en souviens. Mais eux, ont-ils sauvé l'Amérique ?

À l'évidence, le scandale menaçait. Lutter contre ma proposition eût été créer une « affaire » nationale. Céder à ma demande – en fait un ultimatum – était un moindre mal.

Robert Oppenheimer fut invité.

Il eut la bonne grâce de ne pas se faire remarquer. Mais triompher par sa présence sans être reconnu, est-ce vraiment une victoire ?

Après cet événement, il me pria de venir dans son bungalow. Sa femme Kitty, une éminente scientifique en biologie, était là.

Ensemble, nous devions arroser notre revanche morale contre le fanatisme de rigueur à cette époque peu glorieuse de l'histoire de ce pays, épisode que l'on a mystérieusement gommé depuis.

– Maurice, installez-vous dans ce canapé, me dit Robert. Saluons notre victoire. Merci encore.

– À vous deux ! Scientifiques éminents, vous avez bien mérité de l'humanité !

Ainsi, nous parlâmes de sujets les plus divers, la peinture, la transmission du savoir, la psychanalyse, toujours d'une manière passionnante et originale. Le niveau était si exceptionnel que j'étais aux anges.

Durant un temps fort de ces discussions, Robert Oppenheimer disparut subrepticement et je restai seul avec Kitty. Peu à peu, je sentis qu'elle se rapprochait de moi. Me regardant dans les yeux, avec une coupe à la main, elle chercha même à me toucher. Avec douceur mais tout autant d'insistance. Que faire ? Un homme est toujours ridicule quand une femme le poursuit alors que son propre désir n'est pas.

– Kitty, il est si tard, dis-je, m'étirant quelque peu, feignant la lassitude.

– Isolés comme nous le sommes dans ce pavillon, vous êtes la vie qui revient. Merci, Maurice, d'être ici. De telles rencontres sont enrichissantes. Êtes-vous sûr de vouloir vous retirer ? Science et aventure sont le même combat.

– Il est vrai, opinai-je, mais le cycle biologique exige des temps de repos.

– Oui, me répondit-elle avec un sourire ambigu, mais ils sont parfois plus riches si l'action les illustre.

– Les pensées virtuelles sont les plus audacieuses mais… elles ne sont qu'imaginaires.

Sur ces mots que j'avais souhaités élégants sans en être bien assuré, et après un échange de regards faussement complices, nous nous souhaitâmes tous deux une excellente nuit.

***

Mes visites dans de nombreux pays, surtout lointains, se poursuivaient. Le soutien du Quai d'Orsay ne m'avait jamais manqué. Il n'était dans l'intérêt de personne qu'il fût trop visible. Parfois l'organisateur de ces conférences était Charles Kiesgen, qui avait si bien mis en scène la première à Pleyel. Partout l'accueil était enthousiaste. Ce n'était pas sans m'émouvoir.

Certes, il y eut de nombreuses surprises, parfois comiques. Ainsi à Hong Kong. Une réception avait lieu à l'hôtel Mandarin. Le maître d'hôtel en grande cérémonie, et devant cinquante invités, ouvrit bizarrement devant moi un sac servant habituellement aux pommes de terre. Il y avait à l'intérieur deux ou trois serpents. Leur diamètre était de l'ordre de cinq centimètres.

Le majordome saisit l'un d'entre eux près de la tête qu'il serra fortement dans ses doigts, assurant ainsi sa sécurité. De l'autre main, il glissa le long du corps du reptile. Lorsqu'il sentit une bosse, un de ses collègues lui présenta un couteau rigide et pointu. Il piqua dans la protubérance pour en sortir un liquide vert. Il en emplit un grand verre à cocktail. Celui-ci fut complété par de l'alcool. Prêt à consommer, je donnai l'exemple en prononçant quelques mots de remerciement pour l'accueil et des vœux pour l'avenir.

Pendant le déjeuner, je ne sentis rien d'insolite. Allant ensuite à l'aéroport, je commençai à constater des effets aphrodisiaques. Il est dur de se voir gratifier d'un lingam désespérément grand. Ce n'était pas le bon moment. Le mal dont je souffrais s'appelle en médecine le priapisme, je l'appris en cette pénible circonstance. Dans l'avion, les hôtesses, non sans quelques sourires mal contenus, m'installèrent sur la partie sensible une cage utilisée pour les jambes plâtrées.

Cette torture, qui eût peut-être été un délice pour certains, persista plusieurs jours. Mais peut-on vivre normalement en société avec un os entre les jambes ?

***

Souvent, Walter Wood, mon ami américain devenu président de la National Geographic Society, et sa femme Renée, m'avaient proposé de découvrir le Yukon, au nord-ouest du Canada.

Une occasion favorable se présenta en juillet 1974. Venant d'Anchorage en Alaska, je débarquai bientôt à Whitehorse, capitale de ce fameux territoire autrefois célèbre pendant la Ruée vers l'or, à la fin du XIXe et au début du XXe siècle. La ville en avait conservé le cachet. Il était même étonnant de ne plus voir, dans les avenues bordées de saloons, des cavaliers en tenues de cow-boys, lasso à la main et chapeaux à la texane. De nombreux indiens des anciennes tribus y vivaient toujours à l'époque.

Mais ce qui m'intéressait le plus était de rejoindre rapidement mes amis : les Wood, un jeune couple new-yorkais, les Liberman et le Father Andy (Rev. Anderson Bakewell, S.J.), le confesseur de John Kennedy durant ses années de présidence des États-Unis de 1960 à 1963. Quelques heures de station-wagon m'amenèrent sans coup férir sur les rives du lac Kluane où se trouvait la base scientifique de l'Icefield Ranges Research Project dont le patron depuis longtemps était précisément Walter Wood.

La chaîne de montagnes Saint-Elias court du nord au sud et se trouve dans le prolongement au nord des Rocheuses canadiennes et américaines, non loin du Pacifique. L'équipe des chercheurs de la Base était située sur l'autre versant, à l'intérieur des terres, près de la zone des lacs. Il me pressait de retrouver les hauts sommets et de contempler les monstrueux glaciers dont les langues s'étiraient sur des centaines de kilomètres. Sans plus tarder, un hélicoptère, après un vol de quelques heures, me déposait au Steele Camp implanté au-dessus de la moraine de l'immense glacier du même nom. Là furent nos retrouvailles, et nous fêtâmes joyeusement l'événement. De nos tentes, nous admirions le spectacle magnifique du mont Logan, point culminant du Canada à 19 850 pieds (plus de 6 000 mètres), les monts Wood, Steele et Walsch, recouverts d'immenses calottes glaciaires embrasées par le soleil couchant.

– Alors, me dit Walter, es-tu heureux d'être là ? Ce n'est pas l'Himalaya, mais tout de même, ce n'est pas si mal !

– C'est absolument magnifique !

– Aurais-tu envie de descendre à skis l'un de ces grands sommets ?

– Ce serait une joie unique !

– Dès le retour de l'hélicoptère, j'arrangerai cela.

– Pourquoi un hélicoptère ?

– Le peu de temps dont nous disposons nous interdit de les escalader. Tu seras donc déposé au sommet du Steele (16 630 pieds, soit plus de 5 000 mètres), celui que je te recommande. De là, tu domineras le Canada. Par précaution, l'hélico contrôlera ta descente. Les crevasses, je dois te le dire, y sont particulièrement accueillantes.

Ce qui fut dit fut fait. Dès le lendemain, aussitôt après la dépose, mes amis et moi-même dévalions avec délice les pentes sommitales dans une neige cristalline qui irisait les rayons du soleil comme de minuscules diamants. Les circonvolutions des skieurs dévirginisaient, hélas, la montagne, et j'en ressentais quelques regrets au fond de moi-même. Arrivés sains et saufs après une dénivelée de plus de 2000 mètres, nous fûmes repris par la machine volante. Peu après, nous rejoignâmes le Steele Camp.

Le jour suivant était un dimanche. Le Father Andy tenait à célébrer la messe au pied de ces monts et à même le glacier. Entre deux séracs, il avait découvert un minuscule terre-plein où se trouvait un rocher providentiel relativement plat. Il y installa l'autel. Certains parmi nous étaient catholiques, d'autres protestants. Ce fut donc un office œcuménique. Au moment solennel de l'Élévation, lorsque le saint homme tendit vers le ciel le corps symbolique du Christ, l'hostie bombardée par les rayons ardents et la lumière intense des hauts sommets neigeux semblait mystérieusement et presque miraculeusement irradiée. Elle ressemblait à ces peintures du quattrocento où tout ce qui est sacré est auréolé de rais de lumière.

***

Déjà, malheureusement, il me fallait revenir à New York. Un *fund raising dinner* avait été prévu de longue date pour alimenter les caisses de la recherche poursuivie activement par l'American Geographic Society. L'invité d'honneur n'était autre que Bill Anders, le célèbre astronaute qui, en 1968, pendant les fêtes de Noël, fit dix fois le tour de la Lune à bord de son module lunaire. Il expliqua devant un public passionné dans quelles conditions cette mission fut accomplie.

De nos jours encore, cette aventure demeure stupéfiante. Expédié dans l'espace par un lanceur du Kennedy Space Center au Cap Canaveral, la fusée *Saturne 5* emportait un équipage de trois astronautes : Frank Borman était le commandant de bord, James A. Lovell, le pilote du module principal, et notre *key speaker*, William A. Anders, le pilote du module lunaire.

Naturellement, Bill Anders expliqua par le détail les missions scientifiques que l'équipage devait mener à bien. Ce qui me frappa, ce fut la rigueur, pour ne pas dire la rudesse, avec laquelle Frank Borman écartait toute recherche qu'il jugeait superflue. Pur produit de West Point, il ne faisait pas dans la dentelle. Officier, pilote et ingénieur, il aimait commander et il ne cessait de dire à ses coéquipiers : « La mission, tout pour la mission, rien que la mission » ! Elle était simple, cette fameuse mission. Faire plusieurs tours de la Lune afin de l'étudier en détail, et préparer le débarquement des futurs astronautes américains sur notre satellite, avec un module lunaire comme ballast, identique au futur module opérationnel. Et ceci le plus rapidement possible, au cas où les Soviétiques souhaiteraient leur damer le pion. La NASA avait mis toute sa confiance en lui.

Pour ma part, j'étais d'autant plus intéressé que le gouvernement français m'avait nommé représentant de la France auprès d'Intelsat, l'organisation mondiale des satellites de télécommunications. Déjà, en dehors des réunions mensuelles à Washington où je retrouvais d'ailleurs Werhner von Braun, le réalisateur des redoutables V2 à la base allemande de Pennmüde, j'avais eu de nombreux rapports avec les sites spatiaux américains, notamment le Houston Center où étaient instruits et entraînés les futurs astronautes. De nombreux contacts me permirent de m'imprégner de leur état d'esprit à la fois enthousiaste, réfléchi et surtout déterminé. Les équipements pour l'entraînement et les tests étaient remarquables, notamment ceux qui permettaient de vivre en état d'apesanteur.

Bill Anders, au demeurant très convivial et sympathique, son siège à côté du mien, devenait peu à peu beaucoup plus prolixe avec moi, surtout vers la fin du dîner. Un peu comme si j'avais eu affaire à un collègue. À ses côtés pendant le dîner, je ne me privais donc pas de le questionner. Certes, je n'oubliais pas que son passé scientifique était prestigieux. Il était ingénieur nucléaire, titulaire d'un BS de l'Académie nationale des États-Unis à Annapolis. Il avait réponse à tout ou à peu près :

– Bill, quelle est la distance parcourue pour aller de la Terre à la Lune ?

– Deux cents à deux cent cinquante mille miles environ suivant la conjonction des astres. Nous avions choisi la période de Noël 1968, en raison de ce que l'on appelle la pleine lune, afin d'avoir une vision claire du relief et de la qualité du sol lunaire. Il nous fallait détecter la zone la plus propice pour un alunissage, des astronautes devant nous succéder. Tous les trois, nous avions opté, sous réserve de l'examen des photos, pour la Mer de Tranquillité. La NASA et nous avions d'ailleurs craint que les Soviétiques ne nous devancent le mois lunaire précédent, c'est-à-dire à la fin du mois de novembre.

– À quelle vitesse progressiez-vous ?

– Cela dépendait de la proximité des astres, donc de la gravité dont nous pouvions bénéficier ou souffrir. Disons, environ cinq mille miles par heure.

– Bill, il faut que nous parlions. J'aimerais en savoir plus sur l'aspect humain de votre accomplissement historique. Vous êtes un ami de Walter. Pourquoi ne viendriez-vous pas à Chamonix avec lui ? Puisque vous aimez l'altitude, vous serez servi. Au moins un peu !

– Pourquoi pas, en effet ?

– Actuellement maire de Chamonix, je voudrais vous nommer citoyen d'honneur de la ville, en hommage à votre exploit et à votre riche personnalité.

– Merci à l'avance. Si Walter est d'accord, je le suis.

***

Quelques mois plus tard, mes deux amis vinrent dans ma « petite patrie ». Hors les honneurs qui leur étaient dûs, je brûlais de poser d'autres questions à Bill Anders, non seulement sur la mission Apollo 8 dont il fut l'un des protagonistes, mais aussi sur Apollo 2 qui se déroula un an plus tard. Certes, il y avait quelques années de cela, puisque nous étions en 1975 – l'épopée d'Armstrong ayant eu lieu en 1969 –, mais les souvenirs de ces astronautes étaient extrêmement vivaces.

– Cher Bill, avez-vous lu le livre de Jules Verne *De la Terre à la Lune* ?

– Bien sûr, me répondit-il aussitôt. Au point d'en avoir été troublé. Voilà un écrivain visionnaire qui a décrit un siècle à l'avance l'histoire de notre propre aventure. C'est incroyable ! Dans sa fusée, il y avait également trois membres d'équipage. En plus, leurs noms ressemblent à ceux d'Apollo 8. Ils furent lancés de Floride un certain mois de décembre également, et ils furent récupérés dans l'océan.

– Durant votre mission d'Apollo 8, c'était Noël. Avez-vous éprouvé une certaine nostalgie dans le fait de vous trouver en dehors du monde, séparé des vivants et isolé dans l'espace ?

– Oui, nous y pensions sans cesse. En dépit du travail absorbant dont nous avions la charge, les communications incessantes avec Houston et le caractère devenu grand public de notre mission.

– Et le soir de Noël, à qui pensiez-vous ?

– À nos familles, aux êtres humains innombrables sur la Terre et à la messe de minuit dont nous serions privés, séparés de nos femmes et de nos enfants.

– Avez-vous fait une prière ?

– Chacun a dû faire la sienne. Mais ce que nous avons récité tour à tour avec retransmission aux hommes de la Terre fut la lecture de la Genèse. C'est moi qui ai commencé :

« *In the beginning, God created ...*

... from the darkness ».

Puis Lovell a enchaîné:

« *And God called the light Day ...*

... and the morning were the first day. »

À cet instant, je savais, bien sûr, que cette lecture marquait le début du monde. Mais notre mission à nous, aujourd'hui, dans l'espace, était une sorte de renaissance. Lovell, cependant, poursuivait sa lecture :

« *And God called the firmament Heaven ...*

... and the morning were the second day... »

L'ombre s'allongeait sur la Mer de Tranquillité, alors même que Borman terminait la lecture:

« *And God called...*

... And God saw that it was good. »

Et tout devait s'achever dans le module par « Bonne nuit ! Meilleurs vœux ! Joyeux Noël ! Que Dieu bénisse chacun d'entre vous sur notre Terre ! »

Il enchaîna par une anecdote assez insolite. Quelques jours avant leur envol, les trois compères étaient venus de Houston en T38 pour gagner le Cap Canaveral. Frank Borman, James Lovell et Bill Anders devaient aussitôt s'engouffrer dans les logements de service qui leur étaient dévolus. Ils comportaient des salles de réunion et de détente, mais ils étaient strictement interdits à quiconque, car ils étaient aseptisés.

Le danger était trop grand d'attraper ne serait-ce qu'un coup de froid. Ils n'en continuaient pas moins à réviser leur plan de vol et les données techniques des manœuvres de précision à opérer suivant de longues check-lists qu'ils finissaient par savoir par cœur.

À leur grande surprise, qui virent-ils se présenter devant eux ? Charles Lindbergh lui-même, qui atterrissait comme dans un mirage. Son nom était légendaire et, je l'ai dit plus avant, il accompagnait sa femme Anne avec laquelle j'avais tant discuté au Stanhope à New York.

– Alors, les gars, en grande forme ? les questionna Charles en parlant à la cantonade.

– Tout est OK.

– Si j'avais votre âge, je serais bien parti avec vous. L'Atlantique est devenu la Cinquième Avenue ! La Lune, ah, la Lune ! Maintenant, c'est cela l'aventure, la vraie, la grande aventure. Lindbergh, d'habitude taciturne, devenait disert. Il avait soixante-six ans, il était grand et bien bronzé.

– Que de progrès depuis plus de quarante ans ! s'exclama Frank Borman. La technologie aujourd'hui nous assujettit. Au point où nous devenons son jouet.

– La dépendance n'est qu'apparente, s'exclama Anne. La valeur de l'homme reste intacte. Comme sacrée.

Un dîner frugal retint les trois astronautes et les deux visiteurs surprise.

– Oui, reprit Charles Lindbergh, c'était l'inverse à mon époque. La technique était rudimentaire. Tout reposait sur mes épaules, ma résistance, et surtout, ma détermination.

– Ce fut un grand exploit, Charles, opinèrent les trois compagnons lunaires. Vous êtes notre prédécesseur dans la grande aventure.

– En une seconde, vous avez consommé dix fois plus que je ne l'ai fait pour aller à Paris, s'esclaffa Charles.

– Que vos chances de succès soient en proportion ! s'exclama Anne Morrow Lindbergh.

À Chamonix, en dehors des honneurs que Bill Anders acceptait non sans résignation, en tout cas avec modestie, et hormis les conversations enfiévrées que nous avions sur les vols d'astronautes, il mourait d'envie de découvrir nos belles montagnes. Marcher, il n'en avait pas le temps. Monter en téléphérique, il n'était pas homme à s'enfermer dans un nouveau module, la cabine, enchaînée cette fois par des câbles. Piloter un avion lui était facile, mais l'empêchait d'admirer de près et lentement les faces et les arêtes. Il opta pour l'hélicoptère, qu'il manipulait comme une bicyclette. Avec un copilote pour bénéficier de la connaissance du massif, il décolla sans problème de la DZ[1] de Chamonix à la découverte de nos sommets. Il n'en avait pas vu de tels sur la Lune !

Enthousiaste, il devenait intarissable à son retour. Il fallut quelques instants de détente et l'approche du dîner informel pour reprendre nos conversations. À présent, il s'agissait d'Apollo 11, c'est-à-dire du débarquement sur la Lune.

Il me tardait d'en savoir plus sur leurs pensées, leurs motivations, leur comportement et leur manière de concevoir l'avenir. Certes, je m'interdisais d'enquêter sur les trésors d'un royaume sacré et secret : ce que l'on est au fond de soi-même. Je voulais par exemple savoir s'ils avaient décidé ensemble lequel des deux, Armstrong ou Aldrin, serait le premier à débarquer sur la Lune. Car toucher le premier, c'est presque posséder. C'est en tout cas ce que j'avais ressenti en mettant mon pied sur le sommet de l'Annapurna. Tenzing, en 1953, après avoir atteint le sommet de l'Everest, avait déclaré : « Ce n'est pas une conquête, c'est un pèlerinage. » Qu'en avait-il été pour celui qui avait marché pour la première fois sur la Lune ?

– Leurs sentiments étaient les mêmes, m'avoua Anders. Songez, par exemple, que Buzz Aldrin, le compagnon de Neil Armstrong, lors d'Apollo 11, souhaita prier et communier.

– Il n'avait pas de vin ni d'hostie ! Non plus de calice ! Ni les Évangiles !

– Mais si, mais si ! Il avait tout. À titre de précaution et pour éviter des critiques adressées après la lecture de la Genèse au cours de la mission Apollo 8, le patron de la NASA, dûment prévenu, avait demandé que cette cérémonie personnelle reste discrète et ne soit pas télévisée.

– Comment a-t-il été procédé ?

– Il disposa, sur son plan de travail où se trouvait aussi son clavier, tous ses objets liturgiques, et il lut un extrait de

1. Dropping Zone : l'aire d'atterrissage

l'Évangile selon Saint-Jean : « *I am the wine and you are the branches. Whoever remains in me and I in him will bear much fruit. For you can do nothing without me.* »

Puis il pria et il communia en remerciant le Seigneur.

– Que fit son compagnon Neil Armstrong pendant cette communion privée ?

– Il ne voulait pas être en reste. Il cita quelques passages de la Bible, des extraits de livres de Shakespeare et d'autres poèmes.

En ce moment historique où l'Amérique avait accompli un exploit sans précédent, le succès, pour ne pas dire le triomphe, devait être réellement célébré. À l'image de la pensée de cette petite fille népalaise qui, à l'école, répondant à un astronaute en visite à Katmandu, s'était exclamée : « Mais alors, si vous avez marché sur la Lune, vous êtes un dieu » !

***

Un souvenir de ma mission aux États-Unis me vient à l'esprit. La délégation française était dirigée par Michel d'Ornano, ministre de l'Industrie. Comprenant des scientifiques et des experts du nucléaire, des dirigeants de l'administration et du gouvernement, enfin quelques journalistes spécialisés dans le nucléaire et l'écologie, elle avait quitté Washington pour Chicago afin de visiter une centrale à eau pressurisée, non loin de cette ville et d'une puissance de l'ordre de mille mégawatts.

En sortant de l'aéroport, nous nous trouvâmes face à face avec Ralph Nader, l'un des plus grands leaders du mouvement écologiste américain, accompagné par de nombreux militants.

– Bonjour, mes amis français, nous dit-il.

– Bonjour à vous, monsieur Nader, répondit courtoisement Michel d'Ornano en notre nom à tous.

– Vous avez dû vous entendre comme larrons en foire avec la commission de Washington?

– Pas comme larrons en foire, corrigea Michel, mais comme hommes de conviction …

– … nucléaire, persifla Nader.

– Cette forme d'énergie est pour nous la plus propre de toutes. La plus sûre aussi dans la mesure où l'ensemble des précautions sont rigoureusement respectées. Ainsi procédez-vous dans votre pays. Ainsi faisons-nous dans le nôtre.

– Et dans les pays communistes.

– Nous n'en sommes pas responsables.

– En cas d'accident, les nuages radioactifs ne connaissent pas de frontières.

– Ces temps derniers, nous avons visité – non pas inspecté – les tranches nucléaires de Tchernobyl.

– Et alors?

– Il est vrai qu'elles ne respectent pas nos propres normes de sécurité. Par exemple, il n'y a pas, comme dans les nôtres, d'enceintes de confinement. C'est justement pour harmoniser nos normes de sécurité que nous sommes venus à Washington. Nous dépendons tous les uns des autres. Êtes-vous satisfait de cela, monsieur Nader ?

– Si la perfection est de ce monde, oui. Hélas, elle ne l'est pas. Un accident est donc toujours possible.

– Préférez-vous la pollution des centrales à mazout ou à charbon dont vous ne parlez jamais ? Elles couvrent pourtant la majeure partie des besoins ici, et vous le savez. Dans l'hydraulique, un barrage peut toujours lâcher. Les secousses sismiques sont parfois redoutables…

– Oui, mais tout cela est déjà réalisé.

– Donc vous acceptez le passé, mais vous voulez bloquer l'avenir?

– La réalité est plus compliquée. Il faudra en reparler.

– Reparlons-en, monsieur Nader, mais tâchons de trouver un lieu plus convivial et plus calme que ce couloir d'aéroport.

Et nous nous séparâmes sans en venir aux mains. Les pacifistes, on le sait, sont parfois les plus agressifs.

Rapidement nous quittâmes les lieux. Il nous fallait visiter la centrale à eau pressurisée dont j'ai parlé plus haut. Accueillis avec beaucoup d'amabilité par son directeur et son équipe de collaborateurs, nous commençâmes la visite sans attendre. Tout nous fut ouvert, montré, expliqué. Revêtus de blouses blanches, et le chef protégé par un casque, nous entrâmes dans le saint des saints. À l'issue de notre longue visite, nous dûmes passer par un étroit couloir, sortir de l'enceinte de confinement et monter sur une sorte de balance surmontée d'un énorme cadran, qui indiquait l'éventuelle imprégnation radioactive dont nous aurions pu être marqués. Pour chacun de nous, l'aiguille resta heureusement fixe. Aucun indice de radioactivité. Derrière moi dans la file, se trouvait le plus acharné des journalistes écologistes. Mon tour arriva, l'aiguille resta bloquée à zéro.

– Ça va, on a compris!

– Pourquoi dites-vous cela ? répondis-je.

– Parce que c'est du cinéma.

– Voyons avec ma montre Oméga dont les aiguilles sont luminescentes.

Je collai la montre contre la paroi de contrôle. L'aiguille se mit aussitôt à tourner. Pourtant la phosphorescence était bien faible. Le journaliste très connu fit immédiatement amende honorable.

– Ah, je ne l'aurais pas cru, dit-il d'un air déçu.

En retirant mon bras, l'aiguille revint instantanément à zéro. Chacun le sait, quand la passion l'emporte, il n'y a plus de mesure ! En sortant, nous vîmes un pêcheur paisible sur le bord de la rivière.

– Il ne peut pas y avoir de poissons dans cette eau radioactive ! rétorqua le même journaliste. Il est là pour donner le change, c'est évident.

À ma question, le pêcheur, muni d'un large chapeau texan, répondit :

– Auparavant, il n'y en avait pas. À présent, la pêche est miraculeuse.

– Vive la centrale nucléaire ! s'écria en riant le journaliste têtu.

À trop vouloir prouver, on tombe dans le ridicule. Et ses articles dans l'un des journaux français les plus respectés furent, en toute objectivité naturellement, de la même veine.

***

Parmi les premières invitations que je reçus, se trouva celle venant de Bruxelles. Le palais des Beaux-Arts était plein à craquer. Les Belges sont enthousiastes. Plus que les Français. À l'issue de la séance, de nombreux spectateurs et spectatrices vinrent vers moi. Ils tenaient à me voir de près et à me questionner.

– Cher monsieur, me dit une vieille dame élégante et distinguée. Vous êtes pour moi un héros. Une seule critique toutefois : pourquoi avez-vous un tel accent français ?

Deux ou trois jeunes filles blondes, ravissantes, s'approchèrent de moi au point de me toucher.

– Monsieur Herzog, vous avez eu les deux mains gelées. Mais les pieds ?

– Également, mesdemoiselles.

– Mais, monsieur Herzog, et… le cinquième membre ?

– Le seul opérationnel !

Il me faut l'avouer, j'avais du mal à rester sérieux. Parmi les gens attendant dans la file, se trouvait une femme d'âge mûr qui ne cessait de me couver de son regard. Peut-être n'étais-je pas charitable mais je la trouvais particulièrement laide. Arrivée à bon port, c'est-à-dire en face de moi, elle me posa les mêmes questions que les jolies blondes. De la même manière, elle me héla, le verbe n'est pas trop fort :

– Et… en bas, me demanda-t-elle sans sourire, il est gelé aussi ?

La réponse fut différente et même décourageante.

– Hélas ! madame, hélas ! dis-je en levant les bras, l'air accablé.

12. EN QUÊTE D'AVENIR

Il n'était pas question un seul instant de vivre toute mon existence sur ce qui fut. Si tous ces voyages et toutes ces rencontres m'enrichissaient intellectuellement, j'étais cependant insatisfait. J'aurais peut-être pu, en perfectionnant chaque jour davantage mon expression, vivre ainsi des moments agréables et sécurisants, de nombreuses années durant, sur un petit trésor. Mais l'Annapurna et ses tragédies représentaient pour moi le passé. Déjà, j'avais des réactions de rejet lorsqu'il fallait que je parle et que j'écrive encore sur le même sujet. Est-ce cela une vie, répéter sans arrêt ce que l'on a connu jadis ?

Un jour, chez Nina, une discussion animée s'engagea à propos précisément de l'avenir qui pouvait m'être réservé.

– Avec joie, je constate vos progrès, cher Bara. Vous avez enfin gagné votre indépendance, me dit-elle avec une pointe de regret.

Bara était le nom qu'elle seule m'avait donné. Il vient de *bara sahib.* Cette appellation est accordée en Inde et dans les pays himalayens aux chefs d'expédition. Elle signifie, non sans quelque grandiloquence, « chef des seigneurs ». Plus prosaïquement, on peut aujourd'hui traduire *sahib* par monsieur.

– Personne ne me propose plus de m'aider. Donc, je suis normal. Quelle joie d'être comme tout le monde ! Ma liberté est enfin reconquise.

– Pour vous, Bara, l'idéal est d'être aujourd'hui comme tout le monde. Vite, très vite, je vous connais, vous souhaiterez vous distinguer. Votre ambition sera de devenir meilleur, plus grand et plus vrai que les autres. Ce sera là votre réelle libération, votre véritable victoire. Certainement la plus admirable.

Telle était sa tactique du cœur, à Nina. Fixer un objectif, un idéal à celui qu'elle aimait. Ainsi, elle me manifestait son amour. À sa manière.

– Vous allez donc repartir ? me demanda-t-elle, déjà inquiète. Repartir de longs mois dans des pays lointains. Vos conférences vous appellent.

– Oui, Nina, je pourrais continuer si…

– Au conditionnel ?

– Parce que j'ai décidé d'arrêter.

– Et… pour quelle raison ?

– Me voyez-vous vivre sur un héritage ? Répéter toujours la même chose comme un perroquet ?

– D'autres le font bien. Et avec succès. Regardez vos amis Paul-Émile Victor, Jacques-Yves Cousteau, Haroun Tazieff, Théodore Monod… ils ont tous continué dans leur ligne. Ils sont cohérents avec eux-mêmes. Leur passion est unique. Ils y restent fidèles. Eux !

– Moi aussi, je reste fidèle à ma passion. Celle de l'aventure de l'homme. Pas seulement sur une montagne. Un idéal n'est jamais spécialisé. Il existe en tout lieu, en tout domaine. Toutes nos facultés doivent y contribuer, celles de l'esprit, de l'imagination. Comme nos capacités physiques, notre habileté. Si l'aventure est une, le terrain est multiple.

– Votre vie n'y suffira pas. Dans le meilleur des cas.

– Parmi nos proches, voyez l'exemple de Jean-François Deniau. Il est pluriaventurier. Avec des hommes géniaux comme Robert Oppenheimer, Pablo Picasso, vous pouviez et pouvez encore, pour certains d'entre eux, parler de sujets qui leur sont étrangers. Ils ont des idées passionnantes dans de nombreux domaines. Et même, ils tirent leur originalité et leur profondeur de leur vision extérieure, comme si de loin, en prenant du champ, on pouvait mieux voir et mieux approcher la réalité. Sans se perdre dans les détails. Au contraire, ils sont dotés d'une double voyance en considérant que l'âme qui nourrit une architecture, divulgue sa vérité.

– Alors… que comptez-vous faire plus tard ?

– Travailler, gagner ma vie, comme tout le monde. Reprendre mon travail dans l'industrie. Cela va être dur, très dur, je le sais.

– L'anonymat, la hiérarchie, les coups bas… Êtes-vous si sûr de vous ?

– Non, mais, je dois passer outre. Ce sera une épreuve. morale. Après un temps, il me faudra tirer mon épingle du jeu. Ce sera un autre Annapurna.

Plus tard, Nina et Henry de Ségogne poursuivirent cette conversation. Elle me fut rapportée ainsi :

– Le Bara d'aujourd'hui n'est plus le même que le Maurice Herzog d'autrefois. Ils sont étrangers l'un à l'autre !

– Nina… voyons ! Ils sont nés du même père et de la même mère. Leur éducation, leur jeunesse furent identiques. Je ne crois pas à la métempsycose, que diable !

– Dans ce cas-là, si ! L'approche de la mort est un révélateur. Y compris pour lui-même. Il lui faudra du temps, beaucoup de temps pour le réaliser.

– Est-ce cela qui vous a attirée vers lui ?

– Inconsciemment, peut-être.

– Nina, je l'ai connu… avant. C'était un ours mal léché. Il n'avait aucune espèce d'intérêt. Vous qui avez tant de culture, de sensibilité, comment avez-vous pu vous éprendre d'un garçon perdu dans ses problèmes d'industrie, gentil mais sans manières ?

– Comment l'expliquer, Henry ? La logique n'est pas une panacée. Rationnellement, vous avez raison. Humainement, vous avez tort. Je sens ce qu'il peut devenir. Il est deux fois né. Sa nouvelle vie s'annonce passionnante. Si l'on s'y prend bien !

– Mme de Warens ? dit-il, moqueur.

– Votre parallèle est idiot, Henry ! Vous perdez pied. D'ailleurs, si je voulais vous prendre au mot…

– Allez-y !

– … je vous citerais nombre d'hommes célèbres, ayant du génie ou du talent, dont la personnalité fut « mise au monde » et valorisée par une femme.

– Une sorte de maïeutique, en quelque sorte ?

– N'est-ce pas le prolongement de notre vocation ? L'intuition féminine, l'amour guident les destins et, ajouta-elle mezza-voce, sans oublier la grâce de Dieu !

Quelques mois plus tard, une nouvelle discussion devait intervenir entre Nina et moi. Mes activités industrielles avaient repris.

– Alors, me demanda Nina, dubitative, cette nouvelle aventure dans les bureaux ?

– Ingrat, plus que je ne pensais. Usines, bureaux… Le monde du travail. Cet univers est sans âme. Je ne suis qu'un numéro. Je sombre dans l'anonymat. Pis, le banal. Peut-être même le dérisoire…

***

Dans cette vie de grisaille, heureusement, quelques éclairs surgissaient parfois. Comme cette visite insolite reçue dans mon bureau anonyme de Kléber-Colombes. Celle d'Hergé. L'épopée de l'Annapurna lui avait donné une idée. Celle de consacrer un ouvrage à l'Himalaya, devenu désormais à la mode. Encore aujourd'hui, je me souviens de cette matinée passée ensemble pour imaginer une histoire. Au cours de notre discussion, je lui suggérai de s'inspirer d'une légende encore très vivante de nos jours, celle de l'abominable homme des neiges, autrement dit du yeti. Il faillit tomber de sa chaise tant son imagination se mit à exploser. Tous les ingrédients étaient réunis : pays lointain et peu connu, voire inconnu, mœurs étranges, religions différentes, mystères en tout genre.

– Je tiens mon histoire, exulta-t-il, grandement merci, cher monsieur Herzog, de vos conseils et de vos informations. Déjà, j'ai trouvé le titre : *Tintin au Tibet.*

***

– Bara, poursuivait Nina, votre intention de revenir dans l'industrie était louable. C'est trop dur. Votre erreur est d'avoir voulu reprendre les mêmes fonctions qu'auparavant. Mais Bara, vous n'êtes plus le même. Le constat crève les yeux. Pourquoi être si modeste ? Votre tentative était vouée à l'échec.

– C'était un défi. Oui, c'était un défi. Mais impossible à relever. Un jour, Nina, j'ai été envoyé en mission professionnelle à Lyon. Il s'agissait d'étudier la situation régionale avec l'agent de la firme pour laquelle je travaillais. Venant de Paris, Je suis arrivé en gare de Perrache. Le quai était noir de monde. Il y avait de nombreux militaires en uniforme, de hautes personnalités à en juger par leur tenue. La capitale régionale doit recevoir un ministre, pestais-je en moi-même. Dans un tel brouhaha et une telle foule, comment trouverais-je ce M. Condamine, le délégué régional à qui je devais avoir à faire ? Et au bout de combien de temps ? Les portes des wagons étaient bloquées. Personne ne pouvait ni descendre ni monter. Sur le quai, je dénotais quelques mouvements d'impatience. Où étaient-ils, ces ministres ? Les compartiments étaient passés au peigne fin par des commandos. L'un d'entre eux s'est engouffré dans le mien : « Le voilà ! Le voilà ! » À l'instant, j'ai été happé, porté et exhibé comme un trophée de guerre. « Le voilà ! Le voilà ! » se sont-ils mis à hurler derechef pour que nul n'en ignore rien. Le tapis rouge, en un clin d'œil, a été déroulé sous mes pieds. Ébahi et quelque peu dérouté, j'ai fait quelques pas. Tour à tour se sont avancés, vers moi pour me souhaiter la bienvenue, le préfet, le maire, les sénateurs, les députés… En grande pompe, j'ai été conduit à l'hôtel de ville. Et durant deux jours, je n'ai pas eu une minute de répit, tant les cérémonies alternaient avec les réceptions officielles, les souhaits de bienvenue et les discours de circonstances. Le protocole ne me laissait aucun instant de libre et, le jour du départ, bien loin, isolé dans la foule, j'ai aperçu mon collègue Condamine. Tous deux, nous avons levé nos bras vers le ciel. Ainsi s'est terminée ma mission.

Nina se moqua gentiment de moi.

– Bara, vous n'êtes plus un ingénieur. Votre personnalité nouvelle éclate dans un habit aussi étroit. L'enfant sorti du ventre de sa mère n'est plus. Le nouveau Maurice Herzog est tout en haut, là-haut !

Henry de Ségogne entra sur ces entrefaites. Toujours cérémonieux, surtout vis-à-vis des dames de la société, il attaqua immédiatement.

– Votre présence en ces lieux me surprend, mon cher Maurice, persifla-t-il.

– Que disions-nous ? Oui, nous parlions avec Bara de son erreur d'aiguillage. Il a voulu se cramponner à la vie plate d'employé de bureau.

– Précisément, l'interrompit Henry, c'est très bien. Que vouliez-vous qu'il fasse, chère Nina ? Faire le Jacques dans le monde entier ? Jouer à l'explorateur toute sa vie ? Se pavaner devant les foules comme un faux ambassadeur ? Tout cela, conclut-il, n'est pas sérieux et ne saurait durer qu'un temps.

– Et son livre, dit Nina, c'est toujours un best-seller. Pourquoi n'écrirait-il pas ?

– Mais, dis-je, l'Annapurna est un cas spécial. Ce livre est lié à une aventure. Elle ne se reproduira pas. Je ne suis pas pour autant un écrivain…

– Je ne suis pas de cet avis, rétorqua immédiatement Nina. Tous les écrivains venant dans cette maison vous envient.

– Ce n'est qu'un compte rendu, ajoutai-je.

– Comme les *Commentaires de la guerre des Gaules*, ironisa Nina.

– Je ne suis pas César.

– Mais le livre est poignant, Bara. C'est un témoignage exemplaire. Sa signification est édifiante. Son authenticité touche le cœur.

– Et s'il n'y a plus de réalité pour pérenniser l'histoire ?

– Il y a la fiction, Bara ! Brusquement vous devenez libre. Vous vous affranchissez des contraintes factuelles. Puis-je même vous le dire, Bara, et à vous aussi, Henry : l'imagination est souvent plus vraie que les faits eux-mêmes.

Henry bourrait sa pipe de plus en plus nerveusement. Il nous interrompit.

– Maurice ferait une bêtise en se lançant dans la littérature. Sa formation et ses goûts ne l'y portent pas.

Et, se tournant vers Nina, il poursuivit :

– Il doit continuer dans l'industrie. Il doit s'accrocher. Un jour, le destin lui sourira. Ce n'est pas facile, Maurice, car il vous faut organiser vos deux existences, celle de l'homme célèbre, et celle d'un industriel anonyme.

– Il est vrai que Maurice est devenu un homme public malgré lui, dit Nina.

– En tout cas, conclurent-ils en chœur, pas de politique !

13. AVEC LE GÉNÉRAL DE GAULLE

Le lendemain, je recevais un coup de téléphone d'André Malraux me disant que de Gaulle cherchait un homme comme moi pour tenter de redonner un idéal à notre jeunesse. À la veille de la révolution qui menaçait, le Général était arrivé au pouvoir. La IVe République se mourait. La Ve était en devenir. L'affaire algérienne avait mis le feu aux poudres. La France était au bord de la guerre civile.

Le Général me convoqua aussitôt après à Matignon pour me nommer haut-commissaire à la Jeunesse et aux Sports. L'entretien fut bref et cordial. Dois-je avouer que j'étais ému ? Ayant été témoin de la vie publique et parfois acteur dans des moments extrêmes, mon ambition était d'apporter un peu de justice dans cette période charnière qui allait modifier le destin de la France. Participer à une immense action de rénovation politique et morale m'enthousiasmait.

J'eus le privilège et l'honneur de la vivre aux côtés d'un géant de l'histoire. Nos entretiens étaient fréquents. Jamais je n'aurais envisagé d'être soutenu et encouragé de la sorte. Une fois par semaine au moins, le Général de Gaulle s'inquiétait du développement de la mission qui m'avait été confiée. Au départ, elle m'apparut titanesque. Devenu président, le Général me convoquait de temps à autre à l'Élysée pour s'enquérir simplement de mes besoins. Il est le plus grand personnage que j'aie jamais connu. Contrairement à son image, c'était un homme affable, s'intéressant profondément aux autres. Sa vision planétaire m'impressionnait.

***

Je me lançai ainsi en politique comme on entre en religion. Le service de l'État me paraissait sacré. Il l'était d'autant plus à mes yeux que je provenais d'un milieu professionnel privé et sortais d'une vie d'aventures. Je ressentais tout simplement comme un honneur d'être au service des autres. N'est-ce pas le sens premier d'un « ministère » ?

J'ai toujours considéré comme une trahison que l'on accorde des privilèges ou des préférences à certains, en raison de leurs idées politiques, philosophiques, de leur influence dans les médias… Il en est de même quant aux priorités données aux amis de sa région d'origine, voire de sa commune, aux hommes plutôt qu'aux femmes, aux anciens plutôt qu'aux jeunes et réciproquement. Ma règle d'or était de devoir ignorer les clivages quels qu'ils soient.

Était-ce la grande illusion ? Hélas, tout devait démentir ce credo autour de moi. Qu'à cela ne tienne. S'il le fallait, je serais seul. C'est pourquoi mon accord avec le Général de Gaulle était complet. Son irruption dans le destin du pays en juin 1940 lui conférait bien sûr une très haute crédibibilité. Immédiatement et avec soulagement, j'y avais adhéré du plus profond de mon cœur. Il incarnait les grands thèmes auxquels il resta fidèle jusqu'à sa mort.

Il fustigeait les partis. Chacun le sait. Estimant que son idéal pour la France devait toucher et convaincre directement tous les citoyens. Comment se cloisonner dans des formations souvent sectaires, quand on s'adresse à tous ? De fait, la philosophie gaulliste trouvait des partisans dans tous les mouvements politiques. Certes, il eut besoin plus tard d'une structure issue directement de lui. Car elle lui permit de mieux exprimer et transmettre au plus grand nombre ses idées et de s'en servir comme d'un bras séculier. Mais il considéra toujours qu'au-delà de cette structure, il était l'interlocuteur naturel de tous les Français. L'analyse de son électorat à l'époque démontre un universalisme sans doute unique depuis l'avènement d'une démocratie en France.

Ainsi donc, j'étais en phase avec lui. Dès mon intronisation comme membre du gouvernement, il avait été convenu qu'en aucun cas, et jusqu'à nouvel ordre, je n'entrerais dans un parti. Ma mission, telle que nous la concevions, était de m'adresser au peuple des jeunes sans en exclure certains.

Dès lors, pour moi, il n'existait pas de barrière me séparant d'une fraction de notre jeunesse. Parler à tous était mon devoir. Jamais je n'ai fait de distinction entre la droite et la gauche, y compris, et surtout, dans la gestion du ministère. Les meilleurs et les plus qualifiés, quels qu'ils fussent, devaient passer avant les autres.

Avant l'arrivée du Général à la tête du pays, les gouvernements éphémères de la IVe République ne cessaient jamais, aux moindres aléas, d'être renversés pour dénouer une crise politique. Sans stratégie, hors celle de rester au pouvoir, il leur fallait surtout ne jamais avouer à la population leur totale impuissance à changer le cours de l'histoire. Aussi, d'un commun accord, à la condition qu'il fût implicite, les gouvernements organisaient leur mise en minorité. Ces fausses tactiques n'étaient que dérisoires et s'apparentaient à des pantalonnades. Ainsi je me rappelle, encore étudiant, que l'un d'entre eux « était tombé » comme l'on disait alors, en butant sur l'indemnité de panier des cheminots. Dès le lendemain, de pénibles et longues tractations s'étaient engagées pour monnayer des portefeuilles qui n'étaient à leurs yeux que des verrous politiques. Les mêmes ministres revenaient comme dans un jeu de chaises musicales.

***

Le Général de Gaulle, avant même d'exercer effectivement le pouvoir, à son retour en France, avait demandé aux fonctionnaires de rester à leur place et d'agir *ad minorem*, de crainte qu'ils ne fussent remplacés par des collaborateurs infiniment plus zélés, voire fanatisés. Était-il souhaitable de radicaliser l'administration ?

On a ainsi voulu faire un exemple de Maurice Papon. Force est de reconnaître qu'à l'époque, compte tenu de son jeune âge, il n'était qu'un sous-ordre. Son cas n'est aucunement comparable à celui des vrais et grands coupables cités par ailleurs. Ceux qui avaient décidé de leur propre chef, et fait exécuter leurs ordres d'arrestation et de déportation. Souvenons-nous des rafles du Vél' d'Hiv', d'Isieux et de Voiron. Certes, il eut apparemment tort de signer ces listes de candidats à la déportation même si, à l'époque, il n'en mesurait pas les tragiques conséquences. Ce n'est qu'au printemps de 1945, il faut le dire et le redire, à Bergen-Belsen, que les unités britanniques, au cours de leur avance, ont découvert l'horreur de l'Holocauste. L'histoire en sera pour toujours déshonorée. Quoi qu'on fasse et quoi qu'on dise. Même si l'on veut purifier la mémoire, comme l'affirment les théologiens du Vatican. Papon aurait-il dû démissionner ? Certains l'auraient accusé de déserter. En restant en poste, il devenait, pensait-il, le gardien du moindre mal. Il sauvegardait ce qui était en son pouvoir. S'il y avait danger majeur (souvenons-nous du serment à Pétain), il pouvait s'enfuir comme beaucoup l'ont fait. On ne saurait obéir à des ordres contraires à sa conscience. Pourtant, n'oublions pas les instructions du Général lui-même dès 1942 aux fonctionnaires métropolitains de rester en poste et d'éviter par tous les moyens des réactions de suspicion. Le préfet, le vrai responsable, lui intimait l'ordre de parapher par délégation de signature et non de pouvoir – il savait ce qu'il faisait –, dégageant ainsi entièrement, devait-il lui dire, la responsabilité du signataire matériel réduit au rôle de simple exécutant.

Son cas n'a aucun rapport avec de véritables criminels de guerre contre lesquels des actions d'État eussent été absolument justifiées depuis la Libération et contre lesquels rien n'a été fait de sérieux. En ces temps douloureux, il faut bien reconnaître qu'il y eut des quantités de Papon, mais un seul Bousquet.

Comment se prononcer sur le cas de Bousquet, non déclaré suicidé, lui – cela faisait trop ! –, mais rappelons-le, assassiné en 93 par un exécuteur – aux ordres de qui ? – et qui fut aussitôt proclamé déséquilibré ? Comme dans d'autres précédents, il n'y eut guère d'investigations. Dans les affaires de « suicides », il n'y avait pas eu d'enquêtes non plus. Par respect des morts, dit-on !

À la Libération, il fut d'ailleurs difficile pour le patronat de se trouver un président indiscutable, découvert néanmoins en la personne de, Georges Villiers, chef d'une PME de la région Lyon-Saint-Étienne. Il avait été déporté et, à ce titre, était présentable. Sa candidature fut providentielle. Tous les présidents de société, des plus grands aux plus petits, tous les syndicats professionnels se rangèrent derrière lui. Ce fut une aubaine politique.

***

Pour donner un exemple de la prédilection populaire en faveur de Vichy, j'évoquerai la visite, à Lyon, de Pétain pendant la période de collaboration, et celle du Général de Gaulle après la Libération, bien sûr, mais surtout durant les premiers pas de la Ve République.

Rien n'était assez beau ni assez grand pour recevoir le premier. Lyon s'était mise en frais. La ville était en liesse. Les avenues bondées de monde étaient décorées, j'allais dire couvertes de drapeaux. Les musiques militaires, installées sur les places, entraînaient le peuple dans la joie et l'enthousiasme. À la cathédrale Saint-Jean, une messe solennelle, suivie d'un *Te Deum,* fut célébrée en l'honneur du Maréchal. Le cardinal-archevêque, Mgr Gerlier, primat des Gaules, s'était porté au-devant du chef de l'État français. Il avait cheminé lentement vers lui tout au long du tapis rouge déroulé sur la place, à la tête d'une longue cohorte de prêtres, de diacres et même d'enfants de chœur, depuis le grand parvis jusqu'à la descente de la voiture officielle. Bien sûr, j'avais refusé d'y aller, bien que convié, en tant qu'officier, à lui rendre les honneurs. Ce jour-là, déclaré férié, on l'aura deviné, j'avais en effet « prévu » une course en montagne pour les militaires du fort Saint-Jean où je me trouvais en poste. Ils s'étaient tous déclarés volontaires. C'était la condition *sine qua non.* Sans doute étaient-ils tous dans la même disposition d'esprit. Il était impossible de traverser la ville tant il y avait de monde, alors même que la circulation automobile avait été interdite.

Prétextant une manœuvre hautement prioritaire, j'exigeai de mes hommes qu'ils se mettent en colonne. Au pas cadencé, nous nous mîmes en route pour nous rendre à Perrache. Devant nous, la foule s'entrouvrait pour nous laisser le passage. Les hommes de troupe, la police, les services d'ordre nous saluaient militairement. Les sacs de montagne étaient pris pour des paquetages enfermant vraisemblablement nos armes. Le public nous applaudissait à tout rompre.

Ce fut un bel exploit de désobéissance.

À son tour, donc une vingtaine d'années plus tard, le Général de Gaulle décida de rendre une visite officielle à Lyon. Il faut rappeler qu'il venait d'être démocratiquement élu au suffrage universel. En fait, il s'agissait de l'une de ses premières ou même, peut-être, de sa première manifestation publique. Fraîchement élu député, j'étais évidemment là, et fier d'y être.

Il n'y avait pas de drapeaux, la journée n'avait pas été déclarée fériée, aucun attroupement n'était là pour saluer le cortège. Aucun préparatif d'accueil ne nous attendait sur la place Saint-Jean. Bref, l'indifférence était générale. Un évêque coadjuteur vint isolément nous recevoir à notre arrivée. Après les salutations d'usage, il s'excusa car, du fait des travaux de ravalement, on ne pouvait franchir le porche. Effectivement, j'avais remarqué « quelques » planches se baladant sur la façade. Il fallut donc emprunter une porte latérale si exiguë que le Général dut se courber pour passer. Était-ce Canossa ?

Dans son sermon, l'évêque coadjuteur insista sur la sainte obligation pour tous les chrétiens, si grands qu'ils soient, d'être avec humilité l'égal des petits. Ce n'est pas sans quelque gêne que je l'écoutai. Le Général, en parfait chrétien, mais nullement dupe, suivit l'office avec dévotion et simplicité, laissant les prêtres médusés. Qui donnait une leçon à l'autre ?

Ainsi, on aura compris que le peuple, mais surtout le clergé, considéraient toujours que Charles de Gaulle, un général félon ayant combattu un régime presque théocratique, ne cherchait qu'à se construire une légitimité politique en se servant de l'Église. Certains, plus modérés, mettaient leur conscience en paix en considérant que le Général de Gaulle était « l'épée » et Pétain le « bouclier ». Mais ils étaient rares !

Le clivage profond entre un électorat resté fidèle aux valeurs de Pétain, de l'Église, et la vague montante et enthousiaste des partisans du Général persista si longtemps qu'on en constate les effets… encore aujourd'hui. Une partie de la gauche anticléricale issue de la Résistance se rallia par réaction au Général. Elle estimait que les curés s'étaient trop mouillés avec le régime précédent. De même, et je l'ai vécu, les bourgeois et les familles de bon milieu restèrent sur la réserve. Le plus souvent même dans une opposition sourde. À l'Assemblée, cette fracture politique se manifesta de la même manière dans la représentation nationale.

Beaucoup voulaient faire oublier leur compromission et peut-être davantage, dans le sillage de l'Église, avec Vichy. La césure, on le voit bien, était complète avec le groupe gaulliste que l'on voulait marginaliser à droite avec fébrilité. À diverses reprises, je fus le sujet, comme d'autres, de tentatives de « débauchage » pour changer de groupe et abandonner les gaullistes. Il faut mesurer l'acharnement chez certains à vouloir paraître ce qu'ils ne sont pas, à cacher ce qu'ils furent ou ce qu'ils sont, selon l'opprobre susceptible de les menacer. Notamment les représentants des grandes familles, de la haute société, les noms les plus distingués, vivant dans l'angoisse permanente de dénonciations, même très longtemps après la guerre, pour leur attitude durant l'Occupation.

À cet égard, la publication toujours possible des archives de la Gestapo, détenues par l'ex-KGB, en fait trembler plus d'un et reste en suspens au-dessus de leur tête comme une épée de Damoclès.

***

Un jour, le Général de Gaulle me demanda ce que je pensais de Valéry Giscard d'Estaing. Sa question me parut insolite et contraire à ses habitudes. Sentant ce qu'il voulait me faire dire, ma réponse fut louvoyante.

– Il n'est pas certain, lui répondis-je, que le ministre des Finances soit de cœur avec vous pour l'Algérie indépendante.

– Il n'y a pourtant pas d'autre issue, me dit-il. Dans un premier temps, je croyais fermement à une Algérie qui serait la France. Peu à peu, j'ai mesuré l'utopie.

– Mon Général, vous rendez leur indépendance à tous les pays africains. Comment concevoir une exception pour l'Algérie ?

– Oui, c'est le sens de l'histoire. Il est difficile de l'anticiper. Sauf à la faire.

– Valéry Giscard d'Estaing et sa garde rapprochée, le milieu social dont il est issu, attaché à Pétain, son père Edmond, titulaire de la francisque, traînent ce passé comme un boulet.

– Heureusement, rétorqua le Général, son engagement de vingt-trois jours dans la 2e DB alors qu'il n'avait que dix-huit ans, qui lui valut la Légion d'honneur à titre militaire, a permis de dédouaner sa famille. Il est très brillant. Polytechnique et l'ENA !

– C'était un beau coup, opinai-je.

– Régulier, il faut bien le souligner.

Et, en plissant malicieusement ses paupières, il ajouta :

– En le prenant au gouvernement, je lui ai apporté le reste.

– Pour en revenir à l'Algérie, pensez-vous, mon Général, que Valéry Giscard d'Estaing soutienne directement ou indirectement son maintien dans la souveraineté française ?

– Monsieur le secrétaire d'État, en politique, il ne faut jamais être dupe…

En levant ses deux bras, il ajouta :

– C'est un grand jeune homme si intelligent !

– Pourtant ses sentiments restent mitigés à votre égard, je veux parler de votre rôle historique. Et il a accepté votre offre ?

– Ce n'est pas le seul ! Dans l'ensemble, les Français étaient pour Pétain. Mais comment diriger un peuple si on le condamne ? Mon rôle était au contraire de le sauver.

– Somme toute, en prenant les rênes du pays, vous les avez graciés.

– Oui… jusqu'à les prendre dans mon gouvernement, me confia-t-il avec un air complice.

– Même si vous sentiez leur amertume rentrée et tenace ?

– Surtout !

– Il vous fallait un bras séculier fiable pour agir.

– C'est l'UDR, anciennement UNR – un mouvement, pas un parti. Mais les Français approuvant mon action se répartissent partout. De la gauche à la droite. Avec un point faible précisément : le centre… ou soi-disant tel !

– Certains affirment que la France doit être précisément gouvernée au centre.

– Il n'y a qu'une majorité et une opposition. Il faut choisir ! trancha-t-il, comme s'il s'agissait d'une évidence.

– Comment se classer si l'on a cru aux vertus de l'État français ? Bien sûr, je vise en ce moment les familles patriciennes, les hobereaux de province, les lignées d'aristocrates, les défenseurs de l'Église…

– Ils sont tous dans la majorité par calcul. Avec réticence. De cœur, ils sont dans l'opposition… par rapport à moi.

– Mon Général, les Français mettront du temps à assumer leur passé. Les clivages vont s'éterniser.

– Il faut expier sa mauvaise conscience.

– Espérons donc pour eux que les Archives nationales ne dévoileront pas trop vite leurs secrets.

– C'est mieux ainsi ! Voyez-vous le Général de Gaulle s'ériger en justicier ?

***

Comment ne pas parler de mes rapports étonnants avec André Malraux ? Au cours de conversations hachées d'éclairs et dont je ressens encore le caractère hallucinant, il imaginait les actions exceptionnelles que les jeunes Français, par mon intermédiaire, pouvaient et, dans son esprit, devaient accomplir. Il ne considérait à aucun moment l'intendance. Seule pour lui comptait la volonté de découvrir et d'inventer. De rechercher et de déchiffrer. De se cultiver et d'imaginer.

– Qu'est-ce que la culture ? lui confiai-je un soir, sinon la connaissance devenue conscience ?

Amoureux des formules, il me demanda, enthousiaste, s'il pouvait faire sienne cette affirmation.

– Elle est vôtre, André, lui dis-je.

– Faudra-t-il vous citer ?

– Non pas. Ce qui est donné est donné. Etre propriétaire, c'est pouvoir user et abuser. Allez-y, André !

Avec lui, mes rapports étaient insolites. Tous deux, nous avions approché et vécu la culture communiste. Lui, en y croyant, les armes à la main. Moi, en l'utilisant. Certes, il avait combattu en Espagne la dictature franquiste et, tous deux à notre manière, nous avions combattu les folies hitlériennes. Courageusement et avec une motivation extrême, il avait entretenu la flamme de la liberté. De même pour moi.

Ce qui lui manquait peut-être, c'était de n'avoir pu accomplir une action d'éclat. L'occasion pour lui ne s'était sans doute pas présentée. Il en était frustré et reportait sur moi ce qu'il n'avait pu illustrer lui-même à ses propres yeux. Combien de fois ne m'a-t-il pas déclaré qu'il aimait célébrer le culte du héros ? Pour lui, l'acte l'emportait souvent sur la fin.

***

Avril 1961, au temps de l'Algérie française. Paris était au bord de l'insurrection. Contre qui ? Ou au bord de la guerre civile. Entre qui ? L'OAS d'Algérie avait menacé de lâcher ses parachutistes sur la capitale et d'y acheminer ses troupes aéroportées. Les premiers objectifs eussent été les stations de télévision et de radio, l'Élysée bien sûr, Matignon et Beauvau enfin.

On était en pleine nuit. Personne n'osait déranger le Général qui se reposait. Devant l'imminence du danger, Michel Debré, alors Premier ministre, lança un bref appel sur toutes les chaînes de télévision et de radio, à la fois pathétique et péremptoire. Il parlait de généraux félons qui ne semblaient pas reculer devant une action de force contre l'État, c'est-à-dire Paris. Emporté par son élan, il pria les

Français d'aller au-devant des paras. Il leur fallait fraterniser, leur tendre les bras, les embrasser. Comment imaginer une riposte de la part de nos propres soldats, citoyens d'un même pays ? Les généraux de l'OAS étaient acculés au putsch s'ils voulaient faire basculer le destin de l'Algérie française et surtout éliminer, au besoin physiquement, le Général de Gaulle.

– Vite ! s'écria Michel Debré, Parisiens, Français ! Sortez dans les rues, envahissez les voies publiques, accueillez nos soldats les bras ouverts avec des fleurs, des guirlandes ! Vite ! répétait-il avec véhémence, arrivez tout de suite sur tous les lieux stratégiques, par tous les moyens, à pied, à cheval ou en voiture !

Les ministres avaient décidé de se répartir entre les différents centres nerveux de l'information et du commandement, notamment ceux de la Défense, de l'Intérieur, et bien entendu du Premier ministre. Pour l'Élysée, il fallait être plus discret. À cause du Général qui n'aurait pas apprécié ce remue-ménage. Il devait rester au-dessus de l'événement. Pour lui, n'était-ce pas une anecdote, un fait divers ?

Pour ma part, j'avais choisi d'aller avec André Malraux à l'Intérieur. S'y trouvaient déjà Roger Frey, le ministre de l'Intérieur, et Maurice Couve de Murville, ministre des Affaires étrangères. L'agitation dans le ministère était frénétique. On courait dans les couloirs. Des conciliabules se tenaient dans les bureaux. Des militants répondant à l'appel de Debré surgissaient dans la cour. Pour la plupart c'étaient d'anciens résistants. Ils reprenaient du service. Il y avait aussi nombre de jeunes gaullistes heureux de pouvoir en découdre.

Dans son bureau, Roger Frey centralisait les informations. Couve allait et venait. Malraux ne tenait pas en place, tout en affectant le calme olympien qui sied dans les grandes circonstances. Pour ma part, je m'efforçais de ne pas paraître agité et me plaçai à côté des téléphones. Ce détail aura son importance.

Subrepticement, Malraux disparut. Un messager lui avait confié que les militants, rassemblés dans la cour et même débordant sur la place, commençaient à s'impatienter. Ils voulaient avoir des nouvelles. D'accord pour cogner, aussi pour tirer, mais où et contre qui ? André Malraux apparut sur le perron. Au lieu de les informer, il les harangua. L'idée était géniale car, au fond, nous ne savions rien de ce qui se passait. S'il se passait quelque chose !

« Compagnons, oui compagnons de guerre, nous voulons nous battre aux côtés du Général, pour défendre une fois de plus la liberté. Une fois de plus nous gagnerons.

« Toute l'armée française est en Algérie. Ses soldats sont des nôtres. Vous entendez bien, compagnons ? Ce ne sont pas ces généraux félons, traîtres à la patrie, qui s'empareront du pouvoir. C'est le Général de Gaulle qui le gardera. Pour la grandeur de la France. Avec lui, nous vaincrons ! »

Déchaîné, Malraux hurlait. Ses narines frémissaient. Sa voix devenait rauque et caverneuse. Le déroulement de ses phrases était continu : sans temps d'arrêt ni reprise respiratoire. Tous l'imaginaient interpellant de la sorte les brigades internationales d'Espagne.

« Compagnons, reprit-il, vous êtes des partisans. Des partisans pour la plus noble des causes : le droit sacré de l'homme à la vie !

« Sortis de l'ombre, de l'anonymat, de la modestie, vous aussi vous êtes les soldats de l'an II !

« Demain, vous serez les héros de la France ! »

Réunis à nouveau dans le bureau de Roger Frey, on apprenait successivement que les radars à longue portée de l'OTAN en Sicile avaient décelé une agitation aérienne insolite dans le ciel algérien. Le service des écoutes de Marseille décryptait des messages inquiétants. Le radar d'Hyères constatait des mouvements aériens anormaux. Il n'était jusqu'aux pistes du nord de l'Île-de-France habituellement réservées aux services spéciaux qui se trouvaient être éclairées. Tous ces symptômes étaient, hélas, convergents.

L'heure était grave. Fallait-il déclencher l'alerte générale ? Actionner les sirènes, voire sonner le tocsin ? En silence, nous nous consultions du regard. Roger Frey crut sentir chez ses amis une approbation muette. En hésitant, il tendit son bras gauche vers le téléphone. Là, je lui saisis le bras. Avant de mettre la France en révolution, je proposai de consulter nous-mêmes en extrême urgence les responsables des centres de surveillance ou de contrôle. Bien sûr, l'opération prit un certain temps malgré les priorités absolues sur tous les réseaux téléphoniques protégés ou propres à la Défense. Un à un, nous décodions l'information. De Sicile, d'Hyères, de Marseille, les messages étaient les mêmes.

– Il nous semble que…

– On a l'impression que…

– Des parasites rendent inaudibles…

– Les balisages d'aéroport au nord sont maintenant éteints. Il s'agissait pourtant…

À l'évidence, il ne fallait prendre aucune initiative alarmante. En effet, le putsch se termina piteusement deux jours plus tard. Le peuple français de la gauche à la droite, sauf l'extrême droite, était politiquement hostile à une telle aventure. Le quarteron de généraux se désagrégea rapidement. Challe, qui eut le courage de revenir immédiatement à Paris, fut d'abord mis aux arrêts de rigueur par Pierre Messmer, ministre des Armées. Peu après, il fut incarcéré à la Santé. Le général Zeller se rendit quelques jours plus tard. Les généraux Jouhaud, Salan et les colonels, dont Godard, mon ancien chef de bataillon du 27e en Tarentaise pendant la guerre, choisirent de basculer totalement dans l'OAS et l'illégalité.

***

De temps à autre, le Général de Gaulle m'invitait à des déjeuners privés au palais de l'Élysée. Souvent en petit comité. Il me plaisait de m'y rendre tant l'atmosphère était conviviale.

Un jour, il reçut Akihito, le fils de l'empereur du Japon, donc le prince héritier. À l'occasion de son récent mariage avec Michiko, son père lui avait recommandé de voyager en Occident. C'était la première fois qu'il sortait de son monde. Les jeunes mariés étaient d'une timidité extrême. Encore que celle-ci, pour leurs traditions, n'était peut-être que le signe d'une éducation raffinée.

À la fin du déjeuner nous devions nous rendre au salon et, comme à l'habitude, le Général, suivant en cela les usages britanniques, pria les dames conduites par la Tante Yvonne, ainsi que nous l'appelions tous, d'aller dans leur coin « pour se poudrer ». De même les messieurs furent invités à se réunir non loin de là pour leur permettre, si besoin était, d'allumer un cigare. Ce fut d'ailleurs mon dernier car j'abandonnai peu après cette exécrable habitude.

– Monseigneur, s'enquit le Général auprès du prince héritier, connaissez-vous l'Europe ?

Il y eut un discret brouhaha et la traduction arriva.

– Non, mon Général, malheureusement.

– Monseigneur, je vais vous expliquer l'Europe.

Traduction dans le creux de l'oreille.

Le prince écarquilla les yeux et en se courbant en deux, répondit :

– *Aligato* ! Ah, merci !

– Il y a deux catégories de pays en Europe, les petits et les grands.

– Ah !

– Les petits d'abord. Ils sont à vocation unique. Par exemple, la Hollande est toute plate, la Suisse n'est composée que de montagnes…

– Ah !

– Les grands maintenant. Tous sont à vocation multiple. L'Allemagne, par exemple, est constituée de plaines et de montagnes. L'Italie, l'Espagne, la France aussi.

– Ah !

– Mais il n'y en a qu'un à appartenir au Nord,

c'est-à-dire à pouvoir toucher les contrées anglo-saxonnes ou germaniques, et, en même temps, au monde latin du Sud, c'est la France.

– Ah !

– Voilà, Monseigneur, ce qu'est l'Europe !

***

Fréquemment, je sollicitais du Général des audiences particulières. Elles m'étaient accordées aussitôt.

– Mon Général, je voulais vous parler des requêtes des jeunes par l'armée. Vous le savez, un 5e Bureau a été créé récemment auprès des forces militaires. Celui de l'action psychologique. Disons de la propagande. Les jeunes sont soi-disant invités à découvrir la nature, expérimenter la vie en commun et à apprendre ce qu'ils doivent faire vis-à-vis de l'Algérie française. Le temps des SA des nazis est terminé.

– Oui, monsieur le secrétaire d'État, vous avez raison de dénoncer une initiative aussi pernicieuse. Ces excès doivent cesser au plus vite. Sans cela, nous aurons une armée politique. Voyez donc le ministre des Armées, Pierre Guillaumat.

– Bien entendu, j'irai le voir le plus vite possible. Les dérives peuvent être incalculables et vite incontrôlables. Mais, mon Général, il serait peut-être bon de voir aussi le chef d'état-major, le général Ély ?

– Ély ! Ély ! Il n'y comprendra rien !... C'est un général !

Et il se renversa en arrière pour rire en s'efforçant de se retenir comme il avait coutume de le faire dans de tels cas.

***

Assez souvent, il y avait à l'Élysée des « dîners d'État » auxquels j'étais aussi convié. Le protocole était impressionnant. À vingt heures précises, les invités, qui en habit, qui en robe du soir, se pressaient dans les salons, attendant l'ouverture solennelle des portes pour les présentations d'usage. En grande cérémonie, nous étions annoncés par l'aboyeur puis nous étions présentés au Général et à l'invité d'honneur. Suivaient enfin en bout de ligne l'épouse du chef d'État honoré et celle du Général.

Vers vingt heures trente, on nous invitait à nous installer autour des tables disposées la plupart du temps en U. Dès que la mise en place était terminée, chacun restant debout à sa place, le Général prenait par le bras l'épouse de l'hôte officiel. Ce dernier faisait de même avec la Tante Yvonne. L'entrée se déroulait au son d'une musique de Lully, ce que l'on appelait au XVIIIe siècle une ouverture à la française.

À l'issue de ces dîners, nous nous retrouvions tous dans les salons où nous pouvions deviser à loisir.

Un soir, je me trouvai dans un groupe d'invités où dominait la haute stature du Général. Les conversations allaient bon train. Cependant, mes pieds, avant ma dernière opération, devenant douloureux durant cette longue station debout et immobile, j'avisai plusieurs dames assises sur un canapé. Il y avait là, je m'en souviens, Claude Pompidou, l'épouse de Georges, Premier ministre en ce temps-là, et Lucienne Frey, celle du ministre de l'Intérieur Roger Frey.

– Bonjour Claude, bonjour Lucienne.

– Vous venez nous voir, Maurice ? Vous abandonnez les grands du régime ? me taquina Claude.

– Oui, je venais vous faire un petit frais.

– Mais c'est déjà fait ! s'esclaffa Lucienne.

Des éclats de rire retentirent sous les lambris dorés. Le Général, à deux pas de là, surpris, se retourna. Mais que répondre ?

***

Dès mon entrée au gouvernement, tout lien avec l'industrie fut abandonné. À cette époque, je connus Pierre

Mauroy avec lequel je devins ami. Il était délégué général des foyers Léo Lagrange. En 1962, le Général me demanda de venir le voir dans la perspective du référendum et des élections législatives. En fait, il ne désirait pas que je me marque politiquement d'une façon précise, ce qui me convenait tout à fait, mais plutôt que je défende le régime et ses options fondamentales. Je me présentai donc à Lyon, et je fus élu au premier tour. Le Général fut plébiscité au référendum et une solide majorité s'installa à l'Assemblée. Jusqu'en 1966, date à laquelle je quittai le gouvernement, je fus secrétaire d'État à la Jeunesse et aux Sports.

Dois-je rappeler la foi que j'éprouvais vis-à-vis des jeunes, la confiance que je plaçais en eux et l'idéal que j'essayais de leur inculquer ? Par des actions concrètes, j'entendais susciter leur enthousiasme. Une politique unilatérale me paraissait condamnée. Au contraire, je mettais tous mes espoirs dans des entreprises communes de cogestion dans lesquelles ils seraient associés à part entière comme de véritables partenaires. Ces jeunes devaient être responsables eux aussi. L'aide de la société devait cesser d'être octroyée afin de ne pas faire d'eux des assistés.

« Les épreuves sportives du baccalauréat feront de nos jeunes des hommes complets et forts. » Cette déclaration, faite en 1962, allait dans le sens du Général qui considérait le sport comme un moyen d'éducation privilégié. Pour ma part, j'ai toujours estimé que le but de l'éducation est double. Elle doit épanouir la personnalité en enrichissant la capacité intellectuelle et en assurant la maîtrise de son corps. Des épreuves de sport furent introduites dans les examens du baccalauréat. La note obtenue, même inférieure à la moyenne, était prise en compte.

Conscient que la France devait se doter d'équipements sportifs et socio-éducatifs, je n'économisais pas mes efforts. À l'époque, nous souffrions grandement des comparaisons avec la plupart des pays considérés comme avancés. Notamment dans notre environnement immédiat.

Personnellement, je pensais que l'une de mes premières missions devait me conduire à doter mon pays des installations nécessaires pour l'éducation de sa jeunesse.

C'est ainsi que furent votées des lois-programmes. Jusqu'alors, il n'en existait que pour la Défense. Dès 1960, des lois-programmes d'équipements sportifs et socio-éducatifs furent mises en place. Trois d'entre elles, successives, permirent ainsi de procéder à des investissements considérables. L'État avait attribué des dotations budgétaires importantes à l'exécution des travaux. À ces dotations s'ajoutaient celles en provenance des départements et des communes.

Beaucoup de réalisations étaient donc possibles dans la mesure où, naturellement, toutes les parties prenantes se mettaient d'accord – à l'exception des Conseils régionaux qui n'existaient pas encore.

De grands programmes de construction furent lancés. J'estimais indispensable de créer un grand centre national d'entraînement et de formation. Le noyau existant, bien médiocre, fut transformé, agrandi et complété. Il pouvait dès lors être comparé honorablement avec les centres similaires existant dans les pays les plus avancés. Je parle de notre Institut national des Sports et d'Éducation sportive (INSEP).

Lorsque je quittai mon poste ministériel, les cinq piscines olympiques françaises étaient passées à mille, les cinquante Maisons des Jeunes et de la Culture à mille cinq cents. Le tout à l'avenant. Mais à quoi bon dresser un inventaire ? Les besoins de notre jeunesse étaient satisfaits. Moi aussi.

***

Au nom de la confiance qu'il m'accordait, le Général me confiait parfois des missions qui ne relevaient aucunement de mes fonctions officielles. En 1963, la raison en fut les problèmes que posaient à l'Australie et la Nouvelle-Zélande nos essais nucléaires de Mururoa. Le

Général m'avait demandé de voir leurs gouvernements. Il fallait trouver avec eux un terrain d'entente. Le prétexte d'un voyage fut la nécessaire représentation de la France aux cérémonies de commémoration de la fondation du royaume du Cambodge. De Saigon, je me rendrais ensuite en Australie.

Ce geste d'amitié de la France était précieux aux yeux de Norodom Sihanouk, accroché aux pays communistes alors qu'il s'en méfiait comme de la peste. Il le dédouanait vis-à-vis du bloc de l'Est dont il apparaissait trop visiblement prisonnier. D'où les honneurs extrêmes dont le roi avait décidé de m'entourer. Pour ma venue, la circulation avait été entièrement bloquée dans Phnom Penh. Au palais, deux grandes tables avaient été dressées, l'une présidée par le chef de l'État, l'autre par la princesse Monique. Seize pays étaient représentés dont quinze communistes. Donc, j'étais censé faire « équilibre ». Moi tout seul !

Après une brève visite à Saigon pour voir le président Diêm – je fus le dernier représentant à le voir vivant car il fut assassiné peu après – et le saluer de la part du Général, je partis pour Canberra. Il me fallait y rencontrer le Premier ministre de l'Australie. À l'époque, notre entretien devait à l'évidence rester confidentiel. Il ne manqua pas de piquant.

– Le Général de Gaulle attache une importance fondamentale à nos essais nucléaires à Mururoa. La force de frappe française est autonome. Elle ne dépend pas de l'un des deux grands.

– Vous oubliez les bombes nucléaires de la Grande-Bretagne ?

– Elles sont doublement codées. Le secret de l'un de ses deux algorithmes est détenu par les Américains, donc par leur président. Sans son accord, l'Angleterre ne peut disposer de son arme atomique. Or, les essais de Mururoa offrent toutes les garanties de sécurité. D'abord sur place, dans toute la zone polynésienne où les radiations sont inférieures à un rad, c'est-à-dire normales. Ensuite, s'il devait y avoir danger de contamination, ce serait vers l'équateur qu'on l'observerait (les alizés soufflent vers le nord-ouest et épargnent totalement l'Australie et la Nouvelle-Zélande) ainsi que vers les zones de hautes pressions du sud-est du Pacifique.

– Et si les radiations se répandaient à l'ouest ?

– On ne saurait remettre en cause les lois climatiques du globe terrestre. Et puis, monsieur le Premier ministre, les distances entre nos territoires sont de l'ordre de cinq à six mille kilomètres, c'est-à-dire comparables à la largeur de l'Atlantique entre New York et Paris !

– Il est vrai, pour être honnête, qu'il s'agit surtout d'une question de principe.

– Est-ce capital pour vous, compte tenu de l'enjeu ?

– Oui.

– Dans ce cas, pourquoi tolérez-vous les sous-marins nucléaires soviétiques croisant au large de vos côtes ?

– Ce sont des secrets d'État !

– C'est la réalité. Et pourquoi faire tous ces ennuis à Paul-Émile Victor dans ses explorations au pôle Sud ? Il n'a pas de bombe atomique, lui.

– Ce sont nos zones d'influence traditionnelle.

– Alors, compte tenu de tout cela, avez-vous l'intention de nous déclarer la guerre après chaque essai souterrain à Mururoa ? Ayez à l'esprit que vous vous êtes prêtés sans rechigner aux essais britanniques. Dans le centre de votre continent. C'était au temps, pas si lointain, où nos amis anglais n'avaient pas encore leurs accords ultra-secrets avec les Américains.

– Il y a en effet, comme vous le disiez, un double codage sur toutes les armes atomiques britanniques. Il nous faut un arrangement. L'opinion est très montée ici contre ces essais. En Nouvelle-Zélande, c'est la même chose. Pourtant, je le reconnais honnêtement et en me plaçant sur un terrain scientifique, le danger est minime. Alors, dites de la part de mon gouvernement au Général de Gaulle que notre réaction sera limitée à un communiqué en cas de nouvel essai.

Qu'il ne s'en offusque pas ! À cela nous limiterons nos frais. Êtes-vous d'accord ?

– Je suis d'accord car le Général sera sûrement satisfait.

C'est ainsi que se termina notre entretien.

Peu après, je me trouvais à Auckland ; les conclusions furent identiques avec le Premier ministre néo-zélandais. Durant des années et des années, cet « accord » fut respecté et j'en rends hommage à ces deux gouvernements. La trêve ne fut rompue que par le mouvement écologiste Greenpeace. Mais est-il contrôlable ?

***

Seul le Général de Gaulle pouvait mettre en œuvre l'amitié franco-allemande qui m'avait toujours tenu à cœur. Elle fut initiée outre-Rhin par le chancelier Adenauer, que j'admirais beaucoup. Il m'a d'ailleurs remis la plus haute distinction allemande pour me manifester sa gratitude. Elle a pour moi un grand prix, compte tenu du souvenir de mes quatre ans de guerre.

Dans les années soixante, j'organisai à Verdun une grande manifestation de réconciliation franco-allemande. Les participants étaient venus des deux pays. Les déportés en tenue de camp avaient tenu à être au premier rang. L'accueil fut si éclatant que les élus locaux ayant cru habile, au nom de rancunes surannées qu'ils croyaient populaires, de boycotter les cérémonies, revinrent subrepticement auprès de mon collègue allemand et de moi-même. Pour la première fois depuis la Grande Guerre, le *Deutschland über alles* succéda à *La Marseillaise.* Et à Verdun ! Les anciens combattants pleuraient d'émotion.

Ah, si les Arabes et les Israéliens pouvaient en faire autant !

***

Élu en 1962 député de Lyon, puis en 1966 dans le département de Haute-Savoie, je demeurai à l'Assemblée nationale jusqu'en 1978.

Les campagnes électorales sont des mines d'anecdotes souvent comiques. Ainsi à Lyon, suivant les traditions locales, les réunions se déroulaient dans les arrière-salles de « bouchons », c'est-à-dire de bistrots. À plusieurs reprises, j'avais remarqué une dame d'un certain âge, distinguée mais un peu pincée. Sa présence sur les lieux de réunion semblait insolite. Rituellement, elle me posait des questions peu communes dans ces réunions électorales. Elles étaient du genre : « Que pensez-vous, monsieur le candidat, des rapports entre l'Est et l'Ouest ? » Ou bien : « Croyez-vous pertinente notre politique africaine ?… »

Bien sûr, cela me changeait des questions du genre : « Êtes-vous favorable à l'autorisation du parking de la rue Servient ? »

Je répondais chaque fois à cette vieille dame avec beaucoup de courtoisie. Lors de la dernière réunion, je la remerciai de sa fidélité.

– Oh, monsieur, je suis la belle-sœur de votre opposant, M. Jarrosson.

– Venez-vous m'espionner ?

– Pas du tout, monsieur. Au contraire, je vous trouve infiniment sympathique.

– Merci. Mais entre la famille et l'attirance qu'allez-vous choisir ?

– Monsieur le candidat, je voterai pour vous et…

– Et… ?

– Je ferai donner une messe pour mon beau-frère !

***

Après avoir quitté le gouvernement en 1966, je fus élu maire de Chamonix en 1968 et le restai jusqu'en 1977. Le problème de Chamonix, station internationale et capitale mondiale de l'alpinisme, était à cette époque son relatif enclavement. Qui dit tourisme dit communications ouvertes, et même redondantes. Il fallait deux heures et demie pour se rendre à Genève au lieu d'une petite heure de nos jours. Pour les liaisons routières avec l'Italie, le tunnel sous le Mont-Blanc promettait, s'il était réalisé, la venue des touristes de Turin et de Milan dans des conditions aisées. C'est la raison pour laquelle je poussais ce projet, dans la mesure de mes moyens. De même, pour la liaison stratégique vers Genève, et au-delà vers Lyon et Paris. Il me fallait trouver une solution autoroutière. Où se procurer le financement ?

Par bonheur, le ministre de l'Équipement alors en charge était mon ami Albin Chalandon. Fanatique de ski, il venait souvent dans la vallée et se rendait parfaitement compte des obstacles à son développement. Avec lui et grâce à lui, la première autoroute française à péage fut créée pour relier Genève à Chamonix, sans quémander de l'argent auprès des pouvoirs publics. Ce fut une révolution, car le corps des Ponts était fermement opposé à ces formules à péage échappant à leur pré carré. Bref, on aura compris qu'il fallut à Albin Chalandon beaucoup de courage pour surmonter ces oppositions internes. Il vint d'ailleurs annoncer dans la région, à Flaine précisément, la nouvelle politique française en matière d'autoroutes dorénavant privatisées. Ce fut une grande avancée dans un pays comme le nôtre qui se trouvait en retard dans ce domaine d'au moins une vingtaine d'années.

Localement, les opposants à ce projet étaient fort nombreux : le site, disait-on, serait détruit, le bruit répercuté par les flancs des vallées, insupportable, la population et les stations pénalisées puisque l'autoroute deviendrait une sorte de pont entre la Suisse et l'Italie, sans retombées locales…

Une fois de plus, il fallait prendre acte d'une loi politique bien connue : le progrès s'accomplit toujours contre les bénéficiaires souvent myopes à l'instantané ! Si vous voulez être populaire, surtout ne faites rien ! Personne ne vous en tiendra rigueur, au moins dans le présent. Hélas, je suis hypermétrope. En voyant plus loin que le bout de son nez, on prévoit et on prépare l'avenir. Ainsi naquit le réseau d'autoroutes en France.

Même si l'activité prioritaire à Chamonix demeurait l'alpinisme, j'ai essayé, au cours de mon mandat local, de privilégier toutes les activités sportives et touristiques. La réalisation d'un complexe sportif éducatif restera mon principal fait d'armes. À ce jour, il est encore l'un des plus beaux d'Europe. Ainsi, durant la période d'hiver, si la neige venait à manquer, les skieurs pouvaient à loisir pratiquer d'autres sports. Y compris en salles couvertes si le temps était exécrable. La crise frappant les autres stations pouvait de la sorte être jugulée ou, en tout cas, minimisée. Une mono-activité économique est toujours trop risquée dans une même région. Une activité multidisciplinaire était la clef stratégique du développement de la vallée.

C'est ainsi que je créai un golf dont je ne suis pas peu fier. Il fallait un parcours de compétition avec des survols de lacs et de rivières, des greens surélevés défendus par des profonds bunkers ou de gros rochers, des fairways étroits enserrés entre de hauts sapins… enfin, de quoi stimuler ce peuple de Chamonix particulièrement sportif. Sur la recommandation de Karim Aga Khan, dont le golf de Sardaigne avait été réalisé par cet éminent architecte, je choisis Robert Trent-Jones. Sa réalisation est une pure merveille. De Genève, Milan, Lyon et Chambéry, les fanatiques accourent pour combattre comme en temps de guerre, avec leurs clubs à la main.

Les variations des taux de change influent directement et presque sans temps mort sur la fréquentation internationale de ce qui est une petite ville mais aussi une grande station. Si le dollar baisse, il n'y a plus d'Américains. Si le yen monte, nous croulons sous l'invasion japonaise. Une dévaluation de la lire italienne assèche nos commerces instantanément. Dans son bureau, le maire est installé comme dans un mirador. Il voit les effets de sa politique, laquelle, faute de mieux, alterne au gré du yo-yo économique et monétaire.

***

La chance a voulu que je rencontre Brigitte Bardot à diverses reprises. Elle était la marraine du fils de mon frère Gérard avec qui j'avais fait mes premières armes en montagne.

Grand admirateur de notre star française – Dieu qu'elle était belle ! – , j'avais acquis son buste en Marianne. Elle avait été placée, comme une égérie, dans la salle du conseil municipal de Chamonix. Elle trônait au-dessus du fauteuil du maire. Quel succès ! jamais il n'y eut autant de public à nos réunions communes ! Était-ce pour suivre les affaires de la vallée ou pour admirer notre Brigitte nationale sur sa stèle ?

Un soir, à l'heure dite, je déclarai ouverte la session du conseil. Bizarrement, les regards étaient absents. Ceux du public aussi. Immédiatement, je m'en inquiétai.

– Qu'y a-t-il ? demandai-je.

– Il manque la patronne.

– La patronne ?

– La Marianne a disparu ! On l'a volée !

Un coup de blues s'empara brusquement de l'assemblée. Ce fut une minute de deuil. Elle était irremplaçable.

Quant à moi, reconnu et, je crois, estimé, je resterai, pour nombre de Chamoniards, « Maurice ».

14. LES AFFRES D'UN TUTEUR ET LES BONHEURS D'UN SENTIMENTAL

À Chamonix, je mis mon point d'honneur à installer dignement la famille Lachenal car le sort d'Adèle, la femme de Louis Lachenal, mon compagnon d'armes, et de ses deux enfants, me tenait à cœur.

Les circonstances m'avaient amené à me glisser dans la peau d'une sorte de papa bis…

Il me faut rappeler qu'à la mort de leur père, tombé dans une crevasse de la vallée Blanche en 1955, ses enfants Jean-Claude et Christian devaient légalement recevoir la protection d'un tuteur. D'un commun accord entre les familles et les amis proches, je fus désigné pour exercer de mon mieux cette lourde responsabilité. Ce ne fut pas une sinécure. Il me fallut superviser l'éducation des enfants, préparer leur avenir, gérer leurs finances héritées de leur père, mais dont ils ne pouvaient disposer, étant mineurs.

En tant que tuteur, je « plaçai » donc leur argent en constituant à leur nom un portefeuille d'actions. Bien me prit d'affecter une bonne partie de leurs liquidités aux pétroles d'Aquitaine. Mes informations étaient sûres et il n'y avait pas de délits d'initié à l'époque. En quelques jours, le portefeuille triplait de valeur ! Grâce à quoi je proposai à Adèle, en utilisant les plus-values, d'acquérir à Chamonix un hôtel, Les Charmoz, où tous les vrais amis seraient tenus, solidairement, d'aller désormais. Ainsi aurait-elle dorénavant une activité moralement nécessaire. Également les moyens de vivre d'une manière autonome. Elle pouvait aussi assurer l'éducation des deux garçons. Sans toucher au reste du portefeuille.

Il leur fallait de bons établissements d'enseignement dignes de leur père. Le premier fut le collège Saint-Michel à Annecy. Les résultats scolaires furent modestes. Le préfet des études me demanda un jour de venir le voir.

– Jean-Claude, le portrait de son père quant au caractère, a réussi à coincer l'un de ses camarades dans une encoignure. Il l'a menacé avec un rasoir à la main. Déjà, me raconta-t-il, il épluchait la peau d'un des bras du malheureux. Pas seulement le duvet. Mort de peur et réduit au silence, celui-ci voyait son épiderme décortiqué comme des pelures d'orange. Les yeux de Jean-Claude plantés dans ceux du malheureux garçon, si près qu'il le touchait presque, battaient nerveusement. Il donnait l'impression de ne plus se contrôler. Sa nature, voulait-il sans doute ainsi signifier, lui échappait. Tout devait entrer dans l'ordre, bien sûr, si l'autre finissait par céder. Il y avait un côté satanique dans un tel assaut. C'est là que le préfet des études surgit et interrompit le supplice.

Son père agissait de même, je m'en souvenais mais je n'en soufflai mot, lorsqu'il voulait convaincre à tout prix son interlocuteur. En général, de telles scènes s'achevaient sur un grand éclat de rire et, en guise d'excuse, il s'exclamait : « C'était pour rire ! N'aie pas peur ! »

Certains pensaient d'ailleurs que Louis Lachenal n'était qu'un agité. Il était exalté, et par conséquent excessif. Véritable trompe-la-mort, sa fureur de vivre, son goût impératif d'aller aux extrêmes, étaient conformes à l'image que voulut plus tard donner de lui-même James Dean.

À cet égard, je me rappelle d'une course automobile éperdue, de Chamonix à Paris. Peu après le départ, il s'arrêta près d'un chantier-entrepôt en bordure de route, et pria son fils Jean-Claude de lui ramasser une brique. Son idée était de la caler sur l'accélérateur pour le pousser à fond. Le bruit d'enfer du moteur emballé conduisit son fils à lui demander :

– Tu es sûr, papa, que c'est bien sa place ? Je croyais que ce devait être une cale à coincer derrière les roues, dans les routes en pente.

– Ne t'inquiète pas. Monte et partons !

– Mais le moteur ronfle !

– Dans deux minutes, tu n'entendras plus rien. On va filer comme ça... jusqu'à Paris.

Effectivement, six heures durant, sauf les arrêts pour l'essence, la voiture garda son compteur de vitesse bloqué au maximum.

Un autre « sport » extrême l'excitait au plus haut point. À Passy, non loin de Chamonix, existe une route de campagne avec des ardoises débordant largement au-dessus du vide. Si l'on roulait dessus lentement, ces pierres d'ardoise, évidemment, s'écroulaient, entraînant la chute de la voiture. Là n'était pas le jeu. Si on roulait rapidement sur ces pierres en surplomb, elles n'avaient pas le temps, vu leur inertie, de s'écrouler. Sitôt le passage accompli, elles craquaient à la queue leu leu. Telle une rafale de mitrailleuse, elles étaient précipitées dans l'escarpement avec fracas et dans des nuages de poussière.

Non sans quelque hypocrisie, le préfet des études continua sa charge à l'égard de ces deux garnements.

– Oui, Jean-Claude est très bien considéré ici. Mais il est agité et il est difficilement contrôlable... Le repos le fatigue. Seule l'action le fait vivre.

– Il a pourtant un excellent fond, avançai-je pour calmer le jeu. La mort de son père l'a désespéré. On le comprend.

– Sans doute... sans doute..., me répondit-il en se grattant le crâne. Christian est plus calme, mais Jean-Claude aime faire trembler ses copains. Et il y réussit. Il lui est maintenant très difficile de corriger sa réputation. Même s'il en a envie. Pourtant, il est intelligent. Également lucide.

– Oui, et il désire donner satisfaction, ajoutai-je.

– Bien que nous l'aimions beaucoup, il vaudrait mieux tout de même qu'il change d'établissement. Pourquoi pas celui de Saint-Joseph à Thonon, par exemple ? Là-bas, j'en suis sûr, mes collègues seraient fiers et heureux d'avoir un enfant de notre héros national dans leur lycée.

Évidemment, j'avais parfaitement compris le message. L'année suivante, hélas, la scène se reproduisit. Puis l'année d'après… Pourtant, il était aimé pour ses élans du cœur, sa spontanéité, son désir de bien faire, mais il y avait toujours un « petit quelque chose » nécessitant un changement de collège.

L'enseignement des langues étant très mauvais en France, je proposai à leur mère d'envoyer les deux garçons en Angleterre. Il me revenait de les accompagner dans une famille vraiment *british*. De bonne société, avec un anglais de qualité. Ensemble, c'est-à-dire les deux garçons et moi, nous arrivâmes chez nos honorables et même aimables correspondants.

Le pavillon était cossu. Le verger et le potager, l'inévitable gazon, particulièrement soignés. Au portail de la propriété nous attendait notre hôtesse. Une charmante lady d'une cinquantaine d'années. Elle était maire de Reading, cité qui se trouve entre Londres et Oxford. Son mari était un colonel de l'armée des Indes, à ce jour en retraite. L'accueil fut chaleureux mais leur comportement resta, comme il sied dans la bonne société, quelque peu retenu.

Quelques instants plus tard, nous étions allongés, détendus et relaxés dans des chaises longues. À nos côtés, des tables basses nous offraient whisky, porto, gin…

Bien vite, je compris que le colonel avait une règle, celle des officiers de l'Empire : pas de whisky avant le coucher du soleil. Mais il avait la vue basse. Pour lui, la fin du jour devait déjà poindre tôt le matin.

Tandis que nous devisions agréablement dans cette aimable closerie, les garçons cherchaient à s'occuper. Une ravissante jeune femme d'une vingtaine d'années, Felicity, la fille de la maison, présentatrice à la TV, arriva. Manifestement, elle voulait contempler ces *natives* du continent et s'installa auprès de nous.

Tout d'un coup, j'entendis un cri. La lady, si réservée jusqu'alors, venait d'apercevoir les deux garçons sur le rebord du puits. S'efforçant de rester en équilibre, ils avaient parié d'en faire le tour. Les bras étendus devaient les aider dans cette acrobatie. Le plus rapide était le gagnant.

Tout le monde retenait son souffle. Personne n'osait intervenir de peur de les effrayer. Le puits était profond d'une vingtaine de mètres. Ils en redescendirent très à l'aise, assez contents de l'effet produit, non sans afficher une attitude quelque peu provocatrice.

Les conversations reprirent rapidement pour ne pas avoir l'air de céder à la panique. La présentatrice, je l'ai dit, était une beauté. Son visage au teint clair, comme l'ont parfois les Anglaises, avait un charme auquel il était difficile de rester imperméable. De plus, elle semblait intelligente. Si je devais avoir une fille, me disais-je, je l'appellerais Félicité en souvenir d'elle et de son prénom. Et j'ai tenu parole !

Les garçons revinrent vers nous et proposèrent à Felicity une partie, de croquet.

– Enfin un peu de calme ! ne put s'empêcher d'avouer notre hôtesse. C'est un jeu si pacifique et si amusant ! ajouta-t-elle pour corriger l'effet de son vœu.

Et de bavarder à nouveau. Sur le gazon entretenu avec amour, les arceaux furent délicatement fichés dans le sol. Malgré nous, nous marchions avec une précaution extrême sur cette pelouse raffinée. La partie commença. Un peu de patience et de silence étaient requis pour aider à la concentration du jeu.

De loin, j'apercevais Jean-Claude qui s'ennuyait et recommençait à s'agiter. Il n'y tint plus. Sans cesse, derrière les joueurs, il essayait son maillet. L'idée brusquement lui vint de s'en servir comme d'un club de golf. Oh, la pauvre pelouse ! Son swing s'accentuait, devenait un moulinet. Allez, un grand coup ! À ce moment précis, Felicity se retourna. Le maillet lui entra en plein visage. L'arcade sourcilière, la joue gauche furent fendues et balafrées sur de nombreux centimètres. Le sang coulait d'abondance. Elle fut menée de toute urgence à l'hôpital voisin.

Peu après, elle revint, exhibant cinq ou six magnifiques points de suture.

Immédiatement, j'exigeai que Jean-Claude s'excuse et lui exprime ses regrets. Bien sûr, je les exhortai à mieux se tenir et même à aider la maîtresse de maison dans les tâches domestiques. Aussitôt, Christian, toujours prévenant, se proposa de sortir une pile d'assiettes pour dresser la table à l'extérieur. Il faisait si beau ! Las, en sortant du cottage, il manqua une marche. Dans un vacarme assourdissant, les assiettes, les unes après les autres, comme un château de cartes, se fracassèrent sur les pierres de comblanchien. Les éclats rasèrent le sol comme ceux d'une mine antipersonnel, et un nuage de poussière s'éleva à la manière d'un champignon atomique. Cloués au sol et subitement immobilisés comme dans un arrêt sur image, nous contemplions le désastre.

Ainsi débuta en Angleterre le séjour de mes chers petits anges.

***

À l'automne suivant, nous décidâmes, Nina et moi, de passer les fêtes de Noël au château de Marsan, non loin des Pyrénées. Ce furent des moments merveilleux.

Comme il était de tradition au cours de la messe de minuit, Nina, patronne de la chapelle du château, en tant que duchesse de Montesquiou-Fezensac, peu après l'Élévation, devait traverser le chœur et venir communier la première. L'assistance, le prêtre attendirent. Chacun dut se rendre à l'évidence : Nina renonçait à la communion. Le lendemain, je lui demandai pourquoi elle avait provoqué un tel scandale. Elle me désigna d'un doigt vengeur et m'accusa d'en être le coupable. Comment communier avec le Seigneur en état de péché mortel ?

De retour à Paris, elle vint souvent me voir dans ma demeure, un petit hôtel particulier du XVIe siècle qu'elle m'avait aidé à décorer. Bientôt, je m'aperçus, au travers de remarques et d'interrogations, qu'elle était jalouse. Dès qu'un joli minois surgissait, qu'un téléphone retentissait ou qu'une lettre arrivait, son ton changeait et, d'enjoué, devenait inquisiteur.

Il lui arrivait, en mon absence, d'imiter la voix d'une femme de chambre pour répondre aux appels. Et même, je la surpris à mesurer les déplacements des fauteuils et la forme plus ou moins affaissée des coussins. Lorsqu'elle croyait avoir découvert un indice confondant, son visage se transformait en bloc de glace, son regard devenait coupant comme une lame de rasoir et son langage sec et rocailleux. La jalousie tue l'amour à petit feu, comme chacun sait. Comment n'aurais-je pas souffert en observant ces excès dans son comportement ? À coup sûr, elle était profondément malheureuse. Même sans prétextes, elle imaginait le pire. Loin de combattre ce vice et d'essayer de le maîtriser, elle en était satisfaite et presque fière. Tant que je le pus, je résistai à la dégradation affective de nos relations au point d'être traité d'ange de patience par notre meilleur ami commun, Jean d'Ormesson. Surtout, j'évitais la moindre provocation, même un regard furtif.

Bien souvent, l'idée d'un mariage avait été évoquée avec Nina. Après tout, nous étions libres et je n'acceptais pas les interdits que l'un ou l'autre soulevait parfois. Nina était mon aînée de très peu d'années. Était-ce un obstacle ? Elle avait un grand titre mais en avait épuisé tous les charmes. La seule barrière était religieuse. Croyante et pratiquante, comme peu le sont aujourd'hui, elle ne considérait pas que son divorce eût une valeur quelconque devant la loi de Dieu.

En dépit de la force de son désir, elle ne pouvait outrepasser les saints commandements. Les liens sacrés du mariage ne pouvaient être brisés par les hommes, fussent-ils ceux d'une république laïque. Nous vivions pourtant au quotidien un profond bonheur.

***

L'été, nous étions régulièrement invités à La Reine Jeanne chez Paul-Louis Weiller. Il s'agit d'une des plus agréables propriétés de la Côte-d'Azur. Installés en bordure du massif des Maures, les bâtiments provençaux sont noyés dans la pinède. Les plages de sable fin, enserrées entre les blocs de rochers, sont orientées dans toutes les directions grâce aux échancrures et aux festons de la presqu'île. Nina et moi y avons passé des jours heureux. Nous nous sentions comblés. Les livres que nous n'avions pas eu le temps de lire dans l'année nous apportaient leur richesse et alimentaient nos échanges. Comme William R. Hearst, le « Citizen Kane », dans son château de Californie, Paul-Louis recevait les célébrités du monde entier dans son paradis.

Un jour, il y eut un déjeuner d'hommes. À ma droite se trouvait Maurice Chevalier. À ma gauche Charles Boyer. M'adressant à tous deux, je leur confiai les réactions de jolies femmes, à l'issue des conférences américaines :

– *Oh, mister Maurice Herzog, it was wonderful ! I was terribly impressed. But you speak like Maurice Chevalier ! Charming ! Very charming !* (Oh, monsieur Maurice Herzog, ce fut merveilleux ! J'étais profondément impressionné. Savez-vous que vous parlez comme Maurice Chevalier ? Pour nous, c'est charmant !)

Dans d'autres cas, c'était Charles Boyer qui était mis en vedette.

Mes deux célèbres voisins se montrèrent très flattés.

– Dans quelle langue doit-on parler ? leur demandai-je d'un air moqueur.

– En anglais, évidemment.

– On se comprendra si bien !

S'ensuivit un fou rire… en français !

Ainsi les invités les plus illustres nous faisaient partager leur existence. De nombreuses années durant, j'ai eu le privilège d'avoir de passionnantes rencontres avec Charlie Chaplin, Oona et leurs filles, avec Douglas Fairbanks, Merle Oberon et bien d'autres. Il me plaisait de connaître leur point de vue sur l'évolution du cinéma à Hollywood ou dans le monde, sur le milieu du spectacle. Avec ces artistes et écrivains renommés venus du monde entier, mais en majorité américains ou britanniques, je me mettais au diapason des événements culturels majeurs.

Charlie Chaplin avait particulièrement aiguisé ma curiosité du fait de sa personnalité aux multiples facettes qui lui permettait de s'identifier spontanément, et sans aucun temps mort, à tous les personnages, fictifs ou non. Le plus merveilleux était le rire aux éclats qu'il excellait à provoquer chez les enfants. Ainsi les mémorables scènes où les serviettes de table devenaient des lapins plus vivants que nature qu'il faisait bondir au nez des jeunes convives. Celles des mimes dans lesquelles on reconnaissait avec tant de vérité des personnes présentes ou connues. Celles enfin où il caricaturait Charlot, non sans délectation, en subtilisant le chapeau d'un invité et en empruntant la canne d'une vieille dame.

Au-delà de ces aspects de la vie courante, je restais frappé par sa bienveillance vis-à-vis de toute personne qu'il rencontrait ou de toute idée qu'on lui soumettait. À ses yeux, chacun, homme ou femme venant à lui, avait droit, par dignité et par respect, à son intérêt sincère, hors toute courtoisie. Un apport extérieur ne pouvait être pour lui qu'un enrichissement ou une source d'émulation. Être humain, c'est être disponible.

Je notais combien était ténue chez lui la différence entre bienveillance et générosité. À l'évidence, les rencontres avec des gens ou des idées nouvelles étaient autant de motifs d'intérêt spontané. Mais, dans le même temps, il savait en prendre la mesure. Il y ajoutait souvent un mot ou un air de raillerie feinte, comme s'il tenait pour indispensable de contester son propre enthousiasme. Sans nul doute était-ce là pour lui le moyen de maintenir l'équilibre entre un acte rationnel ou une pensée folle. Ainsi les alpinistes se lancent à l'assaut mais demeurent néanmoins en cordée. Serait-ce là la vertu d'un pionnier confronté à l'utopie ? Dans son cas, c'était celle d'un artiste.

Personnellement, j'ai toujours lié, à son propos, cette faculté d'hyper-lucidité et, du même coup, son réflexe de défense. Sentant le caractère fragile et éphémère de l'être humain, il récusait son statut d'exception. Si grand qu'il pût se sentir au terme de sa prodigieuse ascension, il n'en ressentait que davantage sa vulnérabilité.

Plus on se voit de haut, plus on se sent frêle.

À son propos, je me souviens d'une soirée de gala donnée à l'Opéra au profit d'œuvres humanitaires. La Callas, au sommet de sa gloire, devait s'y produire. À l'issue du spectacle, un souper était offert au foyer de l'Opéra. En sus, un tirage au sort était organisé – dont le gros lot n'était rien de moins qu'un avion ! D'ailleurs, il était exhibé sur le parvis au grand étonnement des passants. Comment avait-il pu être transporté à cet endroit ?

Sitôt le spectacle terminé et sur le chemin du foyer, je fus intercepté par les caméras de cinéma et de télévision, les journalistes…

– Pourquoi me poursuivez-vous ?

– Ne faites pas l'innocent, me répondirent-ils.

Les flashes crevaient les yeux, les appareils crépitaient, les *photofloods* aveuglaient, les micros sur leur perche se balançaient au-dessus de ma tête.

– Quel intérêt ? leur dis-je en vain.

À deux pas de m'enfuir, ils me répondirent avec un clin d'œil entendu :

– Au revoir, Omar Sharif.

De retour au foyer, je retrouvai Nina, Charlie Chaplin, Oona et l'une de leurs filles, Géraldine. Non sans élégance, Charlie avait offert son billet de tombola à Nina.

Pendant le dîner, j'avais senti chez Géraldine une envie folle de boire son premier whisky. À l'insu de ses parents, très à cheval sur les principes d'éducation, je lui glissai, derrière un seau à glace, un verre. Innocente à cet égard, elle se mit à rire peu après à gorge déployée, à s'agiter en tous sens pour scander la mesure de la musique d'ambiance. Lors du premier pas, tout n'est-il pas permis ?

La loterie fut enfin tirée. En grande cérémonie et non sans quelque émotion compte tenu de l'enjeu. Sous les applaudissements de tous les invités, debout pour la circonstance, l'heureuse gagnante ne fut autre que… Nina !

Au gré des séjours en pays de haute civilisation, comme la Grèce ou l'Italie, où Nina et moi rencontrions souvent des amis, je m'enrichissais de connaissances et d'expériences.

Un jour que nous visitions les églises franques de Mistra, près de Sparte, un groupe de jeunes étudiants entra. Leur guide décrivait les fresques alentour. Le ton de son commentaire, mécanique et monotone, me consterna. Pourquoi, me dis-je, des étudiants au savoir avancé ne transmettraient-ils pas, aux plus jeunes moins savants, leurs connaissances ?

L'idée fut mise en œuvre plus tard avec l'aide de notre fidèle Jean d'Ormesson. Ce furent, dans le cadre de mon ministère, les programmes « Connaissance de la Grèce », étendus ensuite à de nombreux pays et provinces. Ils eurent un énorme succès et continuent encore de nos jours.

Des centaines de milliers de jeunes s'inscrivaient dans ces voyages éducatifs « Connaissance de… » où l'on s'attachait, en outre, à leur faire découvrir les réalités politique, sociale, économique et humaine des pays, et non pas seulement culturelle et surtout touristique.

***

Durant toute la phase ministérielle, Nina m'a apporté un soutien incomparable. À ses yeux, les hommes publics étaient affligés de tous les péchés du monde, corruption, lâcheté, démagogie, déloyauté... Elle était cependant satisfaite de me voir sorti avec succès de l'industrie, dont les patrons lui semblaient également dignes de peu d'estime. Ils ne pensent qu'à leurs affaires, disait-elle, c'est-à-dire à l'argent. Ils ne s'intéressent à rien d'autre, n'ont aucune conversation et sont remarquables pour leur degré d'inculture.

Souhaitant ardemment soutenir ma réhabilitation, Nina aspirait pour moi aux meilleurs choix pour mon avenir. Son intercession n'était pas sans m'émouvoir tant elle concevait ce rôle avec discrétion. Il me gênait de voir réduire son active influence au rôle de catalyseur. Dans le même temps, j'admirais son sacrifice moral. Je l'attribuais à sa foi sans défaillance qu'en aucune manière et à aucun moment je n'ai pu prendre en défaut. Et à son amour indéfectible.

Cependant, la jalousie reprenait le dessus. Les élans passionnés alternaient avec des scènes de vifs reproches. Comment se faisait-il qu'une jeune femme aussi distinguée ait pu devenir l'auteur d'invectives quasi publiques ? Également perdre sa dignité en s'abaissant à des contrôles sordides. Les nombreux voyages inhérents à ma fonction ministérielle développaient chez elle un climat de suspicion. Il m'enlevait la sérénité indispensable à l'exercice de charges publiques. La célébrité est un capital bien fragile, difficilement compatible avec une vie privée. Par touches successives, nos relations se désagrégeaient chaque jour. Cet état de qui-vive permanent devenait peu à peu insupportable. La jalousie terrorise et castre. Elle crée des réactions antagonistes, incite à l'abandon et favorise la fuite.

Peu de décisions dans ma vie m'ont coûté autant que celle de suspendre nos relations. Je dis bien suspendre, et non pas interrompre. Au contraire, je tenais à ce qu'elle comprenne à quel point mes sentiments demeuraient. Il nous fallait désormais sublimer un amour devenu impossible.

Malgré le chagrin que j'en éprouvais, l'éloignement s'imposait. Autant je me maîtrisais pour rester calme, autant Nina perdait parfois tout empire sur elle-même. Avec une jouissance manifeste, elle s'abandonnait à des crises d'égarement. Elle semblait fière de les porter à leur paroxysme.

Le dérèglement des héros de Proust m'apparaissait bien dérisoire au regard de ces accès de démence. Au lendemain de la rupture, il régnait dans la maison un silence de mort. Il me semblait avoir vieilli de dix ans, mes cheveux étaient devenus blancs.

Nina, dont je craignais qu'elle n'attente à sa vie en dépit de ses convictions, avait finalement échoué, au terme de zigzags incohérents dans Paris, à son domicile de Neuilly. Ses enfants la recueillirent à l'aube, hagarde et échevelée. Ils la vissèrent dans son lit pour éviter qu'elle ne s'en échappe, en proie à son délire. Durant huit jours et huit nuits, elle fut entre la vie et la mort. Les médecins lui administrèrent des piqûres de neuroleptiques pour l'apaiser.

Sa vie de femme, je le savais, devait s'interrompre à cette minute. Ses proches en étaient conscients. Et s'efforcèrent, dans les mois qui suivirent, de lui inculquer une nouvelle philosophie de l'existence pour la soustraire à ses obsessions. Il fallait à toute force susciter en elle d'autres désirs.

Sous des formes différentes, ce déchirement était aussi le mien. Il se doublait, en outre, d'une culpabilité. Par expérience, elle avait senti son apport dans ma reconquête personnelle. Dans une sorte de prescience, elle avait visé l'être que je pouvais devenir. L'analyse de ma réadaptation physique lui avait donné l'envie de ne pas y trouver une fin. La vie n'est pas qu'un grand virage. L'enfant qu'elle avait passionnément recherché n'était-il pas celui-là même qu'elle avait généré ? Un tel transfert n'est en rien exceptionnel. Mais, en l'occurrence, il était inconscient et obsédant. À la mesure même des sentiments qui la tourmentaient.

Les années passèrent.

Retiré du monde dans mon pays de montagnes, j'ignorais dans quel état se trouvait Nina. Véronique, sa fille, m'avait appris à quel point la maladie la rongeait. À l'écart de la société, elle avait aménagé elle-même, après l'avoir réhabilitée, une noble demeure Louis XIV aux alentours d'Uzès, dans le Sud de la France. Là, elle vivait comme une recluse. Ses forces déclinaient rapidement. Déjà, elle ne pouvait que brièvement recevoir ses fidèles amis. Elle souhaitait me voir et dans le même temps interdisait de me solliciter. Bien sûr, je partis sans coup férir pour la rejoindre, arguant de mon passage à proximité.

Prévenue de ma visite, elle supplia les siens de la parer du mieux qu'ils le pourraient. Le cœur battant, j'entrai dans sa chambre. Allongée dans son lit à baldaquin, elle avait davantage senti ma présence qu'entendu mon arrivée. Le mal implacable qui la terrassait avait atteint gravement sa vision et son ouïe. Rapidement, je me rendis compte de l'imperfection de sa coordination psychomotrice. Avec un calme extrême et presque inquiétant, elle me pria de m'approcher d'elle afin de me remercier. Son visage reprit de l'éclat.

Ses cheveux fins et blonds étaient, comme autrefois, tirés et retenus vers l'arrière par un catogan. Ses yeux bleus intenses se posaient sur mon visage sans bien rencontrer mon regard.

Elle s'efforçait de me sourire et elle y parvenait avec bonheur. Si sa coquetterie proverbiale avait risqué d'être mise en défaut, elle eût refusé de me recevoir. Ainsi l'avait fait, au siècle dernier, Laure de Berny avec Balzac. Pressentant que cette image serait sans doute la dernière que j'aurais d'elle, elle avait exigé qu'elle fût parfaite. Nulle détresse n'était exprimée dans son discours, nulle agitation non plus dans ses traits. À sa sérénité, je répondis de mon mieux en affichant paix et quiétude en lieu et place de ma désolation. À n'en pas douter, elle sentait la mort inéluctablement arriver.

En ce précieux moment, je la connaissais assez pour lire dans son cœur. Elle ne quittait pas la vie, elle se rapprochait de Dieu. Ensemble, nous évoquâmes les grandes étapes de notre existence commune, sans aborder les sujets douloureux. Ce qui nous avait unis dès le premier jour revenait sur nos lèvres et ce qui nous avait séparés était exclu de nos pensées. En lui prenant la main, je sentis son fluide s'affaiblir et, dans le même temps, son énergie se cabrer. Rien d'étrange n'était pourtant perceptible dans son comportement. Longtemps, nous égrenâmes des souvenirs chers. Il m'était impossible de discerner en elle la moindre différence entre l'épuisement et la lassitude. La minute de la séparation approchait. Il me semblait indécent de m'imposer davantage. À mes adieux, elle répondit, en esquissant un signe de croix sur mon front.

– Oui, partez, Bara, me souffla-t-elle. Ne me quittez plus. Que Dieu vous garde !

Le cœur serré, je quittai lentement et à reculons la chambre où elle reposait. La vision de Nina étendue sous son dais devait rester pour toujours gravée dans ma mémoire.

Dans la vaste cuisine provençale, la pièce où l'on vit, Véronique et les petits-enfants étaient comme en prière. À leurs yeux, je compris le désespoir qui les étreignait. En même temps, leur immense gratitude envers moi, seul capable, dans leur esprit, d'avoir pu apporter quelque apaisement à leur mère.

Après mon départ, Nina remit à sa fille un message apparemment indéchiffrable. Ce fut son dernier signe de vie. Dans l'inconscience, elle ne put dès lors communiquer. La mort n'était pas encore arrivée. La vie était déjà partie.

Véronique décrypta avec peine ce dernier témoignage de Nina : « Après vingt ans de désert, j'ai enfin trouvé la paix. Il est revenu. » Peu après, elle quitta ce monde.

Quelques jours plus tard, je tins à adresser la lettre suivante à son confesseur, le père Bouliaguet :

« Mon Père,

Peu après notre entretien, j'ai fait l'impossible pour me rendre rapidement au chevet de Nina de Montesquiou. Sans illusion sur son état, j'eus le bonheur insigne de la voir encore lucide et belle. Surtout d'avoir pu lui parler à temps. La dernière conversation digne de ce nom eut donc lieu avec moi.

Ce fut une bénédiction. J'en rends grâces à Dieu et à ses intercesseurs.

Après vingt ans de séparation, nous nous retrouvions cœur à cœur, âme contre âme. Ensemble, nous avons revécu sans vains regrets le moment où, brutalement, nos destins divergèrent, la souffrance que nous en avions éprouvée, puis la sérénité retrouvée à grand-peine au bout de tant d'années. De part et d'autre rien n'avait été oublié et tout était présent.

Au terme de ces confidences, il m'a semblé que Nina avait mystérieusement renoué avec la vie. L'essentiel de son existence s'était déroulé dans ce qu'elle croyait être une contradiction coupable entre sa fidélité parfaite à Dieu et sa passion terrestre. L'au-delà étant en vue, et peut-être à cause de lui, elle réconciliait pour la première fois cet affreux antagonisme qui la fit tant souffrir. Elle identifiait les forces qui l'écartelaient. De là, elle entrevoyait la fin de ses tourments et le repos intérieur.

Enfin libérée, elle se sentait prête à mourir dans la paix. Désormais, au prix de son corps, elle avait acquis le droit de non-penser et de non-agir. Enfin apaisée, celui de quitter ce monde.

Ses enfants souhaitaient qu'elle s'éteigne dans mes bras. Sans doute elle aussi. En esprit, ils furent exaucés. Très vite en effet, elle perdit conscience et ne fut plus elle-même. Le plus précieux l'avait abandonnée.

Les adieux eurent lieu à Marsan. J'étais avec elle.

Pour la première fois depuis mon enfance j'éprouvais le désir de communier. Etait-ce en vérité avec le Seigneur ?

Ou avec elle, dans un besoin d'union définitive, en ce dernier instant, le plus solennel de tous ?

La descente en crypte où elle repose pour toujours fut un arrachement. Cette vision restera en moi jusqu'à la fin de mes jours comme un déchirement.

Mon Père, j'ai regretté votre absence. Vous le savez, sa confiance en vous était absolue. C'est pourquoi je témoigne devant vous par cette lettre. Mais vous étiez avec nous par la pensée. Je me suis permis de prier à votre intention.

Vous lui avez été d'un grand secours.

Merci.

*

Pourquoi donc avoir consommé la rupture avec Nina ? Parce qu'un homme digne de sa mission sur terre doit obéir tôt ou tard aux commandements de la nature. Une exigence spirituelle irrésistible lui impose de se prolonger dans les générations ultérieures et de vaincre ainsi l'avenir. Pour les êtres vivants, il n'est pas d'éternité sans reproduction.

Interrompre la chaîne de vie m'aurait paru inconcevable. Dans les Écritures, il est dit que la vie n'est jamais anéantie mais qu'elle se transforme.

Sans doute pourra-t-on estimer qu'après ma séparation avec Nina, il y eut quelque précipitation dans mon désir obsessionnel d'avoir un enfant. Pourtant, je l'éprouvais au plus profond de mon être. C'est pourquoi j'eus la joie gratifiante peu après d'être père d'un garçon, Laurent, et d'une fille, Félicité. Naturellement, ils étaient les plus beaux, les plus intelligents !

Quelques années plus tard, ce fut pour moi une joie extrême d'avoir deux garçons, Sébastien et Mathias.

La rencontre avec leur future mère eut lieu au cours des Jeux olympiques d'hiver, à Innsbruck, en 1964. Devant accueillir un membre du gouvernement et la délégation française, notre ambassadeur en Autriche n'avait fait que son devoir en organisant en leur honneur une réception officielle. Le consulat général où elle se déroulait débordait d'invités. Soudain, mon regard fut capté par le charme d'une fille blonde au sourire fascinant. L'ambassadeur se demandait pourquoi mes yeux se portaient sur un autre objet que lui. Sans cesse je débordais sa personne et une partie de cache-cache échevelée s'engagea. La scène était comique du fait que, lorsque je me penchais d'un côté, mon interlocuteur se croyait obligé de faire de même. Il faut le dire, je n'avais qu'une crainte, celle de voir disparaître la jeune Autrichienne rencontrée en ces lieux par le plus pur des hasards.

Son nom était Sissi. Comme l'impératrice. Elle était généreuse par son cœur, féminine dans ses chairs et dans ses intuitions. À l'instant souhaité, elle sut me redonner vie. Nièce du gouverneur du Tyrol, ses racines ancrées au sein de montagnes identiques aux miennes ne pouvaient que me conforter dans ma joie d'épouser quelqu'un de chez moi.

En mes enfants, j'essayais de me reconnaître. Non pas comme des images dans un miroir, ce qui prouverait un insoutenable narcissisme, mais pour y découvrir des présages de ce que l'on a la faiblesse d'ambitionner pour soi. Pour pouvoir y discerner surtout ce même élan vital, unique de par ses spécificités dans une lignée. L'empreinte digitale, le code génétique sont transmis de la sorte de proche en proche, pour perpétuer l'espèce.

Le besoin d'avoir une descendance, je l'ai dit, est un des plus impérieux qui soient. La maternité ne trouve son véritable sens que dans l'amour de celle qui la génère. Je rends grâces à la Providence d'avoir mis sur mon chemin celle qui aura donné à ma vie cette valeur essentielle.

15. LA CHINE OLYMPIQUE

Sans doute les lumières de l'Olympe m'avaient-elles ébloui. Les portes du Comité international olympique s'ouvraient en effet pour moi. L'idéal inspirant ce mouvement est identique à mes valeurs. Se surpasser pour accomplir les meilleures performances. Perfectionner sans cesse ses capacités physiques en magnifiant ses motivations, en appréhendant chaque jour davantage l'héritage de notre civilisation, en développant ses aptitudes intellectuelles et en nourrissant sa détermination par de profondes exigences spirituelles, tout cela était vraiment conforme à ma nature. Il m'importait que ces sportifs, des hommes ou des femmes au sens plein, viennent de tous les continents pour s'affronter personnellement dans ces joutes. Il était exemplaire à mes yeux qu'ils soient de couleurs dissemblables ou inspirés par des convictions religieuses souvent conflictuelles entre elles. Excellent aussi que ces athlètes s'expriment avec des langages qui leur soient propres. L'enrichissement mutuel vient souvent de nos différences. Il me plaisait d'entrer dans une communauté humaine plurielle. Ce qui avait séparé nos ancêtres à la tour de Babel devait ici les réunir.

Et si Pierre de Coubertin était aujourd'hui parmi nous ? Les grandes âmes, même errantes, flottent toujours et ne meurent jamais.

Au début donc, il était seul. Il y a plus d'un siècle. Mais les génies ne sont-ils pas toujours seuls ? Et même à contre-courant de l'opinion ! Reprendre à la Grèce antique l'idée olympique – nous étions en 1894 – paraissait tout à fait singulier et utopique. L'affrontement olympique, la lutte pour la suprématie sportive, la volonté extrême de se dépasser sont la guerre en temps de paix.

Les premières avancées dans le nouvel olympisme furent son œuvre : conquête du plus grand nombre, extension aux continents, accession à toutes les races, religions, langues, affirmation du meilleur, quel qu'il soit.

L'instance suprême, le Comité international olympique, se doit, bien sûr, de rester fidèle aux tables de la Loi, celles-là mêmes ayant présidé à sa création, mais en les adaptant à la société d'aujourd'hui.

Pour Pierre de Coubertin autrefois, et pour Jacques Rogge aujourd'hui, il est nocif d'être absolu dans les grands choix, mais primordial, sur le fond, d'être intransigeant. On peut être à la fois inflexible et souriant, ferme et fraternel, fidèle et généreux. Le culte de l'homme est au cœur même de l'olympisme.

***

Plusieurs temps forts ont dominé ma participation active à l'olympisme : la réintégration de la Chine, la campagne pour l'attribution des JO à Pékin, l'arrêt des distinctions pernicieuses entre soi-disant amateurs et professionnels, et la lutte contre le dopage.

Pour la Chine, tout avait commencé avec sa reconnaissance historique par le Général de Gaulle, en dépit de l'hostilité menaçante de l'Amérique. À cette époque, l'Union soviétique avait droit de cité dans le monde. Les PC nationaux, obéissant au doigt et à l'œil aux directives politiques de Moscou, étaient reconnus dans de nombreux pays occidentaux. Le surarmement nucléaire de ce deuxième grand faisait trembler la planète. Il fallait donc le respecter et éviter des chasses aux sorcières comme au temps de McCarthy ou, à l'inverse, accepter l'invasion du KGB.

Mais reconnaître la Chine était une trahison d'État. Un jour, le Général ouvrit un Conseil des ministres en déclarant que l'Amérique avait déclaré la guerre à l'Asie ! Effectivement, le conflit du Vietnam perdurait, la façade pacifique de la Chine s'opposait à Taïwan, le réduit de Tchang Kaï-chek, la Corée du Sud se défendait contre celle du Nord depuis 1950, et enfin l'extrémité est de l'URSS était en guerre larvée contre les États-Unis.

– Il faut reconnaître la Chine, affirma-t-il. D'abord en raison de sa prééminence géographique en Asie. Ensuite, du fait de sa population représentant le quart de l'humanité, plus d'un milliard deux cents millions de citoyens. Enfin, par respect pour son antique civilisation, l'une des plus anciennes et des plus riches de notre monde.

– Ne faut-il pas craindre des actions de rétorsion ? demanda l'un des ministres.

– Les faits sont têtus, répondit le Général. Comment ignorer ce qui sera la deuxième et peut-être même la première puissance au monde au XXIe siècle ?

– L'Union soviétique va réagir négativement, sans le dire, naturellement, dit un autre. La terre entière risque d'être contre nous. L'Europe va être réticente.

– Les pays européens vont nous suivre. Vous le verrez. Après un temps de décence. Voire de prudence.

C'est ainsi que la reconnaissance de la Chine fut approuvée. Le choc médiatique dans le monde fut considérable.

C'est dans ce contexte, après un temps de réflexion, pour retrouver le calme, que je proposai à Lord Killanin, président du CIO, d'y admettre la Chine et de nommer un membre pour ce pays. Ce ne fut pas une mince tâche. Un déjeuner fut organisé à cet effet à mon domicile de Neuilly.

– Cher Président, lui dis-je, il n'est pas possible de reléguer la Chine, un pays aussi important, en dehors de notre mouvement. La doctrine de base est d'être universelle. Je vous adjure de prendre une position favorable à son égard. Plus, d'exprimer votre volonté de l'intégrer.

– Cher ami, me répondit-il, c'est extrêmement difficile, sinon impossible. Tout le clan anglo-saxon y est absolument opposé. Les États de l'Est sous influence soviétique, ce qui représente quinze voix sur les soixante du CIO, ne diront rien. Mais, à bulletin secret, voteront contre ou au mieux s'abstiendront.

– Vous aurez la majorité, lui répondis-je. Tous les pays communistes sont dans les structures olympiques. Même Cuba, même la Corée du Nord. Comment vous justifiez-vous ?

– Les États-Unis mettent tout leur poids dans la balance pour maintenir l'exclusion de la Chine. Naturellement, Taiwan menace le CIO de se retirer si une décision de l'intégrer était prise. Tous les membres anglo-saxons suivront. C'est la mort du CIO. En réaction, une autre organisation mondiale aurait toutes les chances d'être créée.

– Vous craignez les tigres de papier. Au contraire, l'indépendance de Taiwan sera préservée malgré l'entrée en concurrence de la Chine continentale. Taiwan gardera son représentant.

– Et Pékin ?

– C'est l'ouverture internationale de la vraie Chine. Elle aura deux membres, l'un à Pékin, l'autre à Taipeh. Il serait inadmissible évidemment que la Chine du continent refuse de venir à nous si Taiwan s'y maintenait.

– Ce serait le désastre !

– Alors, je dois tout vous dire. Il résulte de mes contacts confidentiels avec les représentants à Paris de la Chine de Pékin ainsi qu'avec leur gouvernement – en l'occurrence leur ministre des Sports – qu'elle ne posera pas de conditions aussi impératives.

– En êtes-vous bien sûr ?

– Oui, car il y a peu, un autre déjeuner, ici même, les a réunis. Sébastien, mon jeune fils de deux ans, est entré dans la salle à manger au moment de sa sieste. Nu comme un ver il n'avait, en tout et pour tout, qu'une casquette de l'armée chinoise sur le chef avec les écussons aux cinq étoiles. C'était un souvenir rapporté de Chine au retour d'un récent voyage. Le dirigeant olympique chinois, suivi de son ambassadeur, s'est immédiatement levé et a déclaré : « Monsieur le ministre, votre fils montre la voie. Puissiez-vous la suivre ! »

– Vos arguments sont très convaincants, me déclara *in fine* Lord Killanin. On ne peut récuser l'évidence.

Et c'est ainsi qu'à la session annuelle, la Chine de Pékin fut admise. En dépit d'un violent discours du représentant de Taiwan que personne n'écouta et auquel personne ne répondit. Peu après, un collègue du nouveau pays membre, He Zhenliang, fut coopté. Depuis lors, tout s'est passé à la perfection. Justice était faite !

***

J'ai persévéré dans mes œuvres en organisant, avec toute ma conviction, la campagne internationale auprès des membres du CIO en faveur de Pékin, candidate pour les jeux olympiques de l'an 2000 et créditée au départ d'une vingtaine de voix seulement sur quatre-vingt-dix. Pays par pays, membre après membre, j'ai gagné les voix une à une. Pékin s'est retrouvée en finale contre Sydney. Certes, il s'agissait là d'une excellente candidature olympique, mais, dans le cas de Pékin, la nature du régime lui-même était en cause.

Voilà quel était l'enjeu de cette candidature. Elle a été perdue à une voix près, deux bulletins pourtant promis fermement ayant manqué à l'appel.

Durant cette campagne, il m'a été donné plusieurs fois de rencontrer l'ancien maire de Pékin, Chen Xitong. Il me paraissait être un tigre. Pas de papier. Un vrai, tant sa détermination était concentrée. Tendu, pénétré de ses convictions politiques et surtout de sa passion pour la grande Chine de l'Histoire, il lui arrivait d'exploser de temps à autre.

Maître du parti pour la région de Pékin, en fait tout le Nord de la Chine et sans doute plus encore, c'était un personnage politique puissant et influent. Mais il n'était pas de la bande de Shanghai dont étaient issus les dirigeants de l'empire. Ceci va expliquer cela.

Il m'a raconté sa version des événements de Tienanmen en 1989, à laquelle j'ai encore la faiblesse, peut-être naïve, de croire.

Les étudiants manifestaient chaque heure avec plus d'ampleur sur la place. La contestation grandissait si rapidement que la police fut bientôt dépassée. L'armée fut donc requise sur l'ordre du Premier ministre Li Peng. Des chars avaient été acheminés pour impressionner les étudiants particulièrement virulents et ainsi éviter, autant que faire se peut, des batailles rangées. Les instructions du gouvernement étaient formelles : il était interdit de tirer. Sous aucun prétexte.

Les étudiants le savaient. Ce qui explique l'épisode, célèbre dans le monde entier, de ce jeune manifestant, seul, planté devant un char, interpellant non sans quelque arrogance, tant il était sûr de lui, l'équipage sorti du blindé. Ce n'était pas un acte désespéré pour ce garçon, ni héroïque d'ailleurs. Il ne craignait rien. En les hélant, il tentait de rallier à la cause le conducteur et le mitrailleur.

Enhardis, les groupes d'étudiants s'approchaient des soldats déployés autour d'eux. Ils les saisissaient par le revers de leur tunique, accrochaient leurs ceinturons, soulevaient leurs casquettes (pas de casques sur leurs têtes, semble-t-il) et même esquissaient des gestes vers leurs armes, maintenues, suivant les ordres, dans leurs étuis.

Débordés, invectivés et enfin menacés, les soldats, enchevêtrés aux étudiants, commencèrent à se défendre. Un coup de feu retentit. Ce fut un tournant. Plusieurs suivirent. Inévitablement, ce fut l'affrontement. Des clameurs s'élevèrent auxquelles succéda un chaos indescriptible. Nul ne pouvait prévoir l'issue de ce combat.

– Aucun ordre de tirer n'avait été donné. Au contraire, l'interdiction avait été confirmée, insista Chen Xitong.

On pourrait s'interroger. Immédiatement et à brûle-pourpoint, je lui rétorquai :

– Pourquoi n'avez-vous pas publié une mise au point ? Séance tenante ! La désinformation internationale était flagrante, selon vos dires.

– Personne ne nous aurait crus. Ni moi, le maire de Pékin et patron du PC, ni le commandement militaire, ni même Li Peng, le Premier ministre, au nom du gouvernement.

– Au moins, auriez-vous pu le tenter ? Pour prendre date.

– Aucun journaliste occidental ne cherchait à nous poser la moindre question. Les médias n'avaient d'yeux et d'oreilles que pour les étudiants. Leur but était de leur faire dire que la manifestation était anticommuniste.

– N'était-ce pas le cas ?

– Non, elle était antigouvernementale.

– La police dépendait de votre autorité. L'armée n'a pu donc intervenir que sur l'ordre de Li Peng ?

– Exact.

– C'était une décision gravissime.

– Moins pour nous que dans vos pays. L'armée est perçue différemment ici. Souvent elle est affectée à des missions d'intérêt général : les moissons, par exemple, ou en cas de catastrophe nationale telle que des inondations. En fait, l'armée est intimement liée à la population. Ici, en Chine, personne n'a été choqué par cette intervention.

– Comment le saviez-vous ? L'information ne remonte pas en temps réel à votre niveau.

– Le croyez-vous ? Beaucoup mieux que vous ne le pensez. Il y a une différence, m'expliqua-t-il avec un petit clignement d'œil, entre ce qui vient vers nous et ce qui est reconnu « officiellement ».

– La réputation du régime ne sortait pas grandie de cette affaire. Si la réalité avait été établie ou rétablie au plan international, c'eût été préférable.

– C'était un complot de vos démocraties dites libérales. La manipulation politique était évidente. Vos pays n'ont de cesse d'agresser notre démocratie socialiste. Il n'y a pas eu tant de drame pour Mexico.

– Pour Mexico ? l'arrêtai-je, étonné.

– Vous le voyez. Vous n'êtes même pas au courant ! Les morts y ont été plus nombreux qu'ici il y a quelques années quand l'armée mexicaine a tiré sur les étudiants.

– L'un n'excuse pas l'autre.

– La vérité est unique, conclut-il, elle n'a pas plusieurs versions.

En sa qualité de président du comité de candidature de Pékin pour les JO de l'an 2000, je dus le revoir quelques semaines plus tard.

Le dialogue reprit, toujours aussi abrupt. Il appréciait que je défende, pour d'autres raisons, les aspirations de Pékin. À vrai dire, je ne comprenais pas pourquoi les pays de l'Ouest, surtout anglo-saxons, refusaient obstinément d'engager par ce biais un processus de retournement politique de ce pays. Le Comité international olympique aurait pu jouer le rôle d'une bombe pacifique comme l'avait fait quelques années plus tôt Jean-Paul II, face aux régimes de la galaxie soviétique.

– Si Pékin se voit confier l'organisation des Jeux olympiques, croyez-vous que ceux-ci auront un rôle de catalyseur et favoriseront une évolution politique fondamentale ?

– Oui, si nous restons socialistes.

Ce disant, je crus déceler dans son regard une attitude de principe qui n'était que purement formelle.

– Il nous faut rester évolutifs, ne pas précipiter le mouvement et ménager les transitions, ajouta-t-il.

– Les Soviétiques y sont allés à la hache. Dans les chaumières, en Occident lors de la chute du mur de Berlin, nous pleurions de joie.

– Ils ont abandonné leur peuple. D'un seul coup. Ils ont trahi sa confiance. Ici, tout se fera en douceur et sous son contrôle, sous la direction du parti – et il ajouta, car il semblait l'avoir omis, le mot « socialiste ».

– Quelles sont donc les étapes pour placer la Chine en bonne position de concurrence avec les grands de ce monde ?

– D'abord, l'économie socialiste de marché : liberté des échanges, convertibilité du yuan, notre monnaie nationale, ouverture internationale de la bourse de Shanghai et… bientôt celle de Hong Kong en attendant Taiwan. Le niveau de vie va s'élever rapidement. Tout cela grâce aux directives de Deng Xiaoping…

– Oui, mais après ?

– Ce sera la réforme sociale et socialiste naturellement. Dévolution des biens, des logements et des terres aux citoyens, liberté de vendre ou d'acheter…

– Et après ?

– Lorsque les Jeux arriveront, c'est-à-dire à l'aube du XXIe siècle, nous lancerons la révolution finale, à savoir politique. Attention, martela-t-il, nous irons à la rencontre des grands de ce monde à armes inégales puisque les nôtres seront supérieures et plus sûres. Pourquoi rêver à des régimes plus populaires et libertaires, plus communistes, plus marxistes ou trotskistes ? Déjà nous les avons eus et en avons donc l'expérience. Alors ?

– Vous ne pouvez aller plus à gauche. C'est acquis. Qu'importe, si la Chine éternelle entre dans le concert des nations ?

Ainsi se terminèrent nos entretiens d'une étonnante franchise. Peu après, Chen Xitong fut placé en résidence surveillée. Personne n'a pu le voir depuis. Son nom même est banni.

16. QUE LE MEILLEUR GAGNE

Une étape importante fut également franchie dans l'évolution moderne de l'olympisme lors de la bataille d'Istanbul en 1987. Le CIO était pratiquement divisé en deux pour savoir si l'on maintenait ou non la conception hypocrite et devenue dénuée de sens de l'amateurisme.

La tradition anglo-saxonne, tenace parmi les anciens membres, exigeait que le sport fût pratiqué entre gentlemen – ou supposés tels –, c'est-à-dire entre amateurs. Mais le monde a changé. Le sport est devenu populaire, c'est-à-dire pratiqué par le plus grand nombre. Les grandes compétitions sportives entraînent de nos jours des mouvements financiers considérables. Les droits de télévision, par exemple, surtout lorsqu'ils sont cumulés, se comptent maintenant en milliards d'euros. Peut-on considérer que les champions ne sont que des faire-valoir désintéressés et doivent se contenter de générer, pour les autres, ces montagnes d'argent ?

Cette conception de la « pureté » était si obsolète que je m'étonnais de voir de nombreux collègues s'y cramponner. C'était évidemment sans compter sur les bases « idéologiques » du sport dans les pays socialistes. Leurs représentants refusaient énergiquement de reconnaître le statut de professionnel. Chez eux, les champions de haut niveau étaient tous des professionnels de fait, s'entraînant à huis clos tout au long de l'année dans des complexes d'État interdits à quiconque. Ils étaient pris totalement en charge et bénéficiaient de situations hautement privilégiées. Le dopage y était scientifiquement appliqué. Sans oublier une liberté d'aller et de venir, même à l'étranger. Reconnaître le professionnalisme de droit et non seulement *de facto*, c'était pour eux faire naître dans les autres pays du monde une concurrence des plus dangereuses. Pourquoi l'accepter et surtout le permettre ?

C'est à propos du tennis que le dossier fut présenté. Il n'y a jamais eu de séance aussi houleuse que celle-ci. Les communistes et les gentlemen anglo-saxons faisaient cause commune. Après une quarantaine d'interventions, dont la mienne où je pris le risque de démonter le système extravagant et utopique dont nous serions immanquablement les victimes, nous passâmes au vote. Le réalisme et la sagesse l'emportèrent. Mais de justesse.

C'est ainsi que les mots « amateur » et « professionnel » ont disparu du vocabulaire olympique. La gloire désormais doit être réservée aux meilleurs, quelles que soient leurs motivations. Le champion est bien plus qu'une idole ou un monstre sacré. Bien plus qu'un surhomme : il est un homme.

***

En tant que ministre de la Jeunesse et des Sports, j'avais été convaincu qu'il était absolument indispensable et même prioritaire d'engager une lutte déterminée contre le dopage. Les ravages de cette pratique affectaient déjà toutes les disciplines sportives et étaient connus de tous, des médecins, des entraîneurs, des journalistes. Mais la loi du silence s'imposait.

Hélas, il n'y avait pas de base légale à l'action des pouvoirs publics. La seule existante était réservée aux... chevaux ! Afin de s'assurer que les courses hippiques soient loyales. Il y avait à craindre les recours de parieurs au cas où des résultats auraient été contestés et, après enquête, des irrégularités prouvées.

Il n'était donc pas interdit aux athlètes d'user et d'abuser de substances dopantes afin d'améliorer leurs performances. Et malheureusement sans en mesurer toujours les conséquences à terme. On ne dénoncera jamais assez les méfaits de ces drogues sur le plan moral, avec toutes les illusions perdues qu'elles entraînent. Au surplus sur la santé des athlètes, avec notamment les graves problèmes de cancers induits, d'arrêts cardiaques, de changements de sexe, de retards ou de suppressions de règles volontairement provoqués et, plus tard, le risque de stérilité des femmes. Sans oublier les multiples manipulations financières qui en découlent.

En conséquence, j'ai fait adopter en 1965 par le Parlement la première loi antidopage au monde. Depuis ce premier pas, classant ces produits dans la liste des stupéfiants et des drogues, les artifices biotechnologiques, ont été strictement interdits. Comme représentant de l'État, j'avais dès lors le droit de mandater des experts pour effectuer des contrôles corporels sur les athlètes, d'intervenir auprès des tribunaux et, en vertu du pouvoir sportif, de faire disqualifier les contrevenants.

Le Comité international olympique, très rapidement, dès 1967, a emboîté le pas. Il a engagé le combat cette fois-ci à l'échelle mondiale. Ses statuts et ses règlements ont banni l'usage de ces drogues dans toutes les compétitions internationales.

Saluons ce progrès immense. Les États totalitaires ont toujours cru et sont encore persuadés que l'excellence de leur régime politique est prouvée par leur prééminence sportive. Les avantages de la médiatisation considérable des Jeux olympiques pour leur propagande était, et est encore pour eux, de la première importance. Ainsi, nous avons connu les fameuses usines à champions des pays de l'Est. Dans les démocraties de l'Ouest où la déontologie sportive et le respect des hommes auraient dû et devraient l'emporter, des gourous starisés (et peut-être tsarisés !) régnaient et règnent encore. Leur mission avec les progrès de la chimie est devenue difficile et même périlleuse. Les traitements exigent des blanchiments pour masquer les produits dopants et rendre leur présence indécelable en cas de contrôle inopiné. Or, les cycles, l'intensité des effets sont différents suivant les disciplines sportives, les spécificités personnelles et le calendrier des compétitions. Sans compter les conditions climatiques. Si les phases ne se sont pas déroulées suivant les prévisions, l'athlète doit se résoudre à invoquer, pour déclarer forfait, une insuffisante préparation, des méformes, des claquages, voire des virus étranges…

Comment, dès lors, croire sans sourire les dirigeants du sport mondial, récusant tout cas de dopage durant les Jeux de Moscou en 1980 ?

Il faut dénoncer avec la dernière énergie ces politiques volontaristes de « traitement » des athlètes, l'absorption sous quelque forme que ce soit, souvent même à leur insu, de prétendus cachets de vitamines, de gélules, pilules, stimulants, yaourts énergétiques… Ces perversions sont absolument contraires à l'idéal sportif motivant tous ces jeunes. Elles les avilissent. L'égalité de chacun, vis-à-vis de ses concurrents, est faussée.

La recherche de la performance exige de donner le meilleur de soi-même mais avec, pour tous, l'obligation éthique de ne mettre en œuvre que ses seuls moyens physiques et moraux naturels. Ces déviations sont encore plus lourdes de conséquences, me semble-t-il, que la corruption financière dans le domaine des affaires.

Dans ce défi qu'ils se lancent à eux-mêmes, les hommes doivent vraiment l'emporter sur la science dévoyée et sur l'argent sale.

***

La confiance extraordinaire que le Général de Gaulle m'avait accordée avait eu pour conséquence de me donner une réputation enviable dans de nombreux pays. Ainsi, les Soviétiques me demandèrent de les aider pour les Jeux olympiques de Moscou en 1980. Un comité mixte franco-soviétique fut même créé à cet effet. J'en assurai, en partie, du côté français, la direction opérationnelle. Les réunions avaient lieu alternativement à Moscou et à Paris tous les trois mois. La coopération était, je dois le dire, de qualité. De nombreux projets industriels furent acceptés : agrandissement de l'aéroport international de Cheremetievo III, adoption du système de télévision SECAM, contrôle radar de la mer Baltique…

La dernière séance devait avoir lieu à Paris. Pour clôturer nos travaux, j'avais prévu un dîner avec spectacle au Paradis Latin.

Bizarrement, je reçus, deux jours avant, un appel téléphonique du chargé d'affaires de l'ambassade soviétique. Il voulait me voir d'urgence avant la réunion. Peu après, il débarqua dans mon bureau :

– Cher monsieur le ministre, vous êtes un ami de l'Union soviétique, et c'est à ce titre que je viens vous voir. Accepteriez-vous que deux généraux du KGB fassent partie de notre délégation ?

– Mais… pour quelle raison ?

– Tout simplement pour nous informer de vos systèmes de protection des hautes personnalités. Votre compétence est connue de nos services. Le monde entier va venir à Moscou pour les JO et la plupart des pays vont envoyer à cette occasion leurs dirigeants au plus haut niveau. Votre coopération nous sera d'un grand secours.

– À l'instant, j'appelle devant vous notre ministre de l'Intérieur, Christian Bonnet. C'est un ami. Vous verrez.

Aussitôt, je l'appelai. Le dialogue ne fut pas des plus faciles, le « diplomate-KGB » soviétique étant présent.

Christian Bonnet accepta d'emblée et me proposa, pour les protéger, Raymond Sasia, spécialiste des sports de combat, qui avait fait partie de mon équipe au ministère. Il fut entendu qu'il ne quitterait pas les généraux d'une semelle et les prendrait chaque jour à l'ambassade et les y raccompagnerait.

– Une seconde, Christian. Et, me tournant vers le chargé d'affaires, je lui demandai : êtes-vous d'accord ?

J'invitai donc, généraux compris, toute la délégation au Paradis Latin. Par souci de bonne organisation, je téléphonai à Jean-Marie Rivière.

– Jean-Marie, je te demande la meilleure table pour un dîner franco-soviétique. Il y aura deux généraux du KGB. Ils sont ici en mission spéciale. Je t'expliquerai.

– C'est excitant, ton affaire. Tu le sais, je n'ai rien à te refuser.

– Quand le spectacle se termine, il y a toujours deux danseuses qui descendent les marches. Elles sont ravissantes et dans le plus simple appareil. La tradition veut qu'elles invitent elles-mêmes des hôtes de marque pour danser trois minutes. Peuvent-elles aller se prosterner devant les deux généraux du KGB, et les entraîner à faire trois tours ? demandai-je à Jean-Marie.

– De plus en plus excitant ! Mais Maurice, bien sûr que oui !

– Dis à tes filles que je les désignerai d'un coup d'œil.

– Ne t'inquiète pas. Je materai la scène. En douce, puis-je prendre une photo ?

– Je te l'interdis. Ce serait un scandale.

– OK. À demain soir !

Effectivement, nous nous retrouvâmes tous, autour de la seule table au pied de la scène. Musique, attractions, music-hall, shows, le tout ponctué d'annonces de Jean-Marie en haut-de-forme, redingote et canne à la main.

Prudemment, il ne fit aucune allusion à notre présence dans ses annonces au cours du spectacle. Il avait pourtant bien envie de faire des jeux de mots. La vodka était de rigueur et l'ambiance ne faiblit à aucun instant. Ainsi que prévu, les deux danseuses, en tenue d'Ève, vinrent s'incliner devant les généraux et les prièrent à danser.

Les deux colosses s'en emparèrent goulûment. Ils exultaient.

À l'issue du spectacle, alors que tout le monde se levait, les hauts dignitaires du KGB vinrent vers moi. Ils me serrèrent la main avec effusion.

– Nous avons passé une soirée inoubliable. Monsieur le ministre – ils aimaient beaucoup donner des titres –, si vous avez un problème en Union soviétique, n'hésitez pas à faire appel à nous. Nous y avons tous pouvoirs. Et… même si c'est à l'étranger ! Pour nous, c'est la même chose !

17. L'AMÉRIQUE, DE CUBA À WASHINGTON

Le CIO m'a souvent donné l'occasion de vivre des moments inattendus et de rencontrer des personnages hors du commun. Ainsi en 1983, je devais me rendre en Amérique centrale. La première étape du voyage était La Havane. Il n'était pas dans mes intentions de rencontrer systématiquement les hommes les plus connus de notre époque. Mais lorsque les circonstances le permettaient, je m'enrichissais de leur témoignage et de leur confiance. Ils n'hésitaient pas à me parler et même à se confier. À leurs yeux, j'avais un privilège, celui de l'authenticité. Avec eux, je pénétrais dans leur jardin secret et j'explorais leur intimité.

Passionnante fut ma rencontre avec Fidel Castro, dont le plaidoyer, les confidences et les demi-aveux sur ses réactions vis-à-vis des États-Unis ou de l'Union soviétique m'ont beaucoup intéressé.

Plusieurs milliers d'invités se pressaient ce jour-là dans les salons du palais présidentiel. Dès que je lui fus présenté, le Lider Maximo marqua à mon endroit une vive curiosité. Il avait dû lire le récit de mes aventures dans l'édition espagnole de mon livre.

– Avec Jacques-Yves Cousteau, vous êtes mes deux héros préférés, me dit-il.

– Vous aimez les contrastes, lui répondis-je, la nuit des bas-fonds et la lumière de l'altitude.

– N'ai-je pas toujours été à contre-courant ?

– Une allusion à vos combats de guérillero ?

– Il faut savoir dire non.

– Contre Hitler, moi aussi, j'ai dit non.

– Guérillero, vous aussi ? s'enquit Fidel Castro déjà fraternel.

– C'était pour la liberté.

– Et moi, contre la corruption.

Il me raconta son enfance à Cuba, ses études d'avocat aux États-Unis (pendant plus d'une heure d'entretien, il ne prononça pas le moindre mot d'anglais), son retour à Cuba, sa lutte contre le pouvoir, aux mains, me disait-il, des Américains. Pour s'y opposer, il plaçait ses espoirs dans l'appui soviétique.

– Aviez-vous réellement un idéal marxiste, ou recherchiez-vous un contrepoids à la puissance américaine omniprésente ?

– Les deux.

– Marxiste ou… castriste ?

Il se mit à rire en clignant de l'œil d'un air entendu.

– Oui, j'ai toujours déploré la dureté inflexible de Washington. Elle m'ancre dans le camp de Moscou. Le responsable de la CIA pour la zone avait fini par s'accorder sur les mêmes thèses que moi. Il a « dû » démissionner.

– Vos liens avec l'Union soviétique sont tellement étroits ! Avec le pétrole et le sucre, ils sont économiques. Politiquement – pour ne pas dire militairement –, vous êtes son bras séculier dans les pays tiers. Comme la Corée du Nord, la Libye, le Zaïre et d'autres encore…

– La politique américaine, à notre encontre, n'affaiblit pas ces liens privilégiés. Elle les renforce !

– Il y a peu, Cuba était un navire porte-missiles. La révolution a été engagée par vous en Amérique centrale, en Afrique… cela fait beaucoup.

– Tout cela est déjà loin

– Oui, mais tout le monde s'en souvient. Pourquoi Che Guevara a-t-il quitté Cuba ?

– Il était argentin. Et puis on ne pouvait pas diriger à deux un pays comme celui-ci. Nos conceptions n'étaient peut-être pas toujours les mêmes. Il a voulu porter la révolution ailleurs.

– Dans les pays d'Amérique du Sud ? Le terrain y est favorable.

– Ces pays sont vulnérables. Che Guevara était un apôtre. Il est mort en héros. Son compagnon d'aventures, votre compatriote Régis Debray qui l'avait suivi en Bolivie, a pu, lui, se tirer indemne de ce guet-apens.

Comme on le voit, Fidel Castro est à la fois extrêmement intelligent, intuitif mais machiavélique. Le Che proclamé héros et expédié en terres de mission éloignées suscite l'admiration et la suspicion vis-à-vis du Lider Maximo. Quelle était sa motivation ? Conquérir une grande cause ou se défaire d'un partenaire gênant ?

– Cher Maurice Herzog, ami guérillero, il nous faut parler plus. Venez ici avec votre ami Cousteau. Je vous invite tous deux pour une visite officielle de trois jours.

C'est ainsi que nous nous quittâmes. Une telle visite eût sûrement été intéressante. Malheureusement, elle n'eut jamais lieu. Jacques-Yves Cousteau finit par y aller seul.

***

De longues années plus tard, vers la fin de son deuxième septennat, donc en 1995, François Mitterrand avait tenu à recevoir officiellement Fidel Castro. Ce n'était pas une visite d'État. Non plus une visite privée. En fait, il n'y avait pas d'impératif politique justifiant vraiment cette invitation. Elle apparaissait purement gratuite. Des honneurs militaires lui furent réservés, mais seulement à l'Élysée. Un déjeuner restreint, une douzaine de convives, fut organisé pour célébrer sa venue. Anne Lauvergeon, celle dont on disait qu'elle était le sherpa[1] du président, avait été informée de mes relations avec le Lider Maximo. Grâce à elle, je fus aimablement invité à ce déjeuner.

Dans ce cercle étroit, je fus étonné de ne pas voir Régis Debray. Était-il en froid avec Fidel Castro ou avec François Mitterrand ? Ou les deux ?

***

Le monde entier a suivi les dérèglements et les intolérances de l'apartheid en Afrique du Sud. Ses injures à la dignité de l'homme. Par amitié fraternelle avec nombre de mes amis africains, j'ai toujours refusé de visiter ce pays dont j'abhorrais le régime. Pourquoi avoir fait la guerre contre Hitler, symbole d'un racisme inacceptable, si je tolérais chez les autres les mêmes horreurs ? N'y étant pas allé, et pour cause, j'avais cependant une idée des égarements et même des crimes auxquels conduit un tel racisme.

Si l'on a vécu une scène comme celle-ci, dans les années cinquante, on comprend mieux le problème de l'apartheid : je devais aller de New York à Washington par train. Naturellement, je montai dans le wagon stationné devant moi. Tranquillement installé, je me plongeai incontinent dans la lecture de mes journaux français. À l'issue d'un long moment, je relevai la tête en voyant avancer vers moi un passager noir extrêmement courtois.

– Bonjour, monsieur, me dit-il, je vois que vous lisez des journaux français.

– Oui, effectivement, car je suis français.

– C'est cela qui m'encourage à vous aborder.

– Je vous en prie.

– Excusez-moi de vous avertir… mais vous êtes… dans un wagon réservé aux Noirs…

1. Comme on le sait, *sherpa* désigne un homme de la tribu des Sherpas (peuple de l'Est) mais le féminin se décline en *sherpani*.

– Il y a deux catégories de wagons ?

– Oui, monsieur.

– Et vous ne pouvez prendre un siège chez les Blancs ?

– Non, monsieur.

– Mais s'il n'y a pas de place chez les Noirs et que des sièges sont vacants chez les Blancs…

– On n'a pas le droit !

– Alors, monsieur, lui demandai-je, me permettriez vous de rester avec vous dans ce wagon ?

– Avec joie, acquiesça-t-il avec un large sourire et en s'inclinant respectueusement.

– Alors, je garde cette place. Merci, monsieur.

– Vous êtes… un vrai Français !

Avant qu'il ne s'éloigne, je lui tendis la main par sympathie.

Avec le recul du temps, un tel système social nous paraît révoltant, surtout si on y ajoute à cette époque le caractère indésirable des Noirs dans les réceptions privées, les restaurants, les toilettes, les écoles, les bus scolaires, les salons d'attente…

Tout cela est du passé. Le rôle charismatique de Martin Luther King a eu une importance décisive. Son plaidoyer généreux et prophétique a emporté l'adhésion du plus grand nombre. Heureusement. La transformation a été menée de main de maître. Progressivement, on a dérogé aux habitudes.

Qui donc a souvenance des séquelles sociales et humaines laissées par cette sombre période ? Elles sont maintenant dissimulées et la législation en bannit toutes les formes d'expression. Ce qui n'est pas visible est parfois dans la réalité plus fort encore. Le miracle américain est de savoir oublier ce qui n'est guère honorable. En oblitérant ce qui n'est pas parfait, on devient parfait. Simple !

Ah, ces peuples jeunes !

En ce qui concerne les juifs, la discrimination était également de mise. À cette même époque, il n'était pas bien vu d'inviter des juifs dans les réceptions. Les hôtels à New

York, par exemple, étaient différents pour eux. À mon tour d'être raciste : les juifs sont plus intelligents que les autres ! Sans doute est-ce dû à leur longue histoire, leur expérience acquise au cours des temps, l'éducation des enfants et des jeunes, conçue comme une obligation de la mémoire morale, même religieuse et, surtout, je le crois, à leurs malheurs menaçant sans cesse leur existence.

La diaspora juive américaine a eu tôt fait de se faire reconnaître, respecter et même craindre. Surtout dans des domaines forts comme la finance et les médias.

La discrimination raciale à leur encontre a, peu à peu, disparu comme par enchantement. Comment ne pas s'en féliciter ? En affirmant cela, il convient d'être lucide en considérant les réflexes, la culture de défense et de sauvegarde que confère le statut de peuple élu.

Hélas, c'est un non-élu qui écrit ces lignes !

Avec ce constat américain, on comprend mieux les excès de l'apartheid en Afrique du Sud. Le sport, dans un pays, est l'activité sociale et humaine de loin la plus populaire. Les joutes sportives passionnent les foules. Les héros de ces combats sont des modèles offerts à l'admiration de tous. Par malheur, la discrimination dans le sport était bien réelle. Elle ne souffrait pas la moindre exception.

Or, sur le plan mondial, le Comité international olympique n'a jamais accepté ou même toléré la moindre distinction entre les races. Comment faire pour concilier les deux conceptions ? Il en allait de la participation de l'Afrique du Sud aux Jeux olympiques, aux championnats du monde, bref à toutes les compétitions internationales.

Le CIO obligea donc, à regret, le membre sud-africain à se démettre de ses fonctions. De plus, en tant qu'État, l'Afrique du Sud fut expulsée du mouvement olympique. Ce fut l'œuvre du président de l'époque, Avery Brundage, qui n'était autre… qu'américain !

La situation, avec le temps, devenait intenable. C'est là que le président du CIO, Juan Antonio Samaranch, fit un choix heureux. Il confia à l'un de ses membres les plus influents, Kéba Mbaye, lui-même africain, longtemps président de la Cour suprême du Sénégal puis vice-président de la Cour internationale de justice de La Haye, la mission de convaincre le gouvernement sud-africain, mais surtout les milieux blancs les plus hostiles, de l'inanité, l'archaïsme et l'inhumanité de la ségrégation raciale. L'aura, l'intelligence, la conviction et la persévérance de Kéba Mbaye lui permirent de provoquer la révolution de fond, celle des mœurs et des traditions, dans ce grand pays plein d'espoir d'Afrique australe. En Nelson Mandela il trouva un homme ouvert, généreux, non sans mérite après toutes ses souffrances, qui comprit rapidement la chance qui lui était offerte, par ce biais, de transformer par le fond son propre pays. En 1991, l'Afrique du Sud réintégrait le CIO, et en 1995, un nouveau membre y était nommé.

Oui, et ce fut une révolution pacifique. Elle fut opérée de l'intérieur grâce à cet homme éminent. Il n'y a de vraie révolution que consentie de plein cœur par les peuples.

18. GEORGES POMPIDOU

La vie politique est une passion. Il faut, et je l'ai toujours ressenti ainsi, des axes de développement, des thèmes d'action pour une société. Pour moi, un désir commun s'exprime peu ou prou au travers d'une élection. Il reste, ce qui n'est pas une mince chose, à décoder et à expliciter l'essentiel du message. Un chef politique doit pourtant savoir l'exprimer. Mieux, le définir, puis l'expliquer et enfin l'accomplir.

À cet égard, le Général de Gaulle m'était vraiment apparu un maître, et quel maître ! Il savait concevoir, donc appréhender le monde et la société des hommes. Avoir aussi des visions globales. Sa stratégie était claire, c'est-à-dire compréhensible par tous et cohérente, ce qui permettait à chacun de s'y rapporter. Les boursiers parleraient de lisibilité ou de visibilité. Enfin l'application, comme j'ai pu le constater maintes fois à ses côtés, allait de soi tant étaient transparentes, intelligibles et puissantes les motivations. La mise en œuvre, et je l'ai vu à mon profit, était le plus souvent possible placée sous la responsabilité des ministres concernés.

Depuis sa disparition, on ne saurait approuver l'usage extensif et souvent abusif du terme « gaulliste ». Ses héritiers s'en sont prévalus et s'en prévalent encore. Dois-je le dire, il leur a été et leur est impossible d'être gaullistes dans l'acception d'origine du terme. Leur perception, tout au moins je la juge telle, ne saurait être basée sur une image figée. Nécessairement, elle s'écarte, dans la meilleure des hypothèses, de ce qu'elle était aux temps premiers. L'inébranlable pragmatisme du Général qui me frappait tant, et sa capacité intuitive et instantanée de synthèse s'inscrivaient dans un contexte historique résolument évolutif. Les situations économiques en effet s'améliorent ou s'altèrent rapidement, les climats sociaux se calment ou se détériorent sans que l'on y prenne garde, les antagonismes politiques s'exaspèrent en peu de temps, les rapports de force ou d'influence muent ou parfois se retournent plus vite qu'on ne l'imagine. Sans compter les crises politiques majeures, les conflits ou leurs menaces. Toutes ces considérations changent perpétuellement la donne. Peut-on, en conséquence, les enfermer dans un cadre fixe ou même dans un corps de doctrine, comme je l'ai entendu dire si souvent dans les réunions, notions que le Général détestait car elles suggéraient l'intangibilité ? Ses fidèles se sont imprégnés de son style de pensée, ont tenté de s'aligner sur son comportement moral ou même imaginé de s'inspirer d'une philosophie gaulliste.

En résumé, si je souhaitais apprécier la capacité des chefs d'État successeurs à l'aune du Général de Gaulle, il faudrait revenir aux trois compétences de base citées ci-dessus : génie de la conception, aptitude à définir une ligne stratégique et à s'y tenir, habileté à savoir la mettre en œuvre tout en s'efforçant de bien l'expliquer.

Il n'est jusqu'aux notions de partis qui me semblent tombées en déshérence. Leur clivage, d'ailleurs de plus en plus flou, m'apparaît de nos jours suranné. Comme les mythes simplistes et réducteurs de la gauche prolétaire ou de la droite autoritaire, par exemple, ceux du cœur à gauche et du portefeuille à droite. Sans cesse, il nous faut en revenir aux vieux clichés qui nous rétrogradent aux temps lointains. Aux jeunes générations les thèmes de mobilisation sont devenus autres : Europe à construire rapidement pour équilibrer géopolitiquement le monde de demain, mondialisation permise par l'instantanéité des contacts, des échanges, de l'information, des cultures, j'allais dire des civilisations… Chaque individu est devenu en soi un serveur comme en informatique, mais un serveur vibrant au moindre des événements du monde, avec une base infinie de données.

Au-delà se profilent les « réalités » virtuelles, un nombre incalculable de solutions et d'hypothèses à entrevoir rapidement comme des clins d'œil.

Plus loin encore les technologies du gène, les manipulations des supports de vie, la création de clones pour le meilleur ou pour le pire. Pourquoi pas des êtres nouveaux qui pourraient être parfaits, eux ? Saint-Anselme, alors jeune abbé à Aoste, n'avait-il pas découvert que si les hommes ont l'idée de la perfection et puisque le divin n'est pas de ce monde, c'est que Dieu existe ?

Oui, les jeunes générations devront non seulement vivre dans un monde nouveau, mais indéfiniment le remettre sur le chantier. Puissent-elles assurer la survie des valeurs humaines puisqu'elles en seront les héritières !

C'est pourquoi le classement de nos idées sur ce que nous sommes et ce que nous voulons, le regard porté et même projeté sur l'avenir de notre société dans des cases fourre-tout que sont les partis, me semblent non seulement obsolètes mais désuets et à la limite ringards. Ils sont plus un archivage du passé qu'un tremplin pour l'avenir.

***

À la « sortie » impériale du Général, Georges Pompidou s'imposait pour assurer la continuité. Il y avait un mélange insolite en lui. D'abord ce qu'il aimait signifier à son entourage, l'homme sorti du terroir, le paysan madré. Mais il aimait faire sentir dans un deuxième temps qu'il était un intellectuel féru de littérature et de poésie. Un homme du temps aussi. Dans un sens plus moderne que le Général, compte tenu de sa génération. Pour cet agrégé de grammaire, le passage par la banque Rothschild avait été une révélation. Il avait découvert en effet le monde d'aujourd'hui et ses obligations matérielles de développement : industrie, banque, téléphone, autoroutes... Il ne suffit pas d'être intelligent, disait-il, il faut être performant. Son épouse Claude, d'une très grande sensibilité, équilibrait humainement l'homme de pouvoir qu'il était devenu. Timide à l'extrême, elle avait horreur des solennités et des messes présidentielles. À la dureté de la politique, elle opposait l'influence du cœur.

De temps à autre, il m'invitait aux chasses présidentielles. À Marly ou à Rambouillet. Il était bon, au regard des hôtes de marque, surtout lorsqu'ils étaient étrangers, d'avoir sous la main des hommes de compagnie. À la condition toutefois d'être chasseur. C'était le cas.

Dans ces chasses, de nombreux partenaires étaient des puissants chefs d'industrie ou des banquiers de haute réputation. Depuis une trentaine d'années, en dehors de ces parenthèses politiques, je m'étais engagé pleinement dans la vie industrielle qui, peu à peu, était devenue mon milieu.

Un jour, entre deux battues, Georges Pompidou me prit à part. Sachant mes liens avec la famille Schneider, il me demanda, intrigué :

– Conseiller du président du Crédit Lyonnais et mandaté par votre belle-mère, la duchesse de Brissac née May Schneider, vous avez, paraît-il, trouvé un acquéreur pour ses parts dans le groupe ?

– C'est exact, Georges.

– Pourquoi ?

– May et sa belle-sœur Liliane, la veuve de Charles Schneider, ne peuvent pas se voir en peinture. La famille est divisée en deux camps, les Horace et les Curiace. La nature juridique du groupe Schneider est conçue pour protéger le gérant, c'est-à-dire le grand patron. Liliane, titulaire du poste, n'ayant pas plus de cinq pour cent des parts, est de ce fait indélogeable. Dans son blockhaus, elle règne, toute-puissante, en dépit de son inexpérience.

– Mais le Général ne vous avait-il pas proposé la présidence de ce groupe en perdition ?

– C'est vrai, répondis-je quelque peu étonné qu'il fut au courant de cette affaire. Bernard Tricot avait été chargé de cette mise en place, comme disent les militaires.

– Il avait raison. Vous avez créé et développé tambour battant un ministère. Comme un groupe industriel. Dieu sait qu'au début je n'étais pas enthousiaste.

Après un temps et en allumant sa cigarette, il ajouta :

– Schneider était en faillite. Vous l'auriez relevé. J'en suis sûr. En pensant à ce géant industriel, si stratégique pour la France, je suis terrifié. Et vraiment inquiet.

– Malheureusement, le Général a quitté le pouvoir un mois plus tard. Il n'a donc pas été possible de me voir confier cette responsabilité. C'est pourquoi j'ai recommandé ultérieurement à May de vendre en bloc sa participation à des industriels belges, la dynastie des Empain.

– Ceux qui ont construit le métro de Paris ?

– Exactement. Déjà, ils ont acheté en Bourse un pourcentage non négligeable. Ajouté à celui de May et de sa mère, ils sont devenus largement majoritaires. Sinon les propriétaires de fait.

– Mais une autorisation du gouvernement était nécessaire…

– Si vous voulez bien vous en souvenir, Georges, elle a fait l'objet d'un court débat au Conseil des ministres, ce qui n'était pas indispensable légalement parlant.

– Mais, c'est vrai, le Général considérait que c'était un dossier politique.

– Valéry, alors ministre des Finances, y était opposé car il était dans le camp Liliane du fait des liens de famille avec son épouse Anne-Aymone. Et puis… peut-être se ménageait-il une porte de sortie ? Il faut toujours avoir plusieurs fers au feu.

– Le Général m'en avait parlé avant. Si cette opération ne s'était pas faite, Schneider sombrait dans la banqueroute. L'opposition de Valéry n'était pas raisonnable. Il le savait. Vous en a-t-il tenu rigueur ?

– Non. Ce n'était qu'un baroud d'honneur. Mais il n'empêche que la situation actuelle de Schneider est intenable.

– Vous savez que Wado[1] m'a fait demander par son avocat si je serais prêt à donner l'autorisation de vendre Jeumont-Schneider à l'Américain Westinghouse.

– J'ai entendu cette rumeur, lui confiai-je. Cette idée me paraît inadmissible. Le gigantesque programme nucléaire lancé par le Général et poursuivi par vous contre vents et marées deviendrait donc à cet égard dépendant des Américains. Les équipements clés que constituent les alternateurs de puissance sont produits précisément par cette filiale à Jeumont.

– C'est un fait. Je le sais. C'est pourquoi j'hésite. Maurice, j'ai une idée ! Prévenez votre ami Wado qu'il sera appelé de l'Élysée. Mon intention est de l'inviter à déjeuner en tête à tête. Notre discussion a été vraiment utile car j'y vois beaucoup plus clair maintenant.

– Qu'allez-vous lui proposer ?

– Un échange, un *swap*.

– Un *swap* ? C'est l'ancien de Rothschild qui parle ?

– Ma proposition sera la suivante : il renonce à vendre Jeumont-Schneider à Westinghouse et, en contrepartie, je l'impose rue d'Anjou où il pourra dès lors régner.

– Chapeau, Georges ! vous auriez dû rester dans la banque.

– Il y a un temps pour tout. Allez, Maurice, je vous ai fait manquer une battue. Vous serez placé au centre de la prochaine. Ah ! n'oubliez pas le coup de fil à Wado !

Quelques jours plus tard, le déjeuner eut lieu. Ce qui fut promis fut fait. Les chasses, même présidentielles, ne

1. C'est Édouard-Jean Empain qui fut enlevé par des malfrats en janvier 1978, et mutilé de son petit doigt de la main gauche.

sont pas qu'un plaisir. À l'évidence, j'étais heureux d'avoir pu régler ainsi l'avenir de l'un des joyaux de notre industrie.

***

Durant cette phase de ma vie, compte tenu de ma formation scientifique et de mes expériences industrielles, je fus choisi par mes pairs pour créer un groupe parlementaire « Science et Technologie ». À ce titre, je suivais avec un intérêt passionné deux branches essentielles pour l'avenir de notre pays : le nucléaire et les satellites. Ultérieurement, je confirmai ainsi mon engagement pour le nucléaire dont Schneider d'ailleurs devait être bénéficiaire. Cette forme d'énergie renouvelable et propre me semblait hautement recommandable pour la France. En outre, chacun le sait, nous n'avons pas de pétrole et guère de charbon.

Il m'a toujours paru incompréhensible de voir les mouvements écologiques s'attaquer au nucléaire. Sauf à regretter une exploitation démagogique basée sur la terreur des bombes atomiques. Ces groupements ne me semblent pas avoir été aussi pugnaces pour dénoncer les millions de morts du régime soviétique ou pour s'opposer au tabagisme prenant en otage la moitié de l'humanité. Évidemment, c'est moins populaire. La guerre sans merci déclarée par les Verts au nucléaire est illogique. La sauvegarde de l'environnement est incomparablement plus grande avec cette forme d'énergie. Grâce à notre équipement actuel, nous émettons dans l'atmosphère trois fois moins de carbone qu'aux États-Unis, rapporté au nombre d'habitants. Le résultat est hautement significatif. Depuis lors, les émissions brutes de dioxyde qui provoquent l'effet de serre restent en France globalement stables.

Le problème pour notre pays était, dans les années 70, de choisir le type industriel de ces centrales nucléaires. Ce que l'on appelle les filières. Bien qu'elles nous aient grandement appris, il était hors de question d'équiper la France avec des centrales graphite-gaz devenues obsolètes.

La chaîne de production, pour être indépendante, devait comprendre une usine de séparation isotopique. Ce qui fut réalisé à Pierrelatte malgré l'opposition ardente des États-Unis. La bataille fut entreprise courageusement par Jean-Marie Louvel, ministre de l'Industrie à l'époque, et son bras droit le jeune espoir Ambroise Roux. La filière comprenait évidemment les centrales elles-mêmes dont il fallait définir la technologie. Enfin les cycles de retraitement de La Hague.

Michel d'Ornano, le nouveau ministre de l'Industrie, avait la responsabilité de choisir entre les deux filières existantes : l'eau pressurisée et l'eau bouillante. Il me demanda de le conseiller, à cet égard. Après six mois d'études, d'enquêtes, de réunions, de visites et de missions aux États-Unis, au Mexique, au Canada et même en Union Soviétique, la plupart du temps avec André Giraud, patron à ce moment du Commissariat à l'énergie atomique, mon choix personnel, au terme de cet énorme travail, se porta sur la filière Westinghouse à eau pressurisée. Michel, dont la confiance me touchait grandement, fut convaincu par mes arguments et lui-même les fit adopter par le gouvernement. L'affaire était d'autant plus vitale pour notre pays que nous étions frappés de plein fouet par le choc pétrolier de 1974.

Ce fut une grande satisfaction pour moi.

C'est ainsi qu'aujourd'hui, nous disposons d'un parc de cinquante-six centrales à eau pressurisée représentant une puissance installée de soixante mille mégawatts. Il fait de notre pays de loin le mieux doté au monde, proportionnellement à la population. Il couvre quatre-vingts pour cent de notre consommation électrique. De plus, nous en exportons une quantité non négligeable. Et nous devrions faire beaucoup mieux encore.

19. LE GROUPE DES 43

Chacun savait, ou devinait, dès 1973 et même avant pour ses proches, que Georges Pompidou était atteint par une maladie sans rémission. La cortisone l'empâtait et l'issue n'était malheureusement rien de moins que certaine.

Au terme d'une réunion à Matignon à l'automne 1973, Valéry Giscard d'Estaing proposa de me raccompagner dans sa voiture.

– Ne soyez pas dans l'embarras, Maurice, me dit-il, il nous faut parler sérieusement de la situation politique.

– Valéry, lui ai-je dit, Georges est très malade. Vous le savez ! Il ne finira pas son septennat. Comment voyez-vous l'avenir ?

– Si une telle situation devait se présenter, et je crains qu'il n'en soit ainsi, je me verrais dans l'obligation de me présenter. Mais… mais le parti gaulliste m'est hostile. Alors comment faire ?

– Il ne s'agit pas seulement de vous faire élire, excusez-moi, Valéry, mais il faut battre François Mitterrand. Si le parti gaulliste choisit Chaban – et je ne vois pas comment par fidélité, dans un premier temps, il ne pourrait pas le faire –, Mitterrand sera élu.

– Mais qu'y pouvez-vous ?

– Créer un groupe antiparti à l'intérieur même du parti

gaulliste. En politique, le Général me l'a appris, la lucidité doit avoir le pas sur la fidélité. Même si ce choix s'exprime dans la douleur. La fin justifie les moyens dans la mesure où ils restent orthodoxes et dignes. Pourquoi mourir pour une cause perdue ? L'État doit passer avant l'amitié.

– Vous feriez cela, Maurice ?

– Oui, je le ferai.

Dès notre retour à l'Assemblée, je commençai à prendre des contacts. Discrets, bien sûr, par décence, car Georges était toujours vivant bien qu'il n'exerçât plus que de loin ses fonctions présidentielles. Le 2 avril 1974, Georges Pompidou décédait.

Après le chagrin, la réalité doit prendre le dessus. Vite, je réunis mes collègues du groupe favorables à une stratégie de victoire des libéraux sur la gauche rassemblée et redynamisée par François Mitterrand. L'esprit de clan, c'est-à-dire la droite ultraconservatrice, se rebellait déjà à l'idée de devoir assumer la candidature d'un non-gaulliste. Mais le choix cruel était celui-ci : fallait-il « faire passer » un antigaulliste de gauche ou de droite ? Le clivage se fit sur ce critère, à l'exception de mes collègues qui avaient la vue un peu basse.

Par conséquent, j'organisai des réunions à l'extérieur de l'Assemblée. Il fallait éviter des conflits ouverts et donc publics. Ce qui aurait terni la cause de nos opposants internes. La liste des rebelles s'allongeait sans cesse : quarante-trois puis cinquante-quatre et… le recrutement, au bout d'un temps, n'eut plus aucun intérêt. Le coup était parti !

Un jour arriva cependant où le groupe réuni à la salle Colbert devait prendre une décision pour la présidentielle. Il y avait un candidat possible de rassemblement, Pierre Messmer. C'est un ami fidèle. Sa vie de guerrier, de haut fonctionnaire, d'homme politique était irréprochable. Personnellement, et je n'étais pas le seul, je ne lui ménageais pas mon admiration et mon respect. De plus, il était Premier ministre sortant. Mais les sondages ne le créditaient que d'un faible pourcentage. À vrai dire, il n'avait pas la notoriété publique des autres candidats vedettes. Il s'en rendait compte, avec l'humilité qui le caractérise. Dans des conditions de haute compétition, il n'aurait été candidat que du bout des lèvres.

La séance à la salle Colbert fut houleuse. Claude Labbé, président du groupe, comme il était prévu, présenta la candidature de Chaban. À sa suite, je me levai pour présenter celle de Valéry Giscard d'Estaing. Que n'ai-je entendu !

– Traître !

– Tu l'auras, ton portefeuille !

– À bas Giscard !

– Vive Chaban !

Le feu ayant été mis aux poudres, c'était la révolution. Malgré les huées, je tins bon et maintins ma stratégie. Claude Labbé, président de séance, non sans mérite car sa position était évidemment opposée à la mienne, s'efforçait de calmer les plus révoltés et les plus braillards.

– Voulez-vous Mitterrand ? hurlai-je.

– Non !

– Voulez-vous Chaban ?

– Oui !

– Alors, ce sera Mitterrand, criai-je, en tendant mes bras comme s'il s'agissait d'une évidence.

– Non, non, non !

– Un seul nom peut l'éviter, Valéry Giscard d'Estaing.

Des clameurs arrivaient jusqu'à la tribune où je me trouvais, des « non » écœurés, des dénégations du visage, des refus exprimés par les mains. Pour les plus révoltés, c'était une malédiction. Mais je percevais aussi des « hélas ! » résignés, des « comment faire autrement ? ».

Effectivement, je notais discrètement l'impassibilité d'un certain nombre de mes collègues. Une minorité silencieuse mais consistante se dessinait, je le sentais. D'autres, au lieu de vociférer, de se lever avec force gestes, semblaient se poser des questions. L'inquiétude se voyait sur leurs visages. Il n'a peut-être pas tort, semblaient-ils se dire. C'est vrai, Chaban dans les sondages tombait aux enfers. Voter ou faire voter pour lui conduirait inéluctablement Mitterrand au triomphe. Mais ils ne se manifestèrent guère tant la mécanique en faveur de Chaban était déjà bien huilée dans le mouvement.

Dans un désordre inhabituel, pour ne pas dire unique dans les annales, on se disputa la sortie. Le brouhaha était indescriptible. Les uns sur les autres, mes collègues s'engouffraient vers la porte comme dans une mêlée de rugby du Tournoi des Cinq Nations. Les journalistes étaient là, postés dans les encoignures des couloirs, pour intercepter les conjurés, c'est-à-dire… mes amis et moi-même ! De crainte que la voix officielle du président du groupe fût la seule à être entendue par la presse, je commençai à faire des déclarations à ceux que je connaissais le mieux. Bientôt et imperceptiblement, les autres se faufilèrent vers moi plutôt que vers les porte-parole du groupe. Un déséquilibre gênant se créa peu à peu et se vit à l'œil nu. Ce fut finalement une véritable conférence de presse. Un coup de tonnerre comme celui-là les excitait bien davantage que les communications solennelles, lénifiantes et faussement unitaires.

De nombreux collègues restés obstinément dans la ligne officielle, constatant de visu le retournement de l'opinion au travers des journalistes, avaient cessé de manifester leur opposition bruyante à la contre-stratégie des 43. Ils se glissèrent dans les couloirs avoisinants. Claude Labbé et sa garde rapprochée se réfugièrent dans le bureau du président du groupe. Sans doute pour examiner d'urgence la nouvelle situation. D'autres regagnèrent, dans le calme retrouvé, la salle des Quatre Colonnes.

Un silence de mort s'était peu à peu installé sur les lieux du « crime ». Il me semblait correct de rendre visite au président du groupe, Claude Labbé. Immédiatement, il me fit entrer.

– Vous avez tort, Maurice, d'avoir mis le ver dans le fruit. Sachez que la fermeté de notre position vient de l'approbation unanime du comité directeur du mouvement, approuvée à l'unanimité également par nos assises nationales et de plus, je le souligne, par le bureau de notre groupe. Toujours à l'unanimité.

– Oui ! Bien sûr, je le sais. Mais tout doit être mis en œuvre pour battre Mitterrand. Que faire d'autre ?

– Valéry Giscard d'Estaing est dans son cœur notre opposant le plus résolu. Je le déteste car, sitôt au pouvoir, il nous trahira. Il n'aura de cesse, lui, le grand bourgeois, l'homme de la vraie droite pure et dure, égoïste et imbue d'elle-même, vendu avec toute sa famille à Vichy, de nous rejeter à droite en voulant se faire passer pour un socialiste. Vous verrez !

– Claude, vous n'avez pas répondu à ma question Mitterrand ou Giscard d'Estaing ?

– Ni l'un ni l'autre !

La tête entre ses genoux, d'un air accablé, il reprit :

– Maurice, vous allez créer une scission dans notre groupe et peut-être au siège du parti gaulliste rue de Lille.

– Claude, nous sommes dans la droite ligne du Général en agissant ainsi. Vous ne doutez pas de mes sentiments à son égard, je l'espère ?

– Non, bien sûr. Je vous comprends, Maurice, mais je ne vous approuve pas.

***

Le lendemain, le groupe des coalisés se réunit d'extrême urgence. La liste des noms s'allongeait encore. Pourquoi l'a-t-on appelé le groupe des 43 ? Le mouvement, basé sur une logique politique irrécusable, était lancé. Peu importait désormais l'effectif comptable.

Il nous fallait un leader pour mener la bataille interne et nationale. C'est là, à l'issue de ces événements, que j'eus l'idée de téléphoner à Pierre Juillet, un fidèle ami de combat avec Malraux. Je lui expliquai la situation en quelques mots. Les journaux l'avaient déjà commentée en long et en large.

– Quel chef de file pourrait-on choisir ? lui demandai-je. Il nous faut un leader de premier plan qui partage nos idées et adhère à notre stratégie. En dépit de nos sentiments d'amitié à l'égard de Chaban…

– Oh, vous le savez, Maurice, dit-il en me coupant, je n'ai guère d'estime pour Chaban.

– Oui, je le sais. Avec Marie-France Garaud, vous m'aviez tenu informé des violents antagonismes entre Georges, vous deux et l'intéressé. Quoi que nous pensions à son propos, nous nous accordons tous pour estimer qu'il ne peut gagner ces élections. Donc, si on continue, c'est Mitterrand qui passe.

– Vous avez raison.

– Alors, quel chef se donner ? En d'autres temps, on se battrait !

– Que diriez-vous de Jacques ? Jacques Chirac pense comme nous, je le sais. Quand il le faut, il a une grande gueule…

– C'est vrai, Pierre… Bonne suggestion !

– Vous devriez lui téléphoner tout de suite, me pressa-t-il, car il faut faire vite, très vite maintenant. Laissez-moi l'appeler d'abord à l'Intérieur. Vous gagnerez du temps. Non, il vous appellera lui-même. Bonne chance ! ajouta-t-il.

En dépit de la neutralité des conversations téléphoniques, je le sentais heureux, heureux d'un devoir accompli. Il avait confiance dans la victoire. Moi aussi.

Quelques instants plus tard, j'avais Chirac au téléphone. Il venait d'être mis au courant par Pierre, et comme tout le monde, il avait lu les journaux.

– Bonjour, Jacques. Tu es à Beauvau ?

– Oui, bien sûr. Bonjour, Maurice. Alors, tu as fait un travail d'Hercule ? Ton Annapurna ?

– Pourvu que tout réussisse ! Depuis la maladie et la disparition de notre ami Georges, j'ai mené une campagne intensive d'explication et de persuasion auprès des nôtres. À ce jour, nous sommes une cinquantaine. Pierre t'a-t-il mis au courant du cirque Colbert ?

– Il m'a dit que c'était homérique. Pas toujours agréable pour toi.

– Maintenant, il nous faut un leader, un chef de guerre. Les commandos, ça te connaît ?

– Et toi alors ?

– Jacques, tu plaisantes. Merci tout de même. En aucun cas, je n'ai l'aura nationale nécessaire.

– Tu es un héros.

– Tu confonds exploit individuel et être général en chef. Accepterais-tu de le devenir pour notre groupe d'insoumis ? Tu es ministre de l'Intérieur. Ton choix pour une telle mission ne sera contesté par personne.

– Écoute, Maurice, d'abord, merci de ta confiance et de celle de nos amis. C'est vrai qu'avec Chaban nous sommes foutus. La seule manière de barrer la route à Mitterrand, c'est de choisir un moindre mal. Le seul à pouvoir s'y opposer, électoralement parlant, c'est Valéry. Il n'est pas des nôtres, c'est vrai. C'est pourtant la seule tactique possible. Donc je suis d'accord. Mais il faut réfléchir aux conséquences auprès des militants, du mouvement et du groupe. Si celui-ci maintient son opposition résolue, on ne pourra rien faire.

– À quoi penses-tu ?

– Créer un autre groupe. À côté de l'actuel. Avec les mêmes références…

– Pardon de t'interrompre. Politiquement nous ferions une erreur. Nos amis auraient tôt fait de nous montrer du doigt, de nous accuser d'être des dissidents, de trahir nos origines. C'est cela les amis, tu le sais ?

– Ce serait pourtant plus clair, plus net.

– Déjà lancés dans la campagne présidentielle, nous provoquerions inutilement un carnage. Ce serait une guerre civile.

– C'est vrai qu'il est un peu tard.

– Le combat auprès de nos amis récalcitrants doit rester interne, aussi feutré que possible. Un à un, ils viendront vers nous. Il ne faudra pas remarquer leur arrivée. Si on les acculait à la résistance, ils risqueraient de se cabrer. Même si dans le fond du cœur, ils ne nous désapprouveraient pas, Misons sur la logique politique qui gagne toujours.

– Et sur le bon sens !

***

Dès le lendemain matin, je m'en souviens, c'était un samedi, le 13 avril, je publiai un « appel des 43 » avec les noms à la clé, celui de Chirac en tête, pour inviter tous les gaullistes à reporter les votes sur le nom de Giscard. Ce fut le tournant de la campagne présidentielle. Le ton de celle-ci changea instantanément.

Mitterrand ne pouvait continuer à attaquer l'État gaulliste, le candidat principal, l'opposant désormais désigné ne l'étant pas. Les sondages déclinants de Chaban l'avaient mis hors de cause avant même l'affaire des 43. Il n'a jamais voulu le reconnaître ; dans mon amitié pour lui, j'en ai quelque peu souffert. Ses sondages s'écroulèrent ensuite. C'était compréhensible. À sa place, je me serais sans doute retiré. La logique politique a toujours le pas sur les préférences affectives. Se croyant déjà vainqueur, Mitterrand redevenait compétiteur. La bataille était vraiment ouverte. Le résultat incertain.

De toute façon, je subodorais qu'un pacte implicite lierait aux prochaines présidentielles Chaban et Mitterrand. Si ce dernier devait l'emporter après le règne de Giscard, il était plus ou moins entendu qu'il lui proposerait d'être son Premier ministre. Mais les conditions étaient telles qu'elles ne pouvaient, à l'évidence, être remplies. Chaban devait en effet apporter l'appui des gaullistes et rechercher ensuite celui des centristes. On était en plein rêve ! Néanmoins, conformément à ce pacte, Mitterrand, sitôt élu en 1981, par amitié et fidélité réitéra son offre.

Le Général de Gaulle m'avait pourtant confié un jour, lors d'un tête-à-tête, qu'il n'avait jamais accepté la « double appartenance » de Chaban, à savoir radical-socialiste et compagnon du rassemblement gaulliste. Et il avait ajouté que jamais il ne serait ministre dans un de ses gouvernements. Quant à Chirac, il était trop jeune à l'époque puisqu'il n'était apparu qu'en 1962 aux côtés de Pompidou. Ses attaches premières étaient, paraît-il, plutôt socialistes.

Quoi qu'il en fût, Chaban ne put évidemment que décliner l'offre de Mitterrand d'être son Premier ministre !

Avec à peine quatre cent mille voix d'avance, j'ose croire que mon initiative de 1974 ne s'était pas révélée inutile. Chirac s'était, il est vrai, démené comme un lion dès le lendemain de notre accord. Il fut rapidement pressenti pour devenir Premier ministre. Dès l'élection de Giscard d'Estaing proclamée, la décision devint officielle. Valéry était bien devenu gaulliste !

À part quelques invitations extérieures, je ne fus plus jamais invité à l'Élysée. Passé à la trappe pendant sept années ! Il est vrai que Chirac a repris cette tradition peu aimable à mon égard depuis qu'il est président. Serait-il anisotrope ? Seul Mitterrand, pendant ses quatorze ans de règne, m'a invité lorsque c'était justifié. Plusieurs fois il m'a même demandé de l'accompagner dans certains de ses voyages officiels.

Ainsi va la vie ! Ainsi sont les hommes !

20. L'AVENTURE INTÉRIEURE

Tout au long de ce demi-siècle, l'Annapurna n'a cessé de me donner des opportunités que j'ai considérées exceptionnelles. En particulier, celles de pouvoir communiquer d'homme à homme avec des personnalités hors du commun. Peu importe qu'elles aient été connues ou non, la valeur n'étant pas à mes yeux, et de loin, fonction de la célébrité.

Ne comptent pour moi que les rencontres ayant comporté de véritables échanges, des confrontations sincères, allant même jusqu'à des confidences, des conversations enrichissantes, bref, d'avoir eu d'homme à homme le bénéfice de l'amitié ou d'une spiritualité connivente, d'une complicité de notre conscience. Il me faut le reconnaître, mon statut hors norme de citoyen du monde m'a conféré un ascendant moral, comme une aura que m'aurait attribué la lumière de l'altitude.

En 1950, à Delhi, j'avais rencontré pour la première fois le pandit Nehru chez notre ambassadeur. Il s'était enquis, lui aussi, des raisons qui me poussaient à vouloir vaincre les montagnes himalayennes. Ce n'avait été qu'un premier contact. Plus tard, mes activités gouvernementales et ma passion pour l'Inde me conduisirent à le revoir assez souvent, tant à Delhi qu'à Paris.

– Cher monsieur, vous savez certainement le rôle primordial joué par l'Himalaya dans nos philosophies et nos religions.

– Oui, monsieur le Premier ministre, j'en mesure toute l'importance. Ces considérations n'ont pas été étrangères aux risques que j'ai cru devoir prendre.

– Pour les hindouistes, ces montagnes sont sacrées. L'Annapurna en particulier, ajouta-t-il avec un certain sourire.

– Il y a un peu l'idée d'un pèlerinage dans mes aventures.

– Oui, poursuivit-il songeur, l'Inde, c'est aussi cela. L'Inde a toujours été protégée par les dieux de l'Himalaya. L'Inde est une mère. Le Mahatma, moi-même et bien d'autres, nous avons tant souffert des arrachements, des séparations qui nous ont été imposés.

– C'est une blessure ?

– Pis, on nous a opposés les uns aux autres comme des frères ennemis ! En Inde, il y a, vous le savez, nombre de religions, de langues, de races, mais il n'y a qu'une seule civilisation.

– Pourquoi donc ces guerres ?

– Il n'y a pas plus pacifique et plus généreuse que l'Inde. La mission que nous a assignée l'Histoire est d'aider et de protéger tous les peuples vivant ensemble dans cette région du monde.

Prenait-il tout à fait la mesure du parfum impérialiste d'une telle vision ?

Mon profond regret reste de ne pas avoir connu le mahatma Gandhi. Hélas, j'arrivai deux ans trop tard dans ce grand et fascinant subcontinent, à lui seul un monde. Plus tard, je connus Indira qui me parla, elle aussi, de l'Inde. Les circonstances n'étaient pas les mêmes. À Paris, elle m'apparaissait sereine, à la fois altière et presque tendre. À Delhi, je la trouvais tendue, impérieuse et préoccupée à surmonter son agitation intérieure. Au cœur de son propre univers, elle en suivait les convulsions et, en même temps, les provoquait.

À n'en pas douter, elle fut la combattante suprême de l'unité indienne et son porte-drapeau dans le monde.

***

Dans les années 1970, je suis allé avec quelques amis fidèles rendre visite au Karma-pa, chef de la secte des Bonnets rouges, relevant directement de l'autorité spirituelle du Dalaï-lama.

Pour voir le Karma-pa, j'arrivai devant le monastère de Rumtek au Sikkim. Une rangée de moines en tenue de cérémonie m'y accueillit. Tous portaient ces bonnets rouges ressemblant curieusement à des chapeaux à crête de coq. Ils soufflaient à perdre haleine dans de longues trompes, des hautbois et des conques, ou frappaient à coups redoublés et, si j'ose dire, endiablés, sur des instruments à percussion comme de grands tambours ou des cymbales.

Dès mon entrée dans la pagode, je constatai que les fidèles, tous tibétains, avaient déjà investi les lieux pour assister à l'office. Il s'agissait de la cérémonie du Chapeau. Assurément, je n'y compris goutte. Pourtant, je fus frappé de l'atmosphère de piété ardente, bien que bruyante, régnant en ce lieu de recueillement et de méditation. À l'issue de la cérémonie, tous les Tibétains bouddhistes quittèrent leur séant et défilèrent un à un devant le Karma-pa. Le bienheureux leur imposa les mains à tour de rôle, ainsi que l'aurait fait notre Saint-Père.

Les derniers à avoir accompli leurs actes de piété s'étant éclipsés, je pris l'initiative d'enchaîner et de passer moi aussi devant le Karma-pa. Sans remarquer ma différence, il me dispensa, à la mode bouddhiste, ce que l'on pourrait appeler sa bénédiction.

Alors que je m'éloignais, un moine s'approcha de moi. Il m'enjoignit de me rendre dans la salle d'audience. Le chef des bonnets rouges souhaitait nous recevoir. Avec mes amis, je m'y rendis aussitôt.

Assis autour de lui, en fleur de lotus, nous attendîmes les mots de bienvenue du saint homme. Il est vrai que la communication n'était guère aisée. Le Karma-pa ne parlait que le tibétain. Un jeune moine était préposé à la traduction en hindi. Le passage vers l'anglais était assuré par la mère supérieure d'un ashram hindou. L'événement aurait été banal si, brusquement, le Karma-pa n'avait requis ma venue vers lui. Pourquoi moi et surtout pour quoi faire ? Son injonction me sembla parfaitement insolite. Bien sûr, je m'approchai de lui. Contrairement à toutes les traditions asiatiques prohibant les contacts physiques, il prit mes mains dans les siennes. Bientôt, il sombra dans une méditation si intense qu'un miracle me semblait devoir se produire. Mes doigts allaient-ils revenir ?

Au bout de quelques minutes qui me parurent durer un siècle, il me relâcha. Impressionné, je revins à ma place. Le Karma-pa demanda un parchemin et une plume de son jeune moine interprète. Sans souci de notre présence, il porta toute son attention sur un texte apparemment court mais assurément profond à en juger par son visage concentré. Il écrivait pour moi, je l'appris quelques instants plus tard, un mantra. Il s'agit d'une formule sacrée destinée à être répétée indéfiniment, et à être gravée à même la roche en maints endroits exposés aux regards pieux. C'était une prière salvatrice dont le sens à mon esprit ne devait cesser de s'amplifier au cours des années qui suivirent :

« Parce que vous avez beaucoup souffert, vous avez pu renaître. »

Le mantra dès cet instant illumina mon âme et s'imposa à mon être comme une révélation. Nulle autre méditation ne m'apportera jamais autant de bonheur que celle-ci, comme si mes sacrifices, subitement, se justifiaient en soi. Un tel élan de sublimation transmutait brusquement la nature de mon aventure intérieure.

Là se trouvait un véritable accomplissement. Non pas celui d'avoir mis le pied un certain jour sur une certaine montagne, ce qui m'apparaissait dérisoire bien que cet acte en fût la source. Ainsi, je découvrais par ma propre expérience que la vie d'un homme traverse deux cycles. Le premier, lorsqu'on se nourrit des siens, des autres, de la société ou de l'héritage du passé, comme s'il subsistait un effluent nourricier acheminé par un cordon ombilical. Le second, lorsqu'on s'assume si complètement qu'il devient naturel de donner et de rendre à ceux qui vous entourent. Il y a l'âge où l'on reçoit et celui où l'on rétrocède. Entre les deux, existe une césure indéfinissable et peut-être même mutante, attestant le début de l'autre cycle. C'est un temps, disons, de maturité où l'on jouit d'une liberté sans mesure. Grâce à la plénitude de ses moyens, on conquiert alors la maîtrise de soi. On ne saurait expliquer autrement l'assouvissement de se sentir aussi accompli dans son être. L'équilibre intérieur confère une potentialité gratifiante de création et d'innovation.

Est-ce cela, l'âge d'homme ?

***

Il reste toujours frappant pour moi de constater, un demi-siècle après l'Annapurna, que l'engouement pour cette épopée est toujours présent. À tel point que les cinéastes ont été, maintes fois tentés de réaliser des films sur cet événement. Ils m'ont proposé des scénarios pour lesquels je devais céder mes droits d'auteur. Mais je doutais de l'intérêt du public pour une telle aventure.

Une fidèle amie de Los Angeles, Pamela Davis, passionnée de cinéma, me parla d'*Elephant Man*, dont le succès aux États-Unis avait été gigantesque. Elle semblait persuadée que mon aventure pourrait en rencontrer autant. Le lendemain, j'avais un rendez-vous avec le producteur Jonathan Sanger.

– Votre aventure, votre tragédie, a fasciné ma jeunesse, me dit-il d'emblée. Aux fins dernières, l'homme se découvre. Votre mutation, après le retour, est ce qui me passionne. *Elephant Man,* c'était déjà ce phénomène troublant. Dans votre cas, il l'est encore davantage. Il est vécu et vous en portez témoignage.

Peu lui importait que je ne fusse pas un professionnel, il me demanda instantanément de lui écrire un synopsis.

Quelques semaines plus tard, je rencontrai à New York Robert Redford. Qui donc lui avait raconté mon histoire ?

– Ma passion, me confia-t-il, est la nature. Ce n'est pas un hasard si mon ranch est dans l'Utah. Moi aussi, j'aime la montagne. D'ailleurs, je suis allé au camp de base de l'Everest avec des amis. Franck Wells, président de Disney, Dick Bass, l'homme du pétrole, et Galen Rowell, le fameux photographe et explorateur.

– Mais… vous connaissez mes aventures ?

– Bien sûr ! Votre livre était mon compagnon de route. Votre aventure me passionne. Pourquoi ne pas en faire un film ?

– Croyez-vous qu'une histoire d'hommes, sans femmes, pourrait intéresser ?

– Oh ! me répondit-il en me dévisageant, il y a sûrement une histoire d'amour dans votre vie ! La guerre, l'amour, la politique, votre tragédie dans les plus hautes montagnes du monde sont les ingrédients d'un grand film. Permettez-moi de vous proposer d'être votre producteur et votre interprète.

Je trouvai sa proposition enthousiasmante.

– Dans ma vie professionnelle, l'exceptionnel est denrée habituelle, poursuivit-il. Le banal ne saurait inspirer aucun acteur, aucun auteur… personne !

Nous nous quittâmes, après avoir pris un rendez-vous ferme, le mois suivant, a New York où il allait inaugurer une exposition de photos… sur la montagne !

À la fameuse exposition, il me retint à dîner avec sa fille. Toujours enthousiaste, il me confirma ses dispositions positives à l'égard de notre projet.

Las ! Les avocats me dissuadèrent de vendre mon scénario. Les contrats de cession des droits intellectuels créent un lien d'étroite dépendance avec les sociétés de production qui naissent et disparaissent tout aussi mystérieusement. L'encre des signatures à peine séchée, il devient impossible d'exercer le moindre contrôle matériel ou moral. On peut vous faire dire le contraire de vos convictions. En cas de litige, la Library of Congress – structure arbitrale américaine toute-puissante – intervient à la demande des deux parties. Ses « avis », en pratique des arrêts, donnent presque toujours tort à un étranger.

Déçu, je décidai donc de renoncer à ce projet. Comment aurais-je pu vendre mon âme, celle-là même qui m'avait été conférée par les dieux de l'Himalaya ?

***

Ces montagnes sacrées, j'ai eu toute ma vie le désir de les voir et les revoir. En 1990, l'occasion se présenta d'accomplir un pèlerinage au mont Kailash, dans l'ouest du Tibet. Il culmine à 6 724 mètres. Son nom tibétain est *Kang Rimpoche* (Précieux Joyau des neiges). Il est la demeure de Shiva et de son épouse Parvati, suivant la religion hindouiste. Mais il est aussi le nombril du monde pour les bouddhistes. Certains pensent même que cette montagne sacrée abrite dans son cœur le Bouddha lui-même. Le Kailash vibre aussi de l'âme du poète mystique Milarepa qui y vécut aux XIe et XIIe siècles et donna naissance au lamaïsme.

Toutes ces visions historiques et spirituelles, si déterminantes dans ces régions du monde où la foi ordonne la vie des hommes, sont d'autant plus exacerbées que les légendes et les réalités s'y confondent. Il n'y a jamais de limites aux rêves lorsque les frontières s'estompent entre mythes et épopées. Seuls d'ailleurs les mystères ont ici vraiment du poids. Ils bravent l'éternité.

Ainsi le Kailash donne source à quatre fleuves. Et non des moindres : le Tsangpo vers l'est, qui devient en aval le

Brahmapoutre, le Sutlej, l'Indus et le Gange. Chacun a son histoire remontant à la nuit des temps. Depuis toujours, ils ont irrigué des terres et civilisé les hommes. Il est troublant de penser à l'avènement de la chrétienté de nombreux siècles après ces légendes. En effet, les évangélistes ont été symbolisés par quatre êtres : Matthieu par l'homme, Marc par le lion, Luc par le taureau et Jean par l'aigle. Les Évangiles sont de leur côté représentés par « quatre fleuves » issus d'une montagne au sommet de laquelle trône le Christ.

On assure, dans ce continent de grande ferveur mystique du Sud asiatique, que les hommes sont issus du Kailash, y ont procréé et s'y sont multipliés. Les rameaux humains qui ont migré vers l'est sont devenus les peuples jaunes, vers le sud les races noires et vers l'ouest les peuples blancs indo-aryens. Là furent engendrées les langues et se développèrent les religions, ainsi qu'il est dit ci-dessus. D'ailleurs, les premiers textes sanscrits, les Veda (révélations), auraient été composés sur les rivages du lac Manasarovar au pied de la montagne sacrée.

Mais il y avait dans cette montagne des dieux une énigme de plus qui m'intriguait. En effet, un Suédois, Sven Hedin, né à Stockholm en 1865, avait cru reconnaître, au début du siècle, une *swastika* sur les flancs du Kailash. En Inde, cet emblème est un signal de bienvenue. Il orne souvent les portails d'entrée des demeures. Vers la fin de sa vie, cet explorateur était devenu nazi et adorateur d'Adolf Hitler. Il était intéressant d'élucider la manière dont il avait convaincu Hitler que le Kailash était à l'origine de la race aryenne. Il lui avait suggéré d'inverser la *swastika* indienne pour en faire la croix gammée, symbole des hommes de la race supérieure.

***

Bref, cela nous motivait davantage encore pour organiser une expédition en compagnie de vieux et solides amis :

José Bidegain, un ancien compagnon d'aventures, passionné de spéléologie, Jean-Luc Barthélemy, toujours partant dès qu'il s'agissait de hautes civilisations orientales, René Vernadet, homme de cinéma, et Jérôme Edou, organisateur de voyages spécialisés dans ces pays difficiles, ces deux derniers, bouddhistes et amoureux du Tibet. Pour ma part, j'étais accompagné par mon épouse et nos fils, alors âgés de quatorze et onze ans.

Après Katmandou, nous allâmes tous à Lhassa puis à Gyangse et Shigatse. Par le grand large, c'est-à-dire en suivant un immense arc de cercle d'environ mille cinq cents kilomètres, nous traversâmes en Toyota déserts de pierres et rivières en crue. Ainsi, nous contournâmes par le nord le fameux château d'eau de l'Asie centrale et du Sud. De cette façon, nous devions nous trouver face au nombril du monde, au pied de cette célèbre tour de Babel. Il nous incombait d'en faire le tour en commençant par la gauche, comme font traditionnellement les bouddhistes, pour tourner dans le sens des aiguilles d'une montre. Bref, ce que l'on appelle une *kora*, un peu ce que nous appelons chez nous un chemin de croix.

Le risque, non négligeable, était que nous devions parcourir le plateau ouest, le Changtang, durant une quinzaine de jours, à une altitude moyenne comprise entre 4 000 et 5 000 mètres. Aucun moyen d'évacuation n'y était envisageable, compte tenu de la distance nous séparant de tout lieu habité. Les hélicoptères ne pouvaient nous atteindre, faute de ravitaillement possible en kérosène. Le système GPS (système de positionnement par satellite) pouvait localiser notre groupe mais les possibilités de secours étaient inexistantes.

Le 19 juillet était l'anniversaire de mon fils Mathias. La date tomba au moment précis où nous étions au point le plus éloigné. Subitement, mon garçon fut atteint par ce que l'on appelle communément le mal des montagnes. Il se réfugia dans sa tente comme un animal se cachant pour mourir. Lui, si exubérant à l'ordinaire, demeurait inerte. Ses onze bougies ne furent soufflées qu'avec une peine extrême. Privé d'oxygène à cette altitude puisque la pression est deux fois moindre qu'au niveau de la mer, Mathias me semblait aux dernières extrémités. Heureusement, nous avions dans notre groupe un médecin et, par prudence, nous avions apporté un caisson hyperbare. En augmentant la pression intérieure, nous pourrions y rétablir à la demande une densité normale, voire plus riche encore, d'oxygène. Les uns et les autres, nous nous appliquâmes de toute notre force, malgré l'air raréfié, à activer les pompes à bicyclette. Le malheureux nous regarderait d'un œil torve au travers de transparents en plastique. Apathique et résigné, il reprenait peu à peu goût à la vie. De 4 000 mètres réels, il se retrouva artificiellement à 1 000 mètres d'altitude une à deux heures plus tard. Il revivait.

Je culpabilisai, me jugeant criminel d'avoir emmené un enfant à cette altitude. Pourquoi, par imprudence, l'avoir exposé de la sorte ? Deux jours après, il sortit de sa tente en chantant et en dansant. Déjà, tout était oublié. Les dieux l'avaient sûrement sauvé.

Il est défendu de gravir le sommet du Kailash. Cela va de soi. La demeure des dieux ne doit pas être profanée et violée par le commun des mortels. Le tour de la montagne interdite nous obligeait, tout de même, à franchir un col, le Dolma-La, situé à 5 636 mètres.

Souvent, nous croisions des camions à bout de souffle transportant des cargaisons entières et jusqu'à ras bord de pèlerins tibétains. Ils nous hélaient avec force saluts, cris et gestes ostentatoires.

– *Tashi Delek !* nous hurlaient-ils à profusion (c'est-à-dire « Salut », « Bienvenue »… l'équivalent du *namasté* népalais).

Pour les bouddhistes, effectuer sa *kora*, c'est-à-dire le tour du Kailash, le lingam cosmique dont est sortie l'humanité, est le moment le plus fort de leur vie. Les pèlerins partent de Tarchen, un petit village sis au pied de la montagne sacrée, et y retournent leur devoir accompli. Mais cette circumambulation, ce circuit de prosternation, ne se déroule pas comme on pourrait le croire. Il ne s'agit pas seulement de marcher (dans la zone des 5 000 mètres tout de même), mais de psalmodier son mantra personnel ou le fameux *Om mani padme hum* (« La sagesse est dans la fleur de lotus »), d'ailleurs gravé sur toutes les plaques de rocher parsemant le parcours. Au surplus, il convient de s'allonger de tout son long dans la poussière et la rocaille. Enfin de se relever et de prier identiquement à l'endroit même où vient de se poser le front. Ainsi de suite tout au long de la cinquantaine de kilomètres de circuit.

***

Arrivé au Dolma-La (*Tara* en sanscrit, c'est-à-dire « Celle qui sauve », *La* voulant dire « col »), on trouve, marquant le passage, une grosse pierre appelée précisément Dolma. À ce point, hautement symbolique, nombreux sont ceux qui émettent un vœu, celui de la libération finale du cycle de vie et de mort. Le pèlerin, en y débouchant, se sent libéré de ses erreurs et de ses fautes. Dans une sorte d'extase, il jouit d'un sentiment de plénitude.

En redescendant par l'autre versant, il est à même de contempler le petit lac de compassion vert émeraude, le Gauri Kund, dont la glace parsemait la surface lorsque nous y passâmes. Là, après une ablution, le pèlerin se baptise et devient un « deux fois né ». Ainsi les miens, mes amis et moi-même amorçâmes à cet instant une autre vie. Sans doute cet acte initiatique avait-il un sens encore plus profond pour moi. Il sacralisait en effet les moments les plus angoissants de la tragédie de l'Annapurna. Il illustrait mon départ pour une nouvelle existence.

Plus bas, nous passâmes devant la grotte de Milarepa, la grande âme, le fondateur du bouddhisme tibétain, le tantrisme. Un peu plus loin encore s'étendaient l'immense et belle plaine de Barga, au-delà à 4 530 mètres d'altitude le fameux lac Manasarovar d'un étonnant bleu turquoise, dont les eaux sont évidemment sacrées, et enfin, à l'horizon, les sommets embrasés du Gurla Mandhata à plus de 7 000 mètres.

Arrivés à notre camp, non loin du village initial de Tarchen, nous prîmes avec satisfaction quelque repos. Mathias en tira profit. Il rendit visite aux pèlerins tibétains, irradiés de bonheur après avoir accompli leur *kora*, la plus haute mission de leur vie. Sans doute les lumières du Kailash avaient-elles sublimé ce garçon car, du haut de ses onze ans, il les contemplait, exhibant une photo du Dalaï-lama. Les pèlerins s'immobilisèrent et se prosternèrent devant lui. Pour eux, après ces journées harassantes en altitude où ils n'avaient cessé de se courber, de se coucher, de se relever en priant de toute leur foi, cet enfant leur apparaissait comme une manifestation surnaturelle. Il se prit au jeu, sentant confusément la gravité du moment. Il imposa les quelques photos en sa possession sur le front des pèlerins comme s'il s'était agi de les oindre. Accueillant cette offrande avec émotion, ils hésitèrent quelque peu et finirent par s'agenouiller.

En somme, Mathias était divinisé !

Serait-il désormais un avatar du Bouddha ?

À cet instant précis, un orage d'une violence extrême, issu d'un nuage noir, éclata juste au-dessus de leur tête. Tout le reste du ciel était pourtant d'un bleu limpide. Vous avez dit prodige ?

***

Après bien des aventures et des mésaventures, nous franchîmes les unes après les autres à l'aide de bacs les rivières grossies par la mousson, plus active qu'on ne le dit derrière la barrière himalayenne soi-disant protectrice. Heureusement, leur traversée était facilitée par des photos du

Dalaï-lama données sous le manteau aux passeurs. De longues journées plus tard, nous nous pointâmes enfin à l'entrée des fameuses et redoutées gorges de l'Enfer.

C'est le passage obligé pour descendre des hauts plateaux du Tibet et aller au Népal. Il s'agit de la seule coupure dans la longue chaîne himalayenne de plus de deux mille cinq cents kilomètres. Il faut perdre 3 000 mètres d'altitude – de 5 000 à moins de 2 000 –, en empruntant une route vertigineuse. D'autant plus dangereuse qu'elle est fréquemment emportée, en de multiples endroits, par des glissements de terrain. À chaque interruption, une armée de porteurs s'abattait sur nous pour décharger les camions bloqués par les éboulements de rochers et de caillasses. Ils les rechargeaient sur d'autres véhicules miraculeusement présents de l'autre côté. Naturellement, tous ces porteurs vivent de ces accidents de la nature. Ils ne sont pas sans mérite, notamment en temps de mousson où l'on doit marcher sous des cataractes d'eau et sur les sols glissants sans y voir à plus de deux mètres devant soi.

Bref, nous arrivâmes harassés, après une journée entière consacrée à la traversée de ces fameuses gorges, à Katmandou, la capitale du Népal.

En lieu sûr désormais, je me tournai vers Mathias trempé comme nous tous, le visage dégoulinant d'eau. À brûle-pourpoint je lui demandai :

– Quel est ton souvenir le plus impressionnant de cette équipée au Tibet ?

– Papa, c'est évident, les gorges de l'Enfer !

Les dieux du Kailash n'existaient plus. Sa mort sous la tente était oubliée et l'enfant-dieu des pèlerins évanoui. Au terme de notre chevauchée dans les montagnes du ciel, nous avions sauvé nos âmes. Le paradis biblique n'est-il pas cette montagne de légende ? Peut-être aussi avions-nous eu l'insigne privilège d'avoir gagné notre salut !

***

La haute aventure est d'ordre intérieur, disait Montherlant. Ses corollaires, la passion et la souffrance, détruisent un être s'il n'est pas d'amour rédempteur pour le reconstruire et le magnifier.

Ma souffrance à moi m'a apporté la délivrance. C'est ainsi que m'a été accordée ma seconde chance.

Ce retour à l'existence n'a pas été la fin d'une aventure, mais le début d'une autre, tout aussi intérieure. Dans mon ancienne carcasse, je me suis senti tout neuf. Sa résistance a été, et demeure, un mystère. De cette échappée dans l'au-delà, un nouvel être est né en moi, comme une sorte de réincarnation. Avant, mes jugements étaient abrupts, souvent manichéens. Ils sont devenus plus nuancés. La souffrance des autres m'inspire une compassion qui m'était naguère étrangère. D'un tempérament autrefois rude, orgueilleux et ambitieux, je me sens à présent plus ouvert, plus près des autres et de leur désespérance. L'optimisme ne se décrète pas. La foi et la détermination s'acquièrent dans son cœur, dans son énergie propre.

Le secret d'une telle mutation ? Aller de l'avant. Surtout, ne pas se complaire dans le passé. Vouloir innover et ne pas chercher seulement à se maintenir. Pour vivre, il faut, aux moments cruciaux de son existence, décider, entreprendre, construire. En dépit des aléas et des échecs. Il m'est devenu naturel d'affronter la compétition sociale, de m'engager dans les combats de la vie active, de manœuvrer dans le monde des affaires, de négocier avec les dirigeants politiques. Devenu plus expert dans l'art d'esquiver les menaces conflictuelles, j'éprouve un sentiment de plénitude à me mouvoir avec aisance mais lucidité dans la société des hommes.

Encore aujourd'hui, je m'étonne du contraste entre l'ancien et le nouveau. Il me faut l'avouer, je hais maintenant le premier et le charge de tous les maux. En 1950, avant l'Annapurna, André Gillois m'avait demandé ce qu'étaient pour moi les deux qualités essentielles.

La volonté et l'intelligence, lui avais-je répondu. Cette même question me fut posée vingt-cinq ans plus tard. Sans me rappeler cette réponse, je déclarai au journaliste que ces qualités étaient l'authenticité et la générosité.

Peu après mes terribles épreuves de l'Annapurna, je me suis donc éloigné de ma première version. Elle n'était plus supportable. Son décalage, pour ne pas prononcer le mot opposition, m'apparaissait excessif par rapport à ce que je souhaitais devenir.

Ce qui me semblait fondamental après toutes mes souffrances, c'était d'avoir pu m'adapter, m'intégrer à nouveau dans la société. Il n'existe pas de limite à la reconquête de soi-même ! Condamné à ne plus pouvoir bouger, du moins le craignais-je, il me restait encore la pensée. Lorsque le cerveau est conservé intact, tous les espoirs sont permis. L'atteinte la plus cruelle n'est-elle pas celle de l'esprit ?

Avoir la volonté d'assumer son destin exige un effort d'humilité absolutoire pour le passé et propitiatoire pour l'avenir. Il me fallait apprivoiser les démons susceptibles de me rendre malheureux et les dissuader de m'approcher. Ainsi font les leurres militaires dont les cibles deviennent transparentes aux agresseurs. De la sorte, je pouvais avancer sans crainte, tel Siegfried dans la légende, avec un précieux statut d'invulnérabilité à opposer aux attaques incessantes du monde d'aujourd'hui. Aussi pouvais-je cultiver les valeurs que je juge essentielles, assuré de l'estime des autres et de l'amour des miens.

Le plus étrange à mes yeux a été que mon entourage, et tous ceux qui m'ont approché, ont constaté aussi en moi l'émergence d'un autre personnage.

Ainsi en est-il d'une image se définissant progressivement, comme dans un fondu enchaîné. Désormais se profilait la réalité, enfin redécouverte, du monde et des hommes. Mais saurait-on reconstruire sans croire à un idéal visionnaire ?

La lente transformation, d'aucuns diront simplement l'évolution de mon être, m'a incité à réfléchir non pas seulement au processus mais aux motivations. Pourquoi ressentir à ce point le besoin impérieux de changer, de sortir de mon moule initial ? Vouloir de toutes mes forces, hors même de mon contrôle, faire exploser mon cocon ? Qui donc a guidé mes pas et pour aller où ?

Souvent, je repense à cette pierre se détachant de la face nord des Drus, une muraille quasi verticale en superbe protogine rouge. À peine avait-elle amorcé sa chute que déjà je savais où elle allait tomber avec mille échos, rebondir avec un fracas terrorisant, dévalant la paroi, volant en sifflant dans les airs, atterrir en glissant longuement dans la neige en contrebas pour finalement mourir dans le silence retrouvé. Pour moi, la trajectoire de cette pierre était totalement déterminée.

C'est ainsi que l'on meurt, me dis-je, quelque peu mélancolique. Puis méditatif, je vis dans cet incident tant de fois répété une image de la vie. Quoi ? Dès le départ, peut-on prévoir l'arrivée ? Le début de l'existence expliquerait-il son déroulement, ses aléas de parcours et sa fin elle-même ? Avec un petit sourire nostalgique, je me remémore les principes de philosophie appris à l'école : le déterminisme, la causalité, la finalité. Ici, dans ce jet de pierre, tout me paraissait joué à l'origine, dès la fracture initiale. Mais dans la vie, n'est-ce pas la même chose ? Qui donc crée la cellule, l'embryon, le mouvement ? Qui donc conduit l'évolution, assure la continuité grâce au renouvellement, définit la trajectoire, prépare l'atterrissage ? Tout cela en s'adaptant à un milieu réputé favorable, dans une atmosphère déterminée, des échelles de température convenables, une gravité acceptable…

La nature fait bien les choses, dit-on toujours. La nature ou la volonté divine ?

***

Les hommes de la montagne ont toujours été inspirés par Dieu, même à leur insu. Les plus hauts sommets, avec leur histoire et leur légende, deviennent sacrés aux yeux des hommes. Dans le langage courant, on parle de Dieu comme étant le Très-Haut. Le paradis est toujours dans les cieux. Les plus grands personnages de l'Antiquité ne pouvaient naître sans qu'on voie briller une étoile nouvelle au firmament, qu'il s'agisse de David, du Christ ou de tant d'autres. L'échelle de Jacob devait les conduire au ciel, image reprise par Thérèse d'Avila avec son échelle mystique. Du haut d'une montagne, on communique mieux avec Dieu. Les sommets eux-mêmes sont parfois sa propre demeure. D'où ces multiples souvenirs, croyances, révélations, mystères illustrant ces hauts lieux.

Moïse est allé recueillir les Dix Commandements au mont Sinaï. L'Olympe était la demeure des dieux, le Kailash, comme on l'a vu, a créé les hommes. L'Annapurna est la déesse de la fécondité, donc la déesse de la vie. Le Fuji-Yama est l'âme du peuple japonais... De même, les plus illustres personnages sont appelés par Dieu dans le ciel en dépit de leur mort terrestre. Ainsi ce qu'on appelle l'Assomption, l'Ascension, l'Élévation...

Souvent, je me suis interrogé sur la vocation religieuse des hautes montagnes. Est-ce l'altitude qui rapproche du divin ? Ou l'isolement par rapport aux autres ? Un peu le rôle joué par le désert où l'on se retire, comme l'ont fait saint Antoine, le père de Foucauld... Serait-ce encore l'univers minéral propre à l'altitude et où toute vie est bannie ? Certains ont vanté la beauté transcendante des lieux où le danger rend la vie précaire. D'autres enfin font remonter à la tour de Babel ce besoin de retrouver Dieu dans le ciel.

Il m'a toujours paru impossible d'ignorer l'omniprésence multiforme et immanente de Dieu. L'amour de la montagne m'y condamnait quoi que je dise et fasse. Peu m'importent son nom, son cadre, et son histoire imaginée par les hommes. Sa présence me semble être dans tout, dans le plus minuscule grain de granit des Drus, comme dans le cyclopéen Chomolungma (l'Everest), la déesse mère des neiges, le sommet le plus haut de la terre. Il est là aussi dans l'éclair aveuglant qui incendie l'univers comme dans la durée géologique, infinie et éternelle. Grâce à lui, nous renaissons sans cesse. Ainsi nous triomphons de la mort, donc du néant. Les cycles existentiels sont éphémères entre l'éclosion et l'expiration des êtres. Ils leur laissent peu de temps pour enrichir les longues lignées de leur espèce des apports de leur existence. À l'inverse, les cycles de la nature me sont toujours apparus immuables au regard de nos brèves vies humaines. Ainsi je m'insurge de voir un changement quelconque dans mes montagnes : l'écroulement de cette plaque de granit rouge que je respectais parce qu'elle me protégeait comme un bouclier, sur la face ouest de l'aiguille de Blaitière. De même pour mon cher glacier des Bossons qui rapetisse d'année en année. Enfant, ma désolation était immense de le voir se recroqueviller sur lui-même tant je craignais qu'il ne meure.

Pour moi, les montagnes sont habitées. La fréquentation de ceux qui les aiment et y ont connu une mystérieuse intimité laisse une empreinte sur leur flanc et peut-être en leur sein, qui perdure avec le temps. C'est pourquoi elles ont une vie.

***

Le recul du temps m'aide à me remémorer les bivouacs en haute montagne. Ils furent souvent l'occasion d'aventures spirituelles. Contempler l'univers est une joie divine. L'inconfort n'y retranchait rien. Le froid intense avait beau me glacer tout autant que le souffle algide des vapeurs ascendantes provenant des glaciers en contrebas, les cordes me scier les bras et les cuisses, ces mille douleurs vite insupportables dans la vie ordinaire disparaissaient comme par enchantement dès lors que je m'intégrais aux étoiles devenues mes compagnes. Le granit auquel j'étais accroché par mes pitons et mousquetons devenait un balcon fraternel comme les concevait avec tant de poésie mon ami Samivel, en dépit des abîmes sans fond fuyant sous moi dans la nuit terrifiante. Le macrocosme m'invitait à devenir sien. Avec un bonheur ineffable, je me sentais élu dans la vraie aristocratie des hommes. Ainsi je me fondais dans le Créateur. Le plus grand génie humain aurait-il pu concevoir l'équilibre constant et dans le même temps sans cesse modifié de l'univers ? Bien banal, me dira-t-on. Ne sont-ce pas des vaticinations de jeune en quête d'absolu ? Mais un mystère ne serait-il pas souvent banal ?

Invité à méditer, dans mes hauteurs, près du ciel, j'imaginais les cycles de vie éphémère pour tout ce qui est petit, et pérenne pour tout ce qui est grand. Il y a une loi naturelle pour proportionner la durée existentielle aux dimensions des êtres vivants, et aux parties dites matérielles de notre monde.

Dans ce cas et quelle que soit la formule, Dieu, occupant ces espaces dans les moindres recoins comme dans ses volumes sans limites, serait donc bien éternel. Chez les êtres vivants ou le monde qui ne le paraît pas, qui donc organise ces mouvements, ces renouvellements qui semblent, à notre échelle et pour notre entendement, perpétuels ? Qui donc maintient, en dépit de tout, un étonnant équilibre, répare les méfaits apparents de l'inéluctable évolution, anticipe les déviations malignes ou perverses en les soignant lui-même ? Qui, en effet, règle ou impose les cycles de vie ? Aristote disait que la nature ne fait rien en vain. Mais, pour lui, qu'était la nature ?

En contemplant, bien que vissé sur ma paroi et transi par la froidure, le merveilleux firmament m'enveloppant, j'étais troublé par les liens de solidarité existant entre toutes ces parties à l'intérieur d'un tout, et les mille chaînes de dépendance entre elles.

Certes, Dieu en créant le monde ne nous a pas demandé notre avis et je souriais en pensant que les religions insistent toutes et toujours sur l'amour qu'il nous porte. Et même que nous sommes créés à son image. Or celle-ci nous est inconnue. N'y aurait-il pas un insoutenable narcissisme dans cette attitude ? Pourquoi décréter que l'homme est le centre du monde en certifiant ainsi que Dieu n'a pensé qu'à notre espèce depuis les origines premières ? Grelottant sur mes plaques de rocher, je suivais plus volontiers Darwin affirmant qu'une telle génération n'avait pu être spontanée et que l'homme d'aujourd'hui n'est que le résultat d'une lente évolution par étapes successives. Dieu m'apparaissait plus sublime encore d'avoir conduit une telle transformation que d'avoir consenti à la création *ex abrupto* d'Adam et Ève, même si cette image poétique nous émeut quelque peu. Le dogme de la terre plate dont parlent les Écritures fut controuvé à une date ancienne. L'Église s'est enfin ralliée à la thèse de la terre ronde.

Il faut donc relativiser les postulats de la Bible à la lumière de la science, qui est davantage l'histoire de nos croyances, l'incunable de la mémoire des hommes, en un mot notre héritage sacré. Dieu n'en sort jamais plus grand et plus fort qu'en étant plus vrai.

***

Parmi les mobiles qui m'avait poussé vers l'Himalaya, sans conteste possible, il y avait une volonté de communier avec tous les hommes de l'aventure, mes prédécesseurs, mes frères, qu'ils fussent alpinistes ou grands voyageurs, conquérants ou ascètes, prédicateurs ou simples découvreurs. Il me fallait absolument me situer dans leur ligne afin que leur souvenir soit transfusé en moi et que leur mémoire devienne mienne.

Dans cet incoercible désir de me plonger dans d'autres civilisations, races, religions et langues, je voyais une exaltante opportunité de découvrir un monde nouveau et de combler les vides vertigineux de ma culture. Le fameux territoire de mon enfance, limité à ma vision des aiguilles de Chamonix, plus tard le royaume de ma jeunesse enveloppant le massif du Mont-Blanc, débordait dès lors des frontières de mon imagination.

C'est aussi cela l'esprit de la découverte. En particulier, le bouddhisme vécu que j'espérais non pas tant explorer qu'investir et faire mien, vivre et vibrer en son sein. Pour moi, une telle obligation était un pèlerinage. Autant l'hindouisme m'était apparu parfaitement étranger malgré l'ouverture de mon cœur et de mon esprit au cours de mes contacts en Inde ou au Népal, autant l'atmosphère du bouddhisme m'a d'emblée séduit.

Le Bouddha, comme on le sait, est l'homme qui a outrepassé le système des castes. Il n'a cessé de proclamer l'égalité des hommes, quels qu'ils soient, devant la vie et au regard de la société. Jamais il n'a prétendu être un dieu ni agir au nom d'une inspiration divine. Le bouddhisme n'est donc pas une religion mais une philosophie. La comparaison que j'en faisais avec le christianisme était aveuglante.

Qu'a proclamé Jésus six siècles après le Bouddha, sinon que tous les hommes étaient égaux ? Il récusait ainsi la caste des élus du peuple hébreu.

Bouddha, le premier, a prêché toute son existence. Il n'a jamais été attaqué dans sa personne. Toute l'Inde est devenue bouddhiste, surtout au temps de l'empereur Açoka. Et pourtant, les castes se sont perpétuées. La tradition sociale, colonne vertébrale du monde hindou depuis les invasions indo-européennes aux temps védiques, a fini par l'emporter avec les siècles. Aujourd'hui, le bouddhisme n'y est plus que marginal alors qu'il a gagné le reste de l'Asie.

Dans l'autre cas, Jésus le révolutionnaire a été crucifié et a réussi d'une autre manière à transformer le monde occidental. Dans le contexte de l'époque, il a tenu, semble-t-il, à attirer vers lui tout le peuple d'Israël dont il était lui-même issu. Est-ce ainsi qu'il faut comprendre sa volonté de l'associer à sa bonne nouvelle en s'entourant de douze apôtres représentant précisément, par leur nombre, les tribus ? Il a persisté jusqu'à la fin en remplaçant immédiatement Judas par Mathias. Fallait-il justifier ainsi les décisions du Sanhédrin le proclamant « Roi des Juifs » ?

Il m'est toujours apparu significatif d'avoir fait naître Jésus au solstice d'hiver, au temps où les saisons basculent pour annoncer le renouveau. De même pour saint Jean-Baptiste apparu au monde six mois plus tôt durant le solstice d'été, illustrant ainsi l'explosion de la nature.

L'eau, élément symbolique mais denrée rare, jouait, on le comprend, un rôle primordial dans les actes religieux. Elle était liée à la purification et aux marques d'hommage ou d'allégeance. Saint Jean-Baptiste, surnommé « le Baptiste », était celui qui se baisse pour recueillir l'eau et en oindre le nouvel adepte. On notera la révolution créée par cette intronisation. Le pèlerinage au temple de Jérusalem n'était dès lors plus nécessaire aux fidèles. Saint-Jean Baptiste le paiera de sa vie.

Dans cette compétition mondiale entre le Christianisme et le Bouddhisme, qui l'a emporté ? Est-ce le sage ? Serait-ce le divin ? Faut-il avouer que mes convictions, depuis mes expériences spirituelles dans l'Himalaya, en ont été profondément troublées ? Aujourd'hui, elles se sont simplifiées, éclaircies et stabilisées. L'immense impact de Jésus serait-il diminué s'il n'était pas Dieu et seulement homme ? À l'époque, il était courant de reconnaître et de dire que l'on était le fils de Dieu car nous le sommes tous. Mieux, Dieu est en nous. Membre ou en tout cas proche de la communauté des Esséniens à qui l'on doit la sauvegarde des manuscrits de la mer Morte qui auraient sans eux disparu lors de la destruction du Temple, Jésus ne pouvait être crédible à l'époque qu'en faisant des miracles et en accomplissant ce qui avait été écrit. Également et pour justifier sa divinité, il ne pouvait être conçu que d'une manière immaculée, c'est-à-dire d'une femme vierge. En ce temps-là, il était courant de désigner comme vierges les femmes n'ayant encore jamais eu d'enfant, ce qui ne veut pas dire qu'elles n'avaient jamais connu d'homme. D'ailleurs, les Églises chrétiennes n'aiment guère rappeler que Jésus, du nom de Josué à l'époque, avait plusieurs frères et sœurs. Pourquoi lui était-il Dieu, et pas les autres ? pourraient se demander certains. Mille ans auparavant, David était né lui aussi à Bethléem. Une étoile avait surgi dans le ciel. *Bis repetita.*

Pour ma part, et en comparant l'histoire de Bouddha à celle de Jésus, le constat qu'ils soient tous deux des hommes les grandit encore à mes yeux. Ils ont chacun, à sa manière, transformé l'humanité. À tous deux je rends grâce pour leur action salvatrice. Sans doute ont-ils changé le monde et l'ont-ils libéré des croyances dont il était accablé. Et je comprends parfaitement ce que l'on appelle l'éphémérisme des Grecs, divinisant les humains à leur mort, après qu'ils ont, grâce à leurs révélations et surtout leur exemple, transfiguré leurs pairs.

Des années durant, dans ma montagne, j'en suis donc arrivé à des constats simples, erronés peut-être aux yeux de certains, mais j'en assume la responsabilité. La montagne accueille les êtres assoiffés de spiritualité. C'est pourquoi elle constitue à elle seule un immense monastère.

On le voit, je reste fidèle à mes convictions, même si elles ne sont pas orthodoxes. Les religions, dans ma foi, convergent toutes. En cela j'aime me soumettre à leurs rites. Ils répondent à une aspiration profonde, celle de rester fidèle aux rythmes et aux traditions de mon éducation et de ma vie familiale. Les formes l'emporteraient-elles sur le fond ? me demandera-t-on. Qu'importe, si ces gestes répétitifs et convenus m'apportent paix, sérénité et ont le don de bercer mon âme. Sans verser dans le pithiatisme, je me réfugie volontiers dans cette formule chère à Napoléon : l'ordre affranchit la pensée.

Imaginerais-je, lors de mes adieux au monde, l'absence de messe dans mon église de Chamonix, de chants grégoriens qui, par avance, me délectent, et de cortèges traditionnels dans les rues de mon village ? Rien ne m'apaise plus que la perspective de mon dernier voyage pour me rendre au cimetière des alpinistes où je rejoindrai les miens.

Ainsi, en scandant à ma manière la musique de la vie, je puis mieux pénétrer le divin. Un homme dans sa lignée n'a pas à craindre de rester anonyme. Il apporte de nouvelles valeurs aux générations suivantes. Même s'il n'en est pas conscient. Même si ses actions et ses pensées lui semblent répétitives. Tout au long de sa vie s'y ajoutent ses propres plus-values. Ainsi ses prières ou ses incantations s'autofécondent.

***

Au moment de mourir dans mes montagnes himalayennes, j'ai éprouvé le profond besoin de méditer et de m'interroger sur ces préoccupations fondamentales. Ce n'était pas seulement une quête mais une exigence absolue. Dans ces instants hautement privilégiés, je l'ai déjà évoqué lorsque j'étais à l'article de la mort au bois de Lété, le recul confère des privilèges supra-humains. Ainsi celui de pouvoir contracter la durée. Une vie est de la sorte survolée en un éclair. Celui également de s'affranchir délibérément de l'espace. Subitement, il m'était attribué le don d'ubiquité.

Il m'apparaissait clairement qu'il n'y a pas de saut d'une vie à l'autre, mais une filiation linéaire, continue et surtout cohérente, une continuité au travers des siècles. À l'évidence, j'y discernais une harmonieuse unité. Une vie d'homme en inspire une autre, l'éveille comme le fit jadis le Bouddha, et même l'instruit. Chaque génération enrichit la suivante, comme s'il s'agissait de résurrections répétées jusqu'à la fin des temps. Ces étapes de renouvellement constituent autant de tremplins, de progrès, de bonds en avant dans le savoir. Combien de fois me suis-je interrogé sur le compactage progressif du cycle de la connaissance lors de chaque relais de la vie, alors même que les hommes se multiplient ? Ce fut l'un de mes derniers sujets d'entretien avec Robert Oppenheimer.

Lorsque le savoir ne s'accroît plus, une civilisation se meurt et la saga d'une dynastie s'éteint. Son héritage est alors repris par d'autres, réactivant la mémoire. Ils s'approprient ses richesses devenues des banques de données civilisatrices. Ainsi en est-il pour les civilisations dites mortes telles que celles de l'ancienne Égypte, de la Grèce antique et de la Rome d'autrefois, auprès desquelles les nouvelles générations s'abreuvent désormais, bénéficiant d'un merveilleux transfert.

Certains estimeront qu'il ne m'appartient guère de gloser sur de tels sujets, n'étant pas un philosophe, un religieux ni même un penseur. À ces approches, j'opposerais l'exemple de mon aventure personnelle. Renaître dans un même corps, détenir deux générations dans une même vie, m'autorise et j'allais dire me contraint à faire partager à ceux qui veulent bien m'écouter la quintessence de mon expérience intérieure.

Écrire, c'est témoigner. M'y obliger est un devoir sacré auquel, dans ce livre, j'ai tenté de me plier. Ainsi ai-je la volonté non seulement de m'affranchir du temps, mais de le défier pour toujours. L'âme n'est-elle pas la mémoire ? Et la mémoire n'est-elle pas immortelle ?

Biographie de l'auteur

Maurice Herzog naît le 15 janvier 1919, à Lyon. Son père est ingénieur. Il grandit au sein d'une famille nombreuse composée de huit frères et sœurs. De ses deux mariages naîtront quatre enfants, Laurent et Félicité avec Marie-Pierre de Brissac, Sébastien et Mathias avec Élisabeth Gamper, née Gamper. Il a la double nationalité française et suisse.

Diplômé de HEC ainsi que du CPA, il est également licencié ès sciences et en droit.

De 1958 à 1966, il occupe les fonctions de secrétaire d'État à la Jeunesse et aux Sports sous les gouvernements successifs du Général de Gaulle. De 1962 à 1978, il est député du Rhône puis de Haute-Savoie. De 1966 à 1967, il représente la France auprès d'Intelsat (satellites) à Washington. En 1968, il devient maire de Chamonix et le reste jusqu'en 1977. En 1975, il est chargé de mission auprès du gouvernement pour les affaires nucléaires…

Ses activités industrielles sont multiples en France et à l'étranger. Il occupe d'abord de hautes responsabilités à Kléber-Colombes (1945-1958) puis comme conseiller auprès du groupe Thomson (1952-1982), et du Crédit lyonnais (1966-1977). Il est administrateur de Bouygues (19701974), président d'Atlas-Copco, de la Société du tunnel du Mont-Blanc (1981-1984), des Autoroutes de France (1982-1984), de Triton (pétrole) (1983-1994), du barrage de Chancy-Pougny en Suisse (1985-1990). Il préside des filiales (Citra, Spie Batignolles International) dans le groupe Schneider.

Maurice Herzog est président du Club alpin français de 1952 à 1955 et, depuis 1970, membre du Comité international olympique.

Durant la guerre, il a été officier d'artillerie de DCA (1939-1942), résistant dans POCM (1942-1943), commandant d'une unité de FTP sur le front des Alpes (1944-1945), capitaine commandant une compagnie de haute montagne (1944 à 1945) du 27e BCA.

Son livre *Annapurna, Premier 8 000* a été publié à plus de vingt millions d'exemplaires et traduit dans plus de soixante langues.

Maurice Herzog est commandeur de la Légion d'honneur, croix de guerre 1939-1945 avec deux citations et croix de guerre Gurkha (Népal). Il est par ailleurs titulaire de l'ordre du Mérite d'Allemagne avec étoile, ainsi que de nombreuses autres décorations étrangères.

TABLE DES MATIÈRES

Crédits photographiques

- Collection particulière Maurice Herzog : I, III (haut), III (bas), IV (haut), IV (bas), V (haut), V (bas), VI (haut), VIII
- Marcel Ichac : II
- Hôtel de ville de Montréal : VI (bas)
- Élysée : VII (haut), VII (bas).